法治视野下高校创新能力培养研究

李　丹　李含笑　著

吉林文史出版社

图书在版编目（CIP）数据

法治视野下高校创新能力培养研究 / 李丹，李含笑
著 . — 长春：吉林文史出版社，2024.3
ISBN 978-7-5752-0132-2

Ⅰ . ①法… Ⅱ . ①李… ②李… Ⅲ . ①高等学校 – 创
造能力 – 能力培养 – 研究 Ⅳ . ① G640

中国国家版本馆 CIP 数据核字 (2024) 第 066665 号

法治视野下高校创新能力培养研究
FAZHI SHIYE XIA GAOXIAO CHUANGXIN NENGLI PEIYANG YANJIU

著　　者：李　丹　李含笑
责任编辑：李　丽
出版发行：吉林文史出版社
电　　话：0431-81629359
地　　址：长春市福祉大路 5788 号
邮　　编：130117
网　　址：www.jlws.com.cn
印　　刷：河北万卷印刷有限公司
开　　本：710mm×1000mm　1/16
印　　张：17.25
字　　数：222 千字
版　　次：2024 年 3 月第 1 版
印　　次：2024 年 3 月第 1 次印刷
书　　号：ISBN 978-7-5752-0132-2
定　　价：98.00 元

前言

随着全球化的不断深化和科技的迅猛发展，创新能力逐渐成为国家、企业，甚至个体的核心竞争力。在这样的大背景下，作为培育国家未来领导者和创新者的基地，高等学校对于学生的创新能力培养承担着不可推卸的责任。但在高等教育过程中，一个至关重要的元素——法治环境，往往被忽视。法治不仅为创新行为提供了坚实的法律保障，而且为其指引了明确的发展方向，确保创新在健康和有序的轨道上前进。

《法治视野下高校创新能力培养研究》致力于深度挖掘法治与高校创新能力培养之间的紧密联系。本书对法治的基本理论、原则和功能进行了详尽探讨，旨在阐明法治在高等教育领域的深远意义。此外，创新能力的理论基础和其在社会、经济中的关键作用也得到了全面的分析，期望为高等教育机构提供更为科学和系统化的创新教育策略参考。

在法治环境下，高校面临着如何在遵循法律规定的同时，构建一个既创新又有效的教育模式的挑战。这不仅涉及教育内容的设计和更新，还涉及教育方法的选择和实施。法律为高校的创新实践活动提供了明确的框架和指引，确保这些活动在合法、公正的基础上进行，同时为学生的权益提供了保障。

从法治的视角对创新能力进行评估与指导，意味着需要考虑创新活动是否遵循了法律规定，是否尊重了他人的权益，以及是否有助于社会的公正和进步。这为创新能力的评估提供了一个更为全面和深入的视角，也为创新教育提供了更为实用和具体的指导。

法律与创新能力培养之间的关系尤为复杂。在培养学生的创新能力时，高校不仅需要教授技术和方法，还需要培养学生的法治观念和伦理素养。这意味着，学生在进行创新活动时，不仅要考虑其技术的可行性，还要考虑其法律的合规性和伦理的合理性。

当然，任何研究都不能脱离实际。创新能力培养与社会经济发展之间的关系是一个长期受到关注的话题。本书从法治视角出发，探讨了创新能力如何为社会经济发展做出贡献，以及法治如何为这一过程提供支持和保障。只有在法治的基础上，创新才能为社会经济发展做出真正的、持久的贡献。

最后，我们展望了法治视野下高校创新能力培养的未来发展。随着我国法治建设的不断深化，高校的创新教育也将面临新的机遇和挑战。我们希望本书能为高校的创新教育提供一些有益的思考和建议，帮助其更好地适应法治环境，更好地培养学生的创新能力。

在写作本书的过程中，我们深感责任重大。我们希望本书能够为我国的高等教育改革提供有益的参考，为培养具有创新精神和法治观念的高素质人才做出贡献。

作 者

2023 年 12 月

目录

第一章 法治概念及其在高等教育中的应用

在21世纪这个创新和变革的时代，法治成了社会治理和进步的基石。对高等教育来说，法治不仅是一种治理工具，更是一种培养学生创新能力的重要环境。在法治的视野下，人们可以更加清晰地看到高校创新能力培养的方向和方式。

第一节 法治的基本理论

一、法律的定义、宗旨及特性

（一）法律的定义

中外法律思想史上的先辈哲学家对法律做出过不同的论述。中国的先秦诸子百家，尤以法家张扬法治至为突出。管子曰："法者，天下之程式也，万事之仪表也……故以法诛罪，则民就死而不怨；以法量功，则民受赏而无德也。此以法举错之功也。故明法曰：'以法治国，则举错而已。'"韩非子曰："法者，编著之图籍，设之于官府，而布之于百姓者也。""人主虽使人，必以度量准之，以刑名参之。以事遇于法则行，不遇于法则止。"

在人类社会的历史长河中，法律精神一直受到古希腊思想家的高度推崇。亚里士多德从人的社会性和政治性出发，宣称法律是至高无上的存在。同样，伊壁鸠鲁学派也强调了法律的崇高地位，认为它是为了避免邪恶和保障人们追求幸福的工具。

在中世纪，欧洲许多思想家在经院哲学的探索中建立了基于神学框架的国家和法律理论。其中，托马斯·阿奎纳的贡献尤为卓越，他明确指出法律是引导人们进行或避免某些的行为规范或尺度，其目的是公共幸福，只有政治人员或负责保护公共幸福的社会成员才有权制定法律。

而在近代欧洲，伴随启蒙运动的兴起，早期法治思想开始崭露头角，其对现代社会产生了深远的影响。其中，卢梭和孟德斯鸠的理论最为突出。卢梭强调人天生自由，但又处于制约之中，他提出了社会契约理论，强调法律应反映公意，作为维护社会秩序的基础。而孟德斯鸠则主张一切事物都有其固有的法则，这些法则可以分为自然法和人为法两大类，并分别包括多种子类别的法律。

霍布斯也为人们提供了一种法律的定义，即法律是规范正义和非正义的规则，任何被视为不义的行为都是与某些法律相冲突的。

历史上的先知们关于法律的论述汗牛充栋，尽管古今中外的法律思想和规范各有千秋，但其都有一个共识：一个社会如果缺乏与之相适应的法律体系，是无法持续存在的。法律是任何社会的必需品，它塑造和影响着任何社会及其进程。

回顾了这些历史上的法律理论之后，我们可以从不同的方面对法律这一概念进行界定。虽然不同的法律体系对法律的内涵有大体相同的理解，即法律是由国家立法机关制定或批准，并由国家执法机关强制执行的一系列调整社会关系和规范人们行为的原则和规则，但在法律的外延定义上则存在差异。下面从法律的组成部分和来源两个方面来解释中国的法律体系对法律的外延定义。在中国，法律体系包括宪法、程序法、刑法、民商法、行政法、经济法和社会法等几个部分。而法律的来源则包括宪法、法律、行政法规、地方性法规、民族自治地方的自治条例和单行条例，以及国务院部门规章和地方政府规章等几种不同的法律形式。

（二）法律的宗旨

法律具有多重宗旨和功能，它旨在保持社会秩序、规范社会关系、保障公民权利和义务，以及提供社会冲突和矛盾的裁决手段。它是社会稳定和发展的基石，无法或违法都会导致社会的失衡和无序，因此，法律制定和实施是保持社会和谐和进步的基本条件。

1.法律是一种秩序

法律首先充当着一种秩序的角色，其目标是维护社会秩序并保持社会的发展平衡。在一个没有法律的社会中，秩序将会消失，社会将处于失衡的状态。违法行为犹如社会的"毒瘤"，打破了社会秩序的平衡。法律拥有对违法者进行惩罚的功能，其根本目的是恢复或保持被破坏或即将破坏的社会秩序的平衡。因此，根据社会的当前状况和历史发展需求，国家必须适时地制定法律。法律制定是指有立法权的国家机关根据宪法和法律规定的权限，通过法定程序进行创制、修改或废止法律规范的专业活动。

2.法律是一种规范

法律还充当着一种规范的角色，旨在调整社会关系和规范个人行为，实质上是作为社会关系的准则和个人行为的标准。一旦法律被制定，它将通过实施应用到社会生活的各个层面和个人行为的各个方面，确保社会在法律的原则和规则下持续存在和发展。法律实施包括所有国家机关和国家机关工作人员、社会组织和全体公民实现法律规范的活动，这是实现法治社会的前提之一。

3.法律是一种保障

法律还起到一种保障的作用，其目标是保证权利和义务的实现。法律所规定的权利和义务关系与自由和约束的关系是一致的。为了实现应有的权利，个体必须承担相应的义务；而为了获得最大的自由，个体也必须接受一定的约束。法律不仅保障权利，也确保义务的履行，它既保障个人的自由，也对某些自由进行限制和约束。为了整理这种相互辅助的权利和义务、自由和约束关系，全体社会成员必须严格遵守法律。

4.法律是一种裁判

法律是一种裁判的手段，其目的是在社会出现矛盾和冲突时提供法律裁决。在一个理想社会中，所有成员都能实现财富、自由、平等和公共服务的均衡，但由于多种因素，一个绝对理想的社会是难以实现的。当社会出现矛盾和冲突时，法律的目的和功能变得更加明显和迫切。一个现代政治文明社会不是没有社会矛盾的社会，而是一个用法治方式而非人治来解决社会矛盾的社会。

（三）法律的特性

1.法律的公义性

法律的公义性是现代法治社会的基石，它包含两个核心原则：公平性和正义性。公平性原则认为每个人都享有平等的天赋人权，这是法治社会的基本追求。它强调法律应对所有人一视同仁，不偏不倚。正义性原则则是基于每个人生而自由的社会公共利益，代表对社会公共利益诉求的公意。这表明现代文明国家的法律必须具有公义性特征，否则不能称之为文明的法律。

2.法律的普遍性

法律的普遍性强调法律具有普遍的约束力，适用于所有人和所有行为。它不是基于某些个人或利益集团的需求，而是侧重于基于所有个人的自由的社会公共利益和需求。法律的普遍性并不否定法律规范的效力要求，包括时间效力和空间效力，这涉及法律规范的生效和失效时间，以及其适用的地域和主体范围。正确理解和应用法律规范的效力可以确保法律的普遍约束力。

3.法律的稳定性和连贯性

法律的稳定性和连贯性强调法律不应频繁更改，其颁布和实施应具有一定的稳定性，并保证法律之间有前后的连贯性。这样可以使人们预见自己的行为后果，知道什么是允许的，什么是禁止的，以及如何正确行事。法律应具备稳定性和连贯性的特征，使人们可以依法行事，避免社会混乱和无法状态。

4.法律的发展性

法律的发展性指出法律不是一个固定不变的系统，而是一个能够自我调整和完善的开放系统。随着社会的变化和发展，法律也应相应调整以满足社会的需求。尤其在社会转型期间，法律应敏感地响应变化并不断完善。为了体现法律的发展性特征，应及时创建、修改、废止或解释相关法律，以满足社会的不断变化和发展。

5.法律的灵活性

法律的灵活性是指在审判过程中，如果遇到现行法律没有明确规定的情况，可以通过比较或参考现行法律中最相似的规定来裁判案件。由于法律无法完全预见和覆盖所有社会问题，而且法律的制定往往滞后于社会的发展，法律的用词和表述有时可能含糊不清，因此灵活性成为法律的一个重要特征。但这种灵活性仅适用于民事和行政诉讼，而不适用于刑事诉讼，因为刑事诉讼必须严格遵循罪刑法定原则。

二、法治与法制的区别

法治作为一种深远和多元的概念，其涵盖的范围远超法律的文字规定。它是一个全面性的原则，强调在社会管理和政治运作的各个层面，法律应具有至高无上的权威。法治要求国家的所有活动都应受到法律的约束和监督，而非依赖个人或团体的任意意志。它揭示了法律在维护社会公正、保护公民权利、调控社会关系中的基础和核心地位。法治强调的是通过法律来实现公共利益和社会公义，要求政府权力受到法律的约束和限制，实现权力的法治化、程序化。在法治的视角下，法律不仅仅是一种工具或手段，更是一种保障社会公正和公共利益的基石，是实现社会公平和公正的重要方式。

而法制则更多的是一种法律体制或法律体系的概念，它着重于法律规范的制定、实施和监督这一过程。法制是一个技术性和操作性更强的具体概念，更多地关注法律制度的建设和完善。它涉及法律的具体内容和实施细节，包括各种法律、法规和规章的制定和实施，强调法律规范的技术性和具体性。在法制的框架内，强调的是通过法律来调整社会关系和管理社会事务，法律更多的是作为一种工具或手段来实现社会管理和调控的。

法治和法制虽然都与法律有关，但其重点和侧重点有所不同。法治更侧重于法律的价值和原则，强调法律在保障社会公正和公共利益中的基础和核心地位；而法制则更侧重于法律的具体实施和操作，强调法律规范的制定和实施这一过程。在实践中，法治和法制是相辅相成的，法制是实现法治的基础和保障，而法治则赋予法制更高的目标和价值追求。

三、法治社会的基本特征

法治社会不仅仅是一个法律丰富和完备的社会，更是一个法律得到严格遵守和执行的社会。

（一）法律的至高无上

在法治社会中，法律被视为最高的权威和准则，构成社会行为和交易的基础。这一特征揭示了法律在维持社会秩序和稳定中的核心角色，同时强调了法律规范对于所有社会成员的约束力。

法律的至高无上意味着所有的政府机构和个体都应遵守法律规定，无论其社会地位或职务如何。这样的原则确保了一个公正和有序的社会，其中权力被限制和平衡，从而防止了任何形式的权力滥用。这一特征不仅限于明文法律的约束，还包括对普遍法律原则和道德规范的尊重和遵守，从而构建一个正义和有序的社会。这也是社会成员诉诸法律来解决争议和维护自身权益的基础。法律的至高无上还强调了法律的稳定性和可预见性。社会成员可以根据法律来规划和指导自己的行为，而不是根据个体或团体的任意意志。这样，法律成了社会交往的基础，保证了社会关系的稳定和和谐。

法律的至高无上还体现在法律对于社会矛盾和冲突的调解和解决机制中。通过司法程序和法律途径来解决争议，可以避免私力裁决和社会冲突，从而维护社会的和平与稳定。

（二）法律的普遍适用

在法治社会中，法律的普遍适用是一个核心原则，它体现了社会正义和公平的基本要求。这一原则要求法律不仅是一种规范，而且是一种普适的约束力，适用于社会的所有成员，无论他们的身份、地位或职务。这意味着在法律面前，所有人都享有平等的权利和义务，而不会因为某些个体的特殊地位或特权而受到法律的偏袒或歧视。

法律的普遍适用原则体现了社会的公正和公平，因为它确保了每个人都在同样的法律框架下行事，从而避免了权力的滥用和社会的不公。通过确保每个人都受到同样的法律约束和保护，法律的普遍适用原则有助于维护社会的和谐和稳定。这一原则也是民主社会的基石，因为它强调了公民在法律面前的平等地位，从而保障了公民的基本权利和自由。这也是构建一个公正和有序社会的基本条件，因为它能够确保每个人都有公平和平等的机会来追求自己的利益和幸福。

在实际应用中，法律的普遍适用原则也对立法和司法实践产生了深远的影响。立法机关在制定法律时，需要确保法律的普遍性和公正性，以便为所有人提供公平和公正的法律保护。同时，司法机关在解决法律争议时，也需要遵循这一原则，确保法律的公正和公平执行。法律的普遍适用原则还强调了法律的确定性和可预见性。它要求法律具有明确的规定和约束力，使得每个人都能够明了自己的权利和义务，从而避免法律的任意性和不确定性。这样，法律就能够成为社会秩序的保障，为社会成员提供一个公正和稳定的法律环境。

（三）司法的独立

司法独立是法治社会不可或缺的一环，它保证了法律的公正实施和权威性。这一原则规定，司法机关在履行其职责时，应摆脱任何外界压力或影响，特别是政治干预和特权阶层的干涉。司法独立不仅仅是一种制度安排或程序规定，它更是一种保护公平正义和人权的基本手段，是法治社会的重要支柱。

司法独立的实现意味着法院和法官能够根据法律和事实，自主独立地做出判断和决定。这样，可以确保法律的公正执行，避免因受到不当影响或压力而产生的不公正判决。此外，它也有助于维护法律的权威和尊严，因为只有当司法机关能够自主独立地行使其权力时，公民才会对法律体系产生信任和尊敬。在实施司法独立时，应注意保护法官的权利和地位，确保他们能够在没有恐惧和压力的情况下进行公正审判。这也意味着应该建立一套能够保障司法独立的机制和措施，如确保法官的任期安全，避免法官因个别案件受到报复或威胁。

司法独立也要求法院应避免受到任何形式的财务或资源上的压力和影响。这意味着法院的资金和资源应该得到充分保障，以便能够独立自主地进行审判活动。这也是为了保护法院免受外界压力和干预，确保司法机关能够根据法律和事实，而不是根据外界压力或影响做出判断。司法独立还包括保护法官免受不公正的攻击和诽谤。为此，应该建立一套能够保护法官的机制和措施，确保他们能够在没有威胁和压力的情况下进行公正审判。通过这样的方式，可以确保法律的公正和公平实施，维护社会的和谐和稳定。

（四）法律的科学立法

在法治社会的构建过程中，法律的科学立法显得尤为重要。这意味着，法律的制定和修订必须基于严谨的研究、深刻的洞察和广泛的社会参与。科学立法体现在多个方面，包括确保法律的合理性、透明度和公正性，以及根据社会的变化和发展来适时调整和完善法律体系。在追求法律的合理性和公正性方面，立法机构应深入分析社会现象和问题，以便更好地理解法律所需解决的核心问题。同时，立法过程应该开放和透明，允许多元的声音和意见参与进来，以便收集和整合各方的智慧和资源。这样可以确保法律不仅是公正的，而且是有实效的，能够满足社会的需求和期望。民主原则在此过程中起到关键作用。它要求立法机构在制定法律时应该广泛征求公众的意见和建议，以保证法律的民主性和公正性。这样的过程可以保证法律的公信力和接受度，因为它反映了广大民众的意愿和需求。

法律的制定还需要考虑到社会的动态性和多元性。这意味着立法机构应该根据社会的变化和发展来适时调整和完善法律体系。这样可以确保法律是现代的、前瞻的和适应时代的，能够有效地解决社会的新问题和新挑战。法律的科学立法还体现在对法律效应的深入分析和评估方面。这包括对已有法律的实施效果进行评估，以及对新法律可能产生的社会效应进行预测和分析。这样可以确保法律的有效性和适用性，避免法律的失效和滥用。

（五）重视公民权利和自由

在法治社会中，对公民基本权利和自由的保护被视作社会法治的基石。这种保护不仅仅体现在法律文本中，更是通过司法实践和社会机制来实现的。法治社会的目标是建立一个公正和有序的社会，在其中公民的基本权利和自由也能得到全面而有效的保障。

对公民权利和自由的重视体现在多方面。首先是生命权，这是最基本和最重要的权利。法治社会必须确保每个个体的生命安全和健康得到保障，这是所有其他权利的基础。紧接着是财产权，这一权利保证公民能够享有对其劳动成果和财产的保护，从而促进个体和社会的繁荣和进步。

人身自由是另一项基本权利，它保障公民免受非法拘禁和侵害。在这一框架下，法律应设定明确的规定和程序，以保护个人不受非法限制和侵犯。此外，言论自由和信仰自由也是法治社会的基本组成部分，它们确保公民能够自由地表达自己的意见和信仰，而不受不当的限制或干预。

法学理论强调，法律应作为一种工具来保护和促进公民的基本权利和自由，而不是作为限制和剥夺这些权利和自由的工具。这意味着，法律应该旨在建立一个公正和有序的社会，而不是一个压制和限制公民权利的社会。从这个角度来看，法律的目的是实现社会正义和公平，而不是作为权力的工具来实现特定个体或团体的利益。

此外，法学也强调公民参与的重要性。这意味着公民应该有机会参与到法律的制定和实施过程中来，从而确保法律的公正性和合理性。公民的参与不仅可以增强法律的合法性和公信力，还可以确保法律更好地反映社会的需要和期望。

四、法治的价值取向和社会效应

法治不仅仅是一套旨在维护社会秩序和稳定的规则体系，更是承载着特定价值观和理念的社会制度。在深化对法治的探讨时，透视其价值取向和社会效应是至关重要的。

（一）价值取向：正义与公平

在法治社会的构建和维护中，价值取向是其核心的组成元素，其中"正义"与"公平"占据了重要的地位。这两个元素不仅指导法律的制定，也影响了法律实施的过程和效果，塑造了一个社会的道德观和价值体系。

正义是法治社会的基石。它涵盖了法律的公正实施，确保每个公民都能够在相等的条件下获得其应有的权利和利益。在法律框架下，正义体现在每一个法律程序和判决中，确保无论个体的社会地位如何，其都能得到公正的对待。正义还涉及对基本人权的尊重和保护，这包括但不限于生命权、财产权和人身自由。这种对正义的追求和维护，使得法治成为一个维护社会和谐和秩序的有效工具。

公平则是另一个重要的维度，它强调了平等的机会和条件。在法治社会中，公平保证了每个人都有机会实现其潜力和追求幸福。它消除了任何形式的特权和歧视，确保了法律的普遍适用和等同保护。公平还体现在资源的分配和机会的获取上，通过法律来确保资源和机会的公平分配，从而减少社会的贫富差距和不平等。法治还强调了权力的制约和平衡。这一原则确保了权力不会被滥用，通过设立明确的权力边界和责任机制来防止权力的集中和滥用。这也有助于维护社会的公平和正义，因为它避免了权力的不对等和不公平竞争，确保了社会成员的平等和公平。

（二）社会效应：稳定与和谐

在法治的大背景下，社会稳定和和谐不仅是最终目标，更是法律系统良好运行的直接反映。明确的法律规定为社会成员提供了一种理性和有序的行为指南，它们塑造了一种文明的社会交往模式，其中每个人都清楚自身的权利和义务。这种明确性不仅减少了社会冲突和纷争的可能性，还为解决这些冲突提供了一种非暴力和理性的途径。

法治的实施实质上是对社会资源的有序分配和对社会行为的规范化管理。它充当了一个平衡各种社会力量和利益关系的媒介，使得社会成员能够在一个相对稳定和和谐的环境中进行交往和协作。法律不仅为社会成员提供了一个公平竞争的平台，还为保护弱势群体和维护社会正义提供了有力的保障。

更深层次地来看，法治的社会效应也体现在其对社会和谐和稳定的维护上。通过提供一个公正和公平的法律环境，法治有助于减少社会不平等和分裂，能促进社会的整合和团结。它为社会成员提供了一种和平解决争议和冲突的方式，避免了暴力和非理性的解决方式，从而维护了社会的和谐和稳定。法治还有助于营造一种良好的社会氛围和文化环境。它鼓励社会成员遵守法律和规则，培养了一种尊重法律和追求公平正义的社会心态。这种心态不仅有利于个体的自我实现和发展，也为社会的和谐和进步提供了有力的支持。

（三）保障个体权利和自由

在法治社会的轮廓中，公民的基本权利和自由受到极高的重视和保护。法治不仅在文字法规中赋予了公民一系列的权利和自由，更在实际的司法实施和日常执行中，将其作为一种社会管理和公共政策的核心方向。这种法律理念和实践的融合，旨在创建一种环境，在这种环境中，每个个体都能够在公正和有序的条件下追求和实现其个体价值和目标。在这样的法律框架中，法律不仅被视为一种规定和约束，更是被认为是一种保护和赋能的工具。它旨在保护公民免受不当干预和侵犯，确保他们能够在一个尊重和保护个体权利的社会中自由地生活和发展。这种保护涉及多方面，包括但不限于保护公民的生命权、财产权和人身自由，以及保障他们的言论自由和宗教信仰自由。

法律还为公民提供了一种机制，使他们能够通过法律途径来保护自己的权利和利益。这种机制不仅为公民提供了一种和平解决争议和纷争的方式，还为他们提供了一种追求公平和正义的途径。这也意味着，在法治社会中，公民有责任和义务遵守法律和规则，同时享有法律赋予的权利和保护。法律为社会的和谐和稳定提供了有力的保障。通过保护公民的基本权利和自由，法律有助于减少社会的不平等和冲突，促进社会的整合和团结。这样的法律环境不仅有利于个体的发展和实现，也有利于社会的和谐和进步。

（四）促进社会进步和创新

在现代社会中，法治是一种强大的力量，有助于推动社会进步和创新。法治通过构建公正和有序的社会环境，能够为社会成员营造一种稳定和可预见的法律氛围。这样的环境不仅能够保障社会成员的基本权利和自由，还能够创造一个有利于经济发展和社会创新的环境。

法律体系与社会进步和创新之间存在着密切的联系。一方面，一个完善的法律体系可以为社会成员提供清晰的行为准则和规范，从而减少不确定性和风险，为社会经济的稳定发展提供有力的保障。另一方面，法律还可以为社会创新提供必要的法律保障，使社会成员在探索和创新的过程中有更多的信心和动力。法治也是社会进步的推动力之一，它通过提供公正和有序的社会环境，为社会经济的健康发展提供了有利条件。在这样的环境中，社会成员能够更好地发挥其创造力和创新能力，从而推动社会的进步和发展。

法治为社会创新提供了有力的保障。法律通过明确的规定和保护，为社会创新提供了必要的法律环境和保障。[①] 这不仅有助于保护创新者的权利和利益，也有助于激发社会成员的创新热情和活力，从而推动社会的进步和创新。法治还有助于塑造一种有利于社会创新的文化环境。在法治的保护下，社会成员更愿意尝试新的思想和方法，更有动力去探索

---

① 李龙.中国特色社会主义法治理论体系纲要[M].武汉：武汉大学出版社，2012：204.

和创新。这有助于建设一种开放和包容的社会文化环境，从而有利于社会的进步和创新。

（五）全球视野下的法治价值和效应

在当代，全球化已成为一种不可逆转的趋势，其影响也深刻地渗透到了法治的实践和理论研究中。在这样的背景下，法治已不仅局限于对国内的法律体系和社会秩序的维护，更扩展到了对国际社会的和平与合作的促进。全球视野下的法治开创了一个新的研究和实践领域，其中强调了国际合作和法律协调的重要性，以及对全球公共商品和全人类利益的保护。

全球视野下的法治强调，法律不仅是维护国内社会秩序和稳定的工具，更是国际社会中维护和平与合作的重要基石。这意味着，法治不仅要考虑国内的法律和社会条件，还需要考虑国际的法律和社会环境。在这样的背景下，法律需要与国际法和国际社会的需求和期望相协调，以促进国际的和平与合作。

全球视野下的法治还强调了对全球公共商品和全人类利益的保护。这意味着，法律不仅要保护国内的公共利益和社会福祉，还需要考虑全球的公共利益和人类的福祉。这需要法律与国际社会的需求和期望相协调，以促进全球的公共利益和人类的福祉。

在全球化的背景下，法治的价值和效应也呈现出新的特点和趋势。它不仅仅是国家内部维护社会秩序和稳定的工具，更是国际社会中维护和平与合作的重要基石。全球视野下的法治强调了国际合作和法律的协调，以及对全球公共商品和全人类利益的保护。这为法治的理论研究和实践提供了新的视角和研究方向，也为全球社会的和平与合作提供了新的机遇和挑战。

五、现代社会中法治的重要性

法治在现代社会中的重要性不言而喻。它不仅是维护社会秩序和稳定的基石，也是实现社会公正和公平的重要手段。通过法治，可以更好地保护公民的基本权利和自由，推动社会经济的健康发展。

（一）保障社会稳定和和谐

在现代社会的多元结构中，法治呈现出其不可替代的角色和重要性，尤其是在保障社会稳定和和谐方面。法治，作为一套有序和系统的规则体系，能够深刻影响社会成员的行为模式和相互关系，从而塑造一个公正和有序的社会环境。

在这样的环境中，公民可以依赖一个明确和可预见的法律体系来规范其行为，这不仅减少了社会冲突和纷争的发生率，也为争议的和平解决提供了有力的法律保障。更重要的是，这种法律保障能够确保社会成员在享受权利的同时履行相应的义务和责任，从而形成一种有益于社会和谐和稳定的良性循环。法治还为社会经济的健康发展提供了必要的条件。通过创建一个公正和有序的法律环境，法治有助于维护市场的公平竞争和经济秩序，从而为社会经济的稳定和健康发展提供有力的保障。法治还能够通过有效的法律监管和制度设计，防止和减少社会不公和不平等现象的出现，从而促进社会的稳定和和谐。

法治在现代社会中扮演着关键的角色，它通过建立和维护公正和有序的社会环境，为社会的稳定和和谐提供有力的保障。通过深化对法治在现代社会中的作用和意义的研究，可以更好地理解和把握法治对社会稳定和和谐的积极贡献，从而为构建一个更加和谐和有序的社会提供理论支持和实践指导。

（二）促进社会公正和公平

在现代社会的脉络中，法治是一种基础性的工具，是实现社会公正和公平的关键手段。法律作为社会运行的规范和约束，其存在和实施能够确保社会成员在享有基本权利和自由的同时，在法律面前保持平等的地位。法律的公正制定和执行，不仅为社会成员提供了一个稳定和可预见的环境，还有助于建设公正和公平的社会秩序。

在这样的秩序中，法律作为一个公正和公平的仲裁者，能够有效地协调社会成员之间的关系和利益冲突。它通过明确的规定和制度设计，保障了每个人的基本权利和自由，从而确保了社会的公正和公平。这种公正和公平不仅体现在法律的字面规定上，更体现在法律的实施和执行过程中。法律还起着平衡和调节社会资源分配的作用。它通过合理的制度设计和规定，保证了社会资源的公正分配和利益的公平保护。这样的法律环境不仅有助于减少社会不平等和分裂，还有助于促进社会的整合和团结。

法律还有助于培养和形成一种公正和公平的社会文化。它通过教育和引导社会成员树立法律意识和公平正义意识，来促进社会的公正和公平。这样的社会文化不仅有助于个体的自我实现和发展，也有助于社会的和谐和进步。

（三）保护公民基本权利和自由

在现代社会结构中，法治不仅是一种社会管理和公共政策的工具，更是一种保护公民基本权利和自由的重要机制。法治通过明确规定和保护公民的基本权利和自由，确保每个人都能在一种公正和有序的环境中实现其个体价值和目标。

法律是一种社会契约，它定义了个体与社会、个体与个体之间的权利和义务关系。在法治的框架内，公民可以依赖一个明确和可预见的法律体系来规范其行为和关系，这有助于创建一种公正和有序的社会环境。在这样的环境中，公民可以自由地追求个体的幸福和发展，而不用担心其基本权利和自由被侵犯或忽视。法治还提供了一种机制，使公民能够通过法律途径来保护自己的权利和利益。这种机制不仅为公民提供了一种和平解决争议和纷争的方式，还为他们提供了一种追求公平和正义的途径。这种法律保障不仅是公民权利的保障，也是社会和谐和稳定的保障。法治有助于培养和形成一种尊重和保护个体权利的社会文化。这种文化强调公平和正义，促使社会成员在追求个体利益的同时，注意到社会的利益和公共利益。这有助于形成一种有利于社会和谐和进步的社会氛围。

（四）推动社会经济的健康发展

在现代社会结构中，法治已成为推动社会经济健康发展的基石。其存在和实施为社会经济活动提供了一种有序、稳定和可预见的法律环境，这种环境是社会经济健康发展的前提和基础。

法治确保了法律的公平性和透明性，为社会成员提供了一个公平竞争的平台。这样的平台不仅有助于保护企业和投资者的权益，也有助于创造一种有利于创新和进步的环境。在这样的环境中，企业可以依赖明确和稳定的法律体系来规划和实施其经营策略，从而降低经营风险和成本。同时，法治为社会经济的健康发展提供了有力的保障。它通过明确的法律规定和制度设计，保障了市场经济的正常运行和社会资源的有效分配。这样的法律环境不仅能够促进经济的稳定和持续增长，也能够为社会的和谐和进步提供有力的支持。法律还具有调控社会经济关系和维护社会经济秩序的功能。它通过制定和实施一系列有关经济管理和监管的法律和政策，有助于防止市场失灵和经济波动，从而促进社会经济的稳定和健康发展。法治还有助于建立和维护一种有利于社会经济发展的公共政策体系。这样的体系能够确保社会资源的有序和高效配置，有助于实现社会经济的健康和持续发展。

第二节 法治的基本原则和功能

一、法治的基本原则

法治的基本原则是一国法律体系和治理架构的支柱。这些原则，包括法律至上原则、权利保障原则、权力制约原则和正当程序原则，它们共同构成了法治的基本框架和价值体系。它们确保了法律体系的稳定性和公正性，同时为国家机关和公民提供了一个公平和有序的社会环境。

（一）法律至上原则

法律至上原则[①]是法治体系中不可或缺的核心要素，其根本目标是确保社会的公正、和谐与有序。这一原则是法治和人治的基本区分点，指向了一个社会应该如何通过规则来引导和约束其成员的行为。

在法治社会中，法律至上原则首先意味着所有的行为和决策都必须基于法律。这不仅限于公民的日常行为，更涵盖了国家机关的决策和行政行为。任何公共政策的制定和实施，都必须遵循法律的规定和原则，确保其合法性和合理性。此外，法律至上原则还强调了法律的普遍适用性和不可侵犯性，即法律对所有人都具有约束力，任何人都不能凌驾于法律之上。

宪法至上是法律至上原则的核心和基础。宪法是一国的基本法律，规定了国家的基本制度和基本任务，是整个法律体系的基石。它不仅定义了国家的基本结构和功能，还明确了公民的基本权利和义务。因此，所有的法律和法规都必须与宪法的规定保持一致和协调，以确保其有效性和合理性。

在宪法的框架下，所有的法律和法规都必须遵循宪法的基本原则和要求。这要求法律制定者在制定法律时，必须充分考虑其与宪法规定的

---

① 　齐小力.宪法学 [M].北京：中国人民公安大学出版社，2011：54.

一致性和协调性，避免产生与宪法相矛盾的法律规定。同时，法律的解释和适用必须基于宪法的规定和原则，以确保法律的正确实施和执行。法律至上原则还要求实现法律的稳定性和连贯性。这意味着法律不仅需要具有明确性和确定性，还需要具有一定的稳定性和连贯性，以保证法律的有效实施和执行。这要求法律制定者在制定法律时，不仅要考虑法律的内部逻辑和结构，还要考虑法律与现有法律体系的协调性和一致性，确保法律体系的稳定性和连贯性。

（二）权利保障原则

权利保障原则[①]在法治体系中占据极其重要的地位，其根本目的在于确保公民能够在公正和有序的社会环境中享受基本的人权和自由。

1. 人的尊严和价值的确认

法学理论普遍认为，人作为法律的主体具有固有的尊严和价值。权利保障原则强调公民的基本权利和自由不仅仅是法律赋予的，而且是源于人的尊严和价值。因此，法律必须尊重和保障每个人的基本权利和自由，确保人的尊严和价值得到充分的实现和发展。

2. 法律面前人人平等

这一原则强调，在法律面前，每个人都享有相同的权利和义务。法律必须公正无私地对待每一个人，确保每个人在法律面前都享有平等的地位和权利。这样的原则有助于消除社会的不公平和歧视，促进社会的公正和和谐。

3. 国家权力的限制和监督

权利保障原则还强调了国家权力的限制和监督。法律对国家权力的限制和监督是保障公民权利的有力手段，可以防止国家权力的滥用和个人权利的侵犯。这需要建立健全的法律体系和有效的监督机制，以确保国家权力在法律的框架内得到合理的行使和制约。

---

① 张志京. 法律文化纲要 [M]. 上海：复旦大学出版社，2020：27.

4.生命权、财产权和人身自由的保障

权利保障原则特别强调了对公民基本权利的保障，包括生命权、财产权和人身自由等。这些基本权利是每个人作为法律主体所固有的，法律必须为其提供充分的保护和保障。这样可以确保公民能够在公正和有序的社会环境中充分实现个人的价值和追求。

（三）权力制约原则

权力制约原则[①] 是法治构建中的一块基石，对于维护社会稳定和公民权益具有至关重要的作用。这一原则源自对历史上权力滥用的深刻反思和现代社会对公平正义的追求，是现代法治国家的重要特征。它旨在通过制度化的方式，确保国家权力的合理分配和有序运行，从而避免权力的专横、恣意和腐败。

在法治国家中，权力制约原则首先体现在权力结构的设计上。一个具有法治特色的权力结构必须确保不同的权力机构之间存在相互制衡和监督的关系，这样可以防止任何一方的权力过度集中和滥用。通过这样的机制，可以为公民创建一个公正和有序的社会环境，保障他们的基本权利和自由。

进一步来看，权力制约还体现在对行政权力的严格监控和约束方面。国家行政机关是政府的执行机构，其权力的行使往往直接影响公民的权益。因此，对行政机关的权力进行合理的制约和监督是实现法治的重要条件。这要求行政机关必须严格依法行政，确保其决策和行为符合法律的规定和原则，避免权力的滥用和侵权行为。

权力制约原则还强调了法律的角色和地位。法律是权力制约的主要工具和手段，它通过明确规定权力的边界和行使方式来实现权力的有序和合理行使。这不仅可以防止权力的滥用和腐败，还可以保障公民的基本权利和自由，实现社会的公正和公平。

---

① 张志京.法律文化纲要[M].上海：复旦大学出版社，2020：28.

在实施权力制约原则时，还必须注意到权力的分配和平衡。权力的分配应该基于公正和合理的原则，确保不同的权力机构能够在一个公平和有序的环境中行使其职责。此外，还要通过制度化的方式来实现权力的平衡和制衡，避免权力的过度集中和滥用。

（四）正当程序原则

正当程序原则[①] 是法治实施中的一项基本原则，其深层次的目标是确保公权力的行使能够达到公正、公平和透明。它要求国家机关在执行公权力的时候，必须严格遵循已经规定的程序和方法，确保每一步的决策和行动都基于法律的规定和原则，从而保障公民的基本权利和自由得到充分的尊重和保护。

正当程序原则的理论基础主要源于自然公正原则，它认为公权力的行使应该符合一系列基本的程序原则，以实现真正的公正和公平。这包括保证每个人不能作为自己的法官，即避免利益冲突和偏见影响决策的公正性。同时，它要求法官在进行判决时，必须充分听取双方当事人的意见和证据，确保每一方都有充分的机会来表达自己的立场和证明自己的主张。

这一原则还强调了程序的透明性和公开性。它认为，公权力的行使应该在阳光下进行，所有的决策和行动都应该接受公众的监督和评价。这样可以提高公权力行使的合法性和合理性，防止权力的滥用和腐败。同时，这可以增强公民对法治的信任和尊敬，促进社会的和谐和稳定。正当程序原则还有助于提高公权力行使的效率和效果。遵循公正和合理的程序，可以确保公权力的行使更加有目的和有效，可以避免因为程序的不公正和不合理而产生的冲突和纠纷。这样不仅可以保护公民的基本权利和自由，还可以促进公权力的合理行使和社会资源的合理分配。

---

① 　张志京.法律文化纲要 [M].上海：复旦大学出版社，2020：27.

二、法治的功能

法治是社会管理和治理的基本方式，它对于维护社会稳定、保护公民权利和促进社会公正具有重要的作用[①]。在中国，依法治国已经成为国家治理的基本方略。

（一）社会管理和调控功能

在现代社会中，法治的作用和重要性不可忽视。在中国，法治是社会管理和调控功能的核心。社会秩序是社会安定和有序运行的基础，而法治正是通过设定和执行一系列法律和规定来保证这种秩序的维持。例如，《中华人民共和国刑法》作为维护社会秩序的重要工具之一，通过明确规定各类犯罪行为的法律责任，成为法律执行机关处理犯罪和维护社会秩序的有力依据。这不仅能够起到震慑效果，能够警示人们遵守法律和社会规则，防止触犯法律，更是构建和维护社会和平与安宁的基础，能够有效预防和减少社会冲突和矛盾。

法治也是保障社会公平和正义的重要工具。在法治国家，公民应享有法律的平等保护，不受其社会地位或背景的影响。这种保护是通过实施公平的程序和规则来实现的。《中华人民共和国民事诉讼法》和《中华人民共和国行政诉讼法》等法律，为公民提供了公平解决争议的途径，确保了公民在法律面前的平等地位，有助于实现社会的公平和正义。通过法治，能够构建一个更加公平和有序的社会，在其中，公民的权利能得到充分保障，社会资源能得到公平分配，公共事务能得到有效和公正的管理。这不仅彰显了法治的公正性和权威性，更体现了其在推动社会进步和繁荣中的核心作用。在这个过程中，法律不仅仅是一种社会管理和调控的工具，更是实现社会公平和正义的重要保障。

---

① 孙晓勇.中国司法学教程[M].北京：人民法院出版社，2021：142.

（二）保护公民权利

在中国，法治对保护公民权利发挥着关键作用。首先《中华人民共和国宪法》为保障公民的基本权利提供了坚实的法律基础。它明确规定了每一个公民享有的基本权利，包括但不限于人身自由、财产权和言论自由。这样的法律框架确保了每一个公民都能在公平和公正的社会环境中生活，得以免受不当的侵害和歧视。

此外，法治还提供了一系列的法律救济手段，以保护公民在其合法权益受到侵害时能够获得公正的救济。中国的法律体系已经建立了一套多元化的法律救济机制，包括行政复议、行政诉讼和刑事诉讼等。当公民的合法权益受到侵害时，他们可以通过这些机制来维护自身的权利。这不仅表明了法治的实质性保障作用，也彰显了一个成熟的法治国家在保护公民权利方面的责任和担当。

通过这样的方式，中国的法治体系不仅在理论上保障了公民的基本权利和法律救济，而且在实践中确保了这些理论的贯彻实施。这样的法治环境不仅有助于维护社会的和谐稳定，也是公民权利得以实现和保护的重要保障。通过这样的方式，法治在保护公民权利方面发挥了无可替代的作用，为构建一个公正、公平和有序的社会提供了有力的支持。

（三）促进经济的发展

在市场经济中，稳定和可预见的法律环境是促进经济发展的基石。中国的法律体系通过明确规定市场经济的基本秩序和规则，为企业和投资者提供了一个稳定的运行框架。《中华人民共和国宪法》明确了法律的最高地位和法律对经济秩序的规范作用。各类特定的经济法律，如《中华人民共和国公司法》和《中华人民共和国合同法》（现已废止）等，进一步细化了市场参与者的权利和义务，确保了市场交易的公平和透明。我国还通过建立和完善法律监管机构，来保证法律的有效实施和监督。

这种稳定的法律环境不仅有助于减少市场的不确定性和风险，还能够吸引更多的国内和国际投资，从而推动经济的持续健康发展。

财产权利的保护是市场经济的核心要素之一。财产权的保护主要通过《中华人民共和国物权法》（现已废止）和《中华人民共和国合同法》等法律来实现。《中华人民共和国物权法》明确了财产权的种类和内容，包括但不限于所有权、用益物权和担保物权等。这为财产交易提供了清晰的法律依据和保障。

《中华人民共和国合同法》则规定了合同的订立、履行和违约责任等方面的规则，确保了市场交易的顺利进行。这不仅有助于保护投资者的权益，还能够促进市场的流动性和效率。

更进一步，我国还通过司法途径来保护财产权利。例如，通过设立专门的知识产权法院来保护知识产权，以及通过民事诉讼来解决财产纠纷等。这些措施有助于建立公正、公平和有序的市场环境，从而促进经济的稳定和繁荣。

（四）促进国家治理现代化

在中国，法治已成为推动国家治理现代化的关键力量。通过明智和有远见的立法，法治不仅有助于提高政府的治理能力，还能够显著提升国家的国际形象。

在提高政府治理能力方面，依法治国建立了一套可以有效规范和限制政府权力和行为的机制，从而防止权力的滥用。这种规范化的管理体系能够确保政府行动的合法性和合理性，进而促进公共政策的有效实施和社会的和谐稳定。这样的制度安排不仅有助于保护公民的基本权利，还能够促进政府的高效和透明运行，从而提高整个社会的治理水平和公共服务的质量。

依法治国也是提升国家国际形象的重要手段。一个依法治国的国家能够显示出其责任和法治化的特点，从而赢得国际社会的信任和尊敬。

这不仅有助于提高国家在国际舞台上的声誉和影响力，还能够促进国际合作和交流，为国家的进一步发展和繁荣打下坚实的基础。在这样的背景下，作为一个负责任和法治化的国家，中国不仅能够更好地维护其国家利益和主权，还能够为国际社会做出更大的贡献。

第三节　法治在高等教育中的实施

一、法律制度与高等教育体系

在现代社会中，法律制度不仅是维护社会秩序和保障公民权利的基石，更是推动社会进步和文明的重要工具。在这样的背景下，法律制度在高等教育领域的作用显得尤为重要。它不仅为高校教育提供了明确的方向和目标，更是确保教育活动合法性和正当性的保障。

（一）法律体系对高校教育的支撑作用

1.提供明确的教育目标和方向

在高等教育领域，法律体系显得尤为关键，它充当着指路人的角色，能为教育活动提供明确的目标和方向。首先，它确保教育的目的性和方向性得到强化。通过明确的法律法规，法律体系为高校教育勾勒出一幅清晰的路线图，使得教育不仅仅局限于知识的传授，还更深层次地致力于培养具备全面素质和能力的社会公民。这样的目标确保了教育活动不会偏离其根本目的，而是能够沿着正确的方向稳步前行。

法律体系强调了教育活动的合法性和正当性，确保教育能够在一个健康和有序的环境中进行。这不仅为保障教育的质量提供了坚实的基础，更有助于培养学生的法律意识和社会责任感，从而形成一个有利于学生全面发展的教育环境。

法律体系还为高校教育提供了一个稳定的法律环境，这对于教育的创新和改革具有积极的推动作用。它为教育者提供了一个可以安心尝试新方法、新理念的空间，从而有助于推动教育的现代化和国际化进程。这样的环境不仅能够激发教育者的创新热情，也能够为学生创造更多的学习和发展机会。

2.保障教育公平

在高校教育中，法律法规体系有责任确立和保障所有参与者的权利和义务。法律体系通过一系列精心设计和实施的法律法规，成了防止教育资源不均衡分配的坚强屏障。这一机制确保了每一名学生，无论其背景或所处地区如何，都能够享有公平的教育机会。这不仅是道德要求，更是法律体系对每个个体公平受教育权利的保障。

法律体系在学生的录取和评价环节也发挥了至关重要的作用。它通过明确的法律法规来规范录取程序，从而避免了可能出现的不公平录取行为，确保每一名学生都能在公平和公正的环境中展示自己的能力和才华。法律体系也保障了评价体系的公正性，使得学生的努力和成就能够得到公正而公平的评价，这无疑为学生提供了一个公平竞争和全面发展的平台。

法律体系还致力于促进教育机会的均等化。它通过各种政策和措施，力求消除教育机会在地域、性别和社会经济方面的差异，从而使得每一名学生都有机会接受高质量的教育。这不仅体现了法律体系的公平和正义，更是对每个个体平等受教育权利的有力保障。

（二）高校教育中的法律法规体系

在高等教育的环境中，法律法规体系扮演着至关重要的角色，它不仅确立和保障了所有参与者的权利和义务，还规范了教育行为，以确保教育的质量和效果。①

---

① 何玉海.高校教育评估标准：品质、属性、体系及其建设[M].上海：上海三联书店，2019：270.

1.确立教育权利和义务

在高校教育的多元体系中，法律法规体系首先肩负着确立和保障所有参与者的权利和义务的重任。这一点不仅涉及高校的自主权，更包括教师的教学和研究权利，以及学生的学习和发展权利。高校的自主权是其内部管理和决策的基石，它保障了高校在教学和科研方面的自主决策权，从而能够根据自身的特色和优势来制订相应的教育方案并明确研究方向。教师的教学和研究权利则是确保教育质量和研究水平的关键，它保障了教师能够自主选择教学方法和研究方向，从而更好地服务于学生的学习和发展。而学生的学习和发展权利则是教育的最终目的，它保障了学生能够在一个公平和有序的环境中接受高质量的教育，从而实现个人的全面发展。

法律法规体系也明确了各方的义务和责任，这是确保高校教育能够在一个有序和健康的环境中进行的前提。它要求高校、教师和学生都要履行相应的义务，承担相应的责任，从而共同构建一个公平、公正和有序的教育环境。

2.规范教育行为

法律法规体系在高校教育中还扮演着规范教育行为的角色。它通过制定一系列的法律法规，来规范高校的教育行为，从而确保教育的质量和效果。这一点主要体现在对教育内容、教学方法和评价体系的规范上。首先，对教育内容的规范是确保教育质量的基础。它要求高校在制定教育内容时，要充分考虑学科的特点和学生的需求，从而为学生提供全面和有深度的教育内容。其次，对教学方法的规范则是确保教育效果的关键。它要求教师在教学过程中要充分利用现代教育技术和方法，从而提高教学效果和学生的学习效率。最后，对评价体系的规范则是确保教育公平的重要手段。它要求高校在评价学生时要充分考虑学生的实际表现和能力，从而建立一个公平和有意义的评价体系。

二、法治精神与高等教育价值观

在现代社会中，法治精神不仅仅是法律实施的指导原则，更是高等教育价值观的重要组成部分。它涵盖公正、公平、责任和诚信等多方面的价值观，能为高等教育提供有力的支撑和指导。

（一）法治教育在高校的重要性

法治教育在高校具有显著的重要性，它不仅是提高学生法律意识的基石，更是培养他们成为具有责任感和法律道德的公民的关键途径。法治教育能够引导学生更加深刻地理解和遵守法律，从而在个人和社会层面实现公正和公平。

在高校环境中，学术诚信被视为保障学术研究质量和学术成果真实性的基础。法治教育在这方面也起到了至关重要的作用。它能够促进学术诚信和学术道德的建设，为学术界树立一种健康、正直的风气。通过法治教育，学生能够深刻认识到学术不端行为的严重后果，从而避免这类行为的发生。

更进一步，法治教育可以有效地避免学术不端行为的发生，从而保障学术研究的公正性和可信度。它教导学生如何在学术研究中坚持原则，遵循规则，确保研究的真实性和可靠性。这不仅能够提升学术研究的质量，还能够为社会的发展和进步做出贡献。

（二）法治精神与教育价值观的结合

法治精神与高等教育价值观的结合，呈现出一种深刻而又多元的交融。在交融中，教育公正和创新精神成为两个显著的焦点。

一方面，法治精神在高等教育中的体现显著地表现在教育公正上。这种公正不仅仅体现在教育资源的公平分配，更深层次地，它意味着为每一位学生提供公平的学习和发展机会。法治精神强调每个个体的权利和尊严，这也构成了教育公正的核心。在教育过程中，每一名学生都应得到在公平、公正和有尊严的环境中学习和成长的机会。这样的环境有助于激发学生的潜能，可以使他们成为有责任感和公民意识的人。

另一方面，法治精神也是创新精神的助推器。这种鼓励不仅仅体现在法律层面的保护和支持，还为学生提供了一个可以自由探索和创新的环境。在这样的环境中，学生可以更加自由地探索新的知识和技能，尝试新的方法和理念，从而实现个人的全面发展。这种创新精神也是高等教育追求的目标，它能够为社会的发展和进步做出贡献。

法治精神还强调了责任和诚信这两个核心价值。在高等教育中，这意味着将学生培养成为有责任感和诚信的人。这不仅仅是遵守法律和规则，更是树立正确的价值观和道德观。法治教育可以培养学生的责任感和诚信，使他们成为社会的有用之才。这样的教育不仅能够塑造有责任感和诚信的公民，还能够为社会的发展和进步做出更大的贡献。

三、法治环境下的高校教育管理

在法治环境下，高校教育管理呈现出一种有序、合法和有效的特点。这种管理方式不仅仅是遵循法律的规定和指导，更是确保教育的合法性和有效性的重要保障。

（一）法律对高校教育管理的规范与指导

法律对高校教育管理的规范与指导是一个多层次、多维度的过程，它涵盖了教育的各个方面，能使高校教育的质量和效果得到保障。法律不仅为教育内容、教学方法和评价体系提供了明确的指导和规范，还确保了教育过程的科学性、有序性和有效性。

在教育内容方面，法律确保了教育的全面性和平衡性，使得学生能够接受一种全面而又均衡的教育。这样的教育不仅能够帮助学生掌握知识和技能，还能够培养他们的价值观和世界观。

在教学方法方面，法律鼓励教师采用科学和有效的教学方法，以提高教育的质量和效果。这包括对教师的职业道德和教学能力的要求，以及对教学方法和手段的规范和指导。

在评价体系方面，法律确保了评价的公正性和科学性。它通过规定一系列的评价标准和方法，确保学生的学习成果能够得到公正和科学的评价。这样的评价体系不仅能够激励学生更好地学习，还能够为教育的改革和发展提供有力的支持。

法律还强调了对学生权益的保护。它通过规定学生的权利和义务，保护学生的合法权益。这种保护不仅仅在于保障学生的学习和发展权利，更在于确保他们能够在一个公平、公正和有尊严的环境中学习和成长。这样的环境能够培养学生的公民意识和责任感，使他们成为社会的有用之才。

（二）依法治校：高校自主权与法律界限

在法治社会的背景下，依法治校成为高校教育管理的重要原则。法律赋予高校一定的自主权，这是为了让高校能够根据自身的特点和需求来设计和实施教育活动。这种自主权的体现不仅局限于教育和教学活动，还广泛地涉及高校的科研和社会服务活动。高校有责任根据自身的特点和需求来制定相应的教育方案和策略，以更好地服务学生和社会。

这种自主权赋予高校一种特殊的地位和责任。它让高校有能力自主决定教育方向和策略，根据社会的需求和变化来调整教育内容和方法。这样的自主性可以促进高校教育的创新和发展，使高校能够更好地适应社会的变化和需求。同时，这种自主性要求高校有更高的责任和担当，以确保教育的质量和效果。

然而，这种自主权并不是无限的。法律同时明确了高校的法律界限，以避免高校滥用其自主权。这种法律界限是对高校行为的一种约束和保障，确保高校在行使其自主权时，不会侵犯其他个体或团体的合法权益。这样的法律界限有助于维护高校的公信力和权威性，确保高校能够在一种健康和有序的环境中进行教育活动。

这种法律界限的设定是一种平衡和折中。它旨在保障高校的自主权，同时保护了社会的稳定和和谐。它确保高校能够在法律的框架内自主地进行教育活动，而不是无约束和无限制的自主。这样的法律界限不仅是对高校权力的一种保障，更是对社会公共利益的一种保护。

四、高校教育法律风险防控

在高校教育领域，法律风险防控显得尤为重要，它构成了确保教育活动顺利进行的基石。这一环节不仅有助于避免法律纠纷和风险，更是对高校教育质量和声誉的保障。

（一）高校教育中的法律风险识别

高校教育中的法律风险识别在整个教育体系中处于核心地位。法律风险识别不仅是高校教育法律风险防控的基础和前提，更是一个多维度、多层次的系统工程。它涉及对高校内部管理和外部环境的深入分析和研究，以便找出可能存在的法律风险和隐患。在这个过程中，高校需要具备敏锐的法律风险识别能力，以便及时发现和预防潜在的法律风险。

为了更好地识别法律风险，高校应建立完善的法律风险防控机制。这包括建立专门的法律风险防控机构，制定详细的法律风险防控政策和程序，以及定期进行法律风险的评估和监控。通过这样的机制，高校可以更好地识别和预防法律风险，从而减少法律纠纷和风险的发生。

在构建法律风险识别体系时，高校应该从以下几个方面进行合理构建：

1. 内部管理和政策制定

高校内部管理和政策制定是法律风险识别的首要环节。高校应该深入研究和分析内部管理和政策制定的各个方面，以找出可能存在的法律风险和隐患。这包括对高校的组织结构、管理体制、人事政策、财务管理等方面的深入研究和分析。

2. 教育教学和科研活动

教育教学和科研活动是高校的核心业务，也是法律风险识别的重要环节。高校应该深入研究和分析教育教学和科研活动的各个方面，以找出可能存在的法律风险和隐患。这包括对教育教学内容、方法、评价体系等方面的深入研究和分析，以及对科研活动的项目管理、成果转化、知识产权保护等方面的深入研究和分析。

3. 学生权益保护

学生权益保护是高校法律风险识别的另一个重要环节。高校应该深入研究和分析学生权益保护的各个方面，以找出可能存在的法律风险和隐患。这包括对学生的学习、生活、就业等方面的深入研究和分析，以及对学生权益保护政策制定和实施的深入研究和分析。

4. 外部环境和合作关系

外部环境和合作关系是高校法律风险识别的另一个重要环节。高校应该深入研究和分析外部环境和合作关系的各个方面，以找出可能存在的法律风险和隐患。这包括对高校的社会服务、国际合作、产学研合作等方面的深入研究和分析。

（二）高校法律风险防控策略

在高校教育领域，法律风险防控策略显得至关重要，它涉及一系列的深度研究和分析，旨在找出最有效的防控方法和措施。这个过程不仅是对法律风险的深入分析和研究，更是一个全面、系统的风险管理过程。在这个过程中，高校应根据自身的特点和条件，制定出切实可行的法律风险防控策略，以避免法律风险的发生。深入探讨法律风险防控策略的理论基础和实践应用是必要的。在理论基础方面，需要深入研究法律风险的本质和特征，以及法律风险防控的基本原则和方法。这包括对法律风险的分类和识别，以及对法律风险防控的策略和措施的深入研究和分析。

在实践应用方面，需要深入研究法律风险防控的实施和效果评估。这包括对法律风险防控组织结构和责任分工的深入研究和分析，以及对法律风险防控实施和效果评估的深入研究和分析。为了更好地实施法律风险防控策略，高校还应加强法律教育和培训。这不仅可以提高学生和教师的法律意识和能力，还可以为高校提供法律风险防控的良好环境。通过加强法律教育和培训，高校可以培养出具有高度法律意识和责任感的学生和教师，从而更好地实施法律风险防控策略。

在这个过程中，可以从以下几个方面进行深入分析：

1.法律风险的本质和特征

法律风险是高校教育中一个不可忽视的因素，它涉及高校的各个方面，包括教育教学、科研活动、学生管理等。为了更好地识别和防控法律风险，需要深入研究法律风险的本质和特征。这包括对法律风险的定义和分类，以及对法律风险来源和影响因素的深入研究和分析。

2.法律风险防控的基本原则和方法

法律风险防控是一个系统的过程，它涉及一系列的原则和方法。为了更好地实施法律风险防控，需要深入研究法律风险防控的基本原则和方法。这包括对法律风险防控目标和任务的深入研究和分析，以及对法律风险防控策略和措施的深入研究和分析。

3.法律风险防控的组织结构和责任分工

法律风险防控是一个多方参与的过程，它涉及多个部门和单位的协调和合作。为了更好地实施法律风险防控，需要深入研究法律风险防控的组织结构和责任分工。这包括对法律风险防控领导机构和责任主体的深入研究和分析，以及对法律风险防控实施和监督机制的深入研究和分析。

4.法律风险防控的实施和效果评估

法律风险防控是一个动态的过程，它涉及一系列实施和效果评估。为了更好地实施法律风险防控，需要深入研究法律风险防控的实施方案和措施，以及对法律风险防控效果和影响的深入研究和分析。

五、法律保障下的高校教育质量

（一）法律在保障教育质量中的作用

1. 提供法律依据

法律不仅是社会秩序的基石，更是高校教育质量保障的基本框架。在这一框架下，法律明确了高校教育的基本准则和标准，确保了教育活动的正常进行。它勾勒出一套清晰而有序的指导方针，为教育机构、教育工作者和学生提供了稳定的依据。更为重要的是，法律通过明确的文本和规定，可以确保教育体系的健康运行，防止教育质量的恶化或不公平现象的发生，从而确保每一位学生的权益不受侵犯。

2. 促进教育公平

法律在确保教育公平和公正方面承担着不可或缺的职责。它通过明确的规定和指导来营造公平和公正的教育环境。在这样的环境中，每个个体都能享有平等的教育机会，避免因社会、经济等因素导致的教育机会不均等。此外，法律还能通过设定适当的政策和措施来调节和平衡教育资源的分配，从而确保所有群体都能享有高质量的教育资源。

（二）高校教育质量的法律监管机制

1. 建立监管机制

法律在建立和完善高校教育质量监管机制方面发挥了核心作用。这个监管机制是一个多元化、多层次的系统，它涉及教育标准的制定、实施和监控。在这一系统下，法律对教育机构进行全方位的评估和认证，同时对教育工作者进行必要的培训和指导，以保证高校教育质量的持续提升。这种监管机制还涵盖了对教育政策、课程设置、教学方法等各个方面的监督和管理，以确保教育质量的全面和深度。

2. 加强法律执行力度

为了保证法律监管机制的有效实施，必须加强法律的执行力度。这不仅涉及法律的严格实施，还包括对法律的监督和评估，以及必要时的修订和完善。相关部门和机构需要具备高度的责任心和专业能力，以确保法律规定得到准确、有效的执行。加强法律执行还包括加强对教育机构和教育工作者的监管，以及对法律违规行为的严格处罚，以确保法律的威严和效力。

（三）法律与教育质量提升的互动性

在法律保障下的高校教育质量体系中，法律与教育质量之间存在着一种互动性。法律不仅仅是对教育质量提升的保障，还是教育质量提升的推动力。通过法律，可以推动高校教育向更高的质量水平迈进，同时可以通过教育质量的提升来反馈法律的完善和发展。

1. 推动教育创新

法律可以通过设定适当的政策和措施来推动教育的创新和发展。例如，可以通过法律来鼓励和支持教育研究和实践的创新，以及促进新的教育技术和方法的研究和应用。

2. 促进教育国际化

法律还可以通过设定相关的政策和措施来促进教育的国际化。例如，可以通过法律来促进国际学术交流和合作，以及鼓励和支持高校开展国际化的教育活动和项目。

第二章　创新能力的理论基础和重要性

第一节　创新能力的定义和构成

一、创新能力的定义

创新能力是在技术和各种实践活动领域中不断提供具有经济价值、社会价值、生态价值的新思想、新理论、新方法和新发明的能力。创新能力往往可以产生新思想，提出新概念，形成新设计，做出新成绩，创造新知识，解决新问题。①

（一）基于前人的发现或发明

1. 历史的积累与继承

在探索创新能力的定义时，不得不首先考虑历史的积累和继承。每一个创新的瞬间，其实都是站在前人知识和技术积累的基石之上的结果。这一点不仅仅是对既有知识的吸收，更是一种对过去智慧的批判性思考

① 　方伟，刘锐.中国大学生创业素养研究［M］.北京：中国青年出版社，2022：190.

和反思，尝试通过深刻剖析历史文献和技术发展来发掘其内涵的价值和未来的可能性。

这种批判性的反思和继承使得创新者能够避免前人的错误，吸取教训，在已有的基础上赋予新的价值和意义。这不仅仅是一种知识上的积淀，更是一种对历史责任和时代使命的担当，可将历史的智慧和现代的创新思维完美结合，形成一种具有历史深度和时代前瞻性的创新力量。

2. 社会与时代背景的影响

深入考虑创新能力的形成和发展，社会与时代背景的影响是不可忽视的因素。创新是在特定的社会和时代背景下孕育和发生的，这些背景因素为创新提供了丰富的素材和深刻的启示。在这个层面上，创新者需要具备一种敏锐的社会觉察力和深刻的时代意识，以便准确把握时代的脉搏和发展趋势。

首先，社会结构和文化背景为创新提供了一种深厚的土壤。在这样的背景下，创新者可以深刻理解社会的需求和期望，从而使创新更加符合社会的发展方向和价值取向。此外，时代的特征和趋势也为创新者提供了一种方向和指引，使其能够站在时代的前沿，推动社会的进步和发展。

其次，社会和时代的背景也为创新提供了一种激励和动力。在这种背景下，创新者可以深感其责任和使命，从而激发其内在的创新动力和激情。这种动力和激情是创新能力的重要源泉，是推动创新者不断前行的原动力。

（二）个体的努力和奉献

个体的角色和贡献呈现为核心议题。个体不仅是创新的主体，更是创新进程中的关键参与者。创新者内在的动机与精神，以及其固有的个性素质和品格的培养，共同构成了创新能力的基石，塑造了创新的质量和效率。

创新是一个内驱的过程，它的源泉在于创新者内心的强烈动机和热情。这种内在的力量，有如一股无形的推动力，激励着创新者不断向未知领域进发，挑战已有的界限和框架。这里的"动机"涵盖了多方面的因素，如个体的兴趣爱好、职业志向或社会责任感。而"精神"，则体现为创新者在追求创新过程中展现的坚定信念和非凡勇气，它助力创新者在面对各种困难和挑战时保持坚定不移和持续奋斗。创新者的个性素质和品格无疑是其成功的基石。这包括开放的心态、批判性的思维、坚忍的意志和敬业的精神，这些是在长期实践中培养和塑造的。例如，开放的心态有助于创新者接受和吸纳多元化的知识和观点；批判性的思维则赋能创新者更深刻和理性地审视问题和挑战；而坚忍的意志和敬业精神则确保创新者在遭遇困难和挫折时能够坚持不懈，最终实现其创新目标。个体的创新能力还与其所处的社会和文化环境密切相关。在一个开放和包容的社会环境中，个体更易受到多元化的刺激和影响，从而有更多可能产生新的思想和视角。同时，一个富有文化底蕴的环境可以为个体提供丰富的知识资源和灵感来源，促进其创新能力的形成和发展。

在此背景下，教育和培训显得尤为重要。通过系统的教育和培训，个体可以系统地学习和掌握所需的知识和技能，同时能够培养其创新意识和创新精神。这样，个体在面对新的问题和挑战时，可以更加有信心和能力去应对和解决。创新是一个长期和系统的过程，需要个体在长期的实践和摸索中，逐渐形成和积累其创新能力。这个过程是一个动态和演变的过程，涵盖个体的知识学习和技能培养，同时涉及其心态和品格的培养和磨炼。在此过程中，个体需不断地自我反思和自我超越，以实现其创新能力的不断提升和完善。

二、创新能力与相关概念的关系

创新能力是创新主体的创造能力和将创新成果商业化运作能力的综

合，其与创新素质、创造能力和创新技能密切相关但又不同[①]，具体关系如表 2-1 所示。

表 2-1　创新能力与相关概念的关系

概念名称	简要定义	与创新能力的关系
创新素质	创新素质是指主体在先天的基础上，把从外在获得的创新知识、创新技术、创新精神等，通过内化而形成的稳定的品质。如，好奇心、求知欲、独立性、自由思考、质疑态度等	创新素质是创新能力得以产生和发展的源初性的个性品质，是创新能力的基础
创造能力	创造能力是指主体独创性和首创性的能力，具有潜能的性质，是一系列系统能力的综合体现，包括创造思维、创造人格和创造技法等	创新能力包含创造能力，是首创能力和革新能力的统一
创新技能	创新技能是反映创新主体行为技巧的动作能力，主要包括创新的信息加工能力、一般的工作能力、动手能力、操作能力、熟练掌握和运用创新技法的能力、创新成果的表达能力和表现能力以及物化能力等	创新技能是一种智力特征的能力，而创新能力不仅是一种智力化特征的能力，更是一种人格化特征的能力

三、创新能力的构成

创新能力是几种不同能力的综合表现，其包含创新思维、良好的心理素质以及社会实践能力等等。观察善于创新的人，会发现他们具备不同的能力，且具有独一无二的个人特点[②]。

第一种创新公式如下：

$$创新能力 = K \times 创造性 \times 知识量^2$$

在上述公式中，K 是一个常量，亦可视为个体的潜在创造力；创造性，主要包括创新者的创新性人格、创新思维及其所掌握的创新原理和方法的总和。第一种创新公式也可写作：

---

① 　陈劲，王黎萤. 专业技术人员创新能力培养与提高 [M]. 北京：国家行政学院出版社，2008：23.

② 　魏梅金. 探索式创新思维与应用 [M]. 北京：中国铁道出版社，2020：62.

创新能力 =K × （创新性人格 + 创新性思维 + 创新方法 +......）× 知识量 ^{2}

根据前述理论，一个人的创新能力是由其知识储备和创新方法共同决定的。如果一个人拥有丰富的知识库和高效的创新手段，他的创新能力将会非常强。然而，即使一个人具有深厚的知识底蕴，如果他缺乏创新手段（例如一些囿于传统学术的人士），他的创新能力也可能受到限制。相反，如果一个人虽然创新思维活跃，但知识储备不足（如儿童），他的创新能力也将不高。值得注意的是，知识和创新方法往往可以相互弥补。例如，有些人虽然知识量一般，但如果他们具备出色的创新方法，也可能显示出较强的创新能力。

第二种创新能力公式：

$$创造力 = 智力 + 创造性 \qquad （公式 1）$$

$$创造性 = 创新精神 + 创新思维 + 创新方法 \qquad （公式 2）$$

精神是指人的意识、思维活动和自觉的心理状态、意志、性格等。创新精神特指人的创新意识和创新性格，其中又包括创新愿望和创新动机。

创新能力是一种多元化和综合性的能力，其形成受到多重因素的共同影响，其中包括内外环境条件和个体的智力与非智力因素。这些影响因子并不是简单相加的关系，而是在一定的条件下呈现非线性的累加效应。

在内部环境中，智力因素和非智力因素是两大主要组成部分。智力因素包括基础能力和专业技能，这些能力涉及认知、情感和技术方面的整合和应用。基础能力涵盖自学、表达、审美、动手、观察和推理等方面的能力，而专业技能则包括信息处理、技术开发、社会适应和系统分析等方面的能力。这些能力在一定的智力水平（如 IQ）的支持下，能够促使个体在已有知识的基础上创造出新的、有价值的成果。外部环境则主要指国家的教育体系和教育管理方式，其中高考制度和学校的教育方式都是影响个体创新能力的重要因素。教育者，包括管理人员的素质，也是影响大学生创新能力的一个核心因素，这决定了大学生所处的内部环境和学习氛围。

创新能力也受到个体的性格和精神状态的影响。一方面，创新能力与个体的智商有关，但当智商达到一定水平后，其对创新能力的影响就不再是线性的；另一方面，非智力因素，如性格特征和思维习惯，也是影响创新能力的重要因素。

四、创新能力的分类

（一）学习能力

学习能力作为一个组织或个人的核心资质，已成为决定其在激烈竞争中立于不败之地的关键因素。学习能力不仅仅是指个体或组织在特定时间内能够获取和掌握知识和技能的能力，而且涵盖了一系列更深层次的、更综合的能力，包括理解和表达能力、记忆力、信息检索能力、工具运用能力，以及对话和讨论等多方面的能力。这些能力能够帮助个体或组织更好地适应和影响其所处的环境，从而在竞争中取得优势。

在个体层面，学习能力是个体用来获取、处理和掌握新知识和技能的能力。它包括多方面的技能和态度，如阅读和写作能力能够帮助个体更好地理解和表达信息，记忆力让个体能够储存和回忆重要信息，信息检索能力使个体能够有效地找到和使用各种资源和工具。一个具有学习能力的个体也会具备一种积极的学习态度和习惯，这种态度和习惯体现在对终身学习的信仰和追求上。"活到老、学到老"，这不仅仅是一种生活态度，更是一种对知识和学习的尊敬和追求。

组织层面上的学习能力是组织用来识别、适应和影响其外部环境的能力。学习型组织是一种通过大量的个人和团队学习形成的、能够认识和适应环境并能够积极地影响环境的有效组织。这种组织通常具有一种渗透到整个组织的学习氛围，能够充分激发个体的创造性思维，建立一种有机、高度灵活、扁平化、人性化和可持续发展的组织结构。在这样的组织中，学习不仅仅是个体的责任，也是团队和整个组织的责任。组织通过营造一种积极的学习氛围，鼓励个体不断学习和创新，从而提高组织的学习能力和创新能力。组织也通过各种方式，例如提供学习资源和机会，建立学习团队和社群，以及通过提供各种支持和奖励来促进学习和创新。

在当前竞争激烈的时代，一个人或一个组织的竞争力往往取决于其学习能力。这种能力不仅仅是获取新知识和技能的能力，更是一种能够快速适应和影响变化的能力。正如管理大师德鲁克所说，真正的竞争优势来自能够比竞争对手更快地学习和适应的能力。这种能力不仅仅是个体的能力，也是组织的能力。

（二）分析能力

分析能力在任何创新进程中都占据着不可忽视的位置，它作为一种能够拆分和理解复杂现象的工具，是推动科学、技术和社会进步的关键因素。分析能力能够使人们深入事物的内部结构，了解其各个部分的功能和它们之间的关系，从而达到一个更高层次的理解和认识。

分析能力是一种非常综合和多元的能力。它不仅仅是一种简单的技能或工具，而且是一个涵盖了多种技能和知识的综合体。其中包括对事物的深刻理解，对事物各个部分和层次的认识，以及对事物整体性质和功能的理解。在实际操作中，分析能力通常涉及一系列的步骤和过程。首先，需要将事物拆分成若干个部分或层次，这样可以更好地理解其结构和功能。然后，需要对这些部分或层次进行深入的研究和分析，以了解它们的性质和功能。此外，需要考虑这些部分或层次之间的相互关系，以及它们与整体的关系。分析能力的高低强弱通常与三个主要因素有关：个人的知识、经验和天赋。这些因素是分析能力的基础，它们可以更好地理解和把握事物的本质和特性。其次是分析工具和方法的水平。随着科学技术的发展，有更多的工具和方法可以帮助人们进行更加深入和准确的分析。最后，需要考虑共同讨论和合作研究的品质。通过共同讨论和合作研究，可以从多个角度和层次来理解和把握事物，进而更好地理解和把握事物的本质和特性。

在分析的过程中，很容易陷入只看到局部而忽视整体的陷阱。这样就会使认识和理解变得片面和局限。为了避免这种情况，可以将分析能力和综合能力结合起来运用。通过综合能力来理解和把握事物，可以避免只看到局部而忽视整体的陷阱。

（三）综合能力

综合能力呈现出一种多维度、多层次的特性，强调对研究对象的各个部分进行有机的结合和整体的考察与认识。在这个过程中，诸多要素、层次和规定性被通过特定线索联系起来，揭示其中的本质关系和发展规律。

该能力涵盖多个方面的内容。首当其冲的是思维统摄与整合的能力，这项能力要求个体能够将众多分散的概念、知识点和观察所得的事实材料融汇至一点，进行深度的思考和整理。这一过程由感性转向理性，由表面现象深入本质，由偶然性见识到必然性，由特殊情况提升至一般性，实现对事物的整体把握。该能力也强调积极吸收新知识的重要性。为了实现高效的综合，个体需要具备多方面的知识和方法，而这要求个体不断地吸收新知识，更新既有知识库。特别值得注意的是跨学科交叉的学习能力，能够将不同学科的知识和来自不同领域的研究经验融会贯通，这是实现更高层次综合的基石。

综合能力还需与分析能力紧密配合。只有通过与分析能力的相互配合，才能正确识别和理解事物，实现具有价值的创新。综合能力在多方面都显得至关重要，它不仅有助于深化对现有知识和理论的理解，还能够推动新知识和创新的生成。在这个过程中，个体能够通过多角度和多层次的分析和理解，实现对事物更深层次的把握和认识，从而推动知识和技术的进步和创新。综合能力还具有提高个体和组织竞争力和效益的功能。通过高效的综合，可以实现对复杂现象和问题的深刻理解和把握，从而提高研究和应用的水平，实现更好的效果。

（四）想象能力

创新能力的构成中的想象能力：想象能力指以一定知识和经验为基础，通过直觉、形象思维或组合思维，不依赖于直接感知和实际操作，产生新的思想或概念的能力。想象力是人类智力活动的一种高级形式，它有助于在心灵的空间中构建新的实体或情境，为创造性解决问题或艺术创作提供素材。

在创新能力的构成中，想象力占据着不可忽视的地位。它是一个多层次、多维度的能力，涉及对已有知识和经验的深度处理和再创造。想象力可以被视为一个桥梁，连接现实和潜在的未来，启发个体探索新的可能性。

在一个更深的层面上，想象力允许个体超越现实的界限，开拓新的思维和认知空间。通过直觉、形象思维或组合思维，个体能够在心灵的空间中构建新的实体或情境，这不仅局限于科学研究和技术创新，也包括艺术创作和文学构思。这种能力促使个体跳出常规的思维模式，探索新的视角和方法，从而实现更高层次的理解和创新。

想象力不仅仅是个体内在的心灵活动，还与外部世界的交互和反应有关。想象力能够引导个体对现实世界进行更深层次的探索和理解，通过新的视角和方法来解决实际问题和挑战。这种能力有助于推动社会和科技的进步，实现更加繁荣和和谐的社会。

此外，想象力也与个体的情感和价值观有关。它能够激发个体的情感和热情，促使其追求更高的目标和价值。通过想象力，个体能够构建更加美好和有意义的世界，实现个人和社会的共同发展和繁荣。

在教育和培训方面，想象力也起到了重要的作用。它能够促使学生开拓新的思维和认知空间，实现更高层次的学习和理解。通过培养学生的想象力，可以促使其实现更高层次的学习和发展，为其未来的职业和生活提供更多的可能性和机会。

第二节　创新能力理论发展历程

一、全球视野下的创新能力理论发展

（一）创新能力理论的历史轨迹

在全球视野下，探索创新能力理论的历史轨迹是一项富有洞见和深度的研究。这一理论不仅涉及科学和技术的发展，更是社会文明进步的重要标志。从古至今，创新一直是推动社会进步和经济发展的重要动力。

在古代文明时期，创新主要集中在工艺技术和农业生产方面，随着工业革命的到来，创新开始向更为系统化和科学化的方向发展。在这个过程中，许多理论家开始尝试构建创新理论的框架，以指导和促进社会的科技进步。

19 世纪末至 20 世纪初，随着工业革命的深入，创新理论开始得到更为深刻的探讨和研究。研究者开始从多个维度解析创新的内涵和外延，不仅仅局限于技术创新，更是涉及组织创新、制度创新等多个层面。这一时期，创新理论开始从单一的技术创新向多元化的创新方向发展，为后来的理论发展奠定了基础。[①]

在 20 世纪中叶，随着全球经济的快速发展和科技的飞速进步，创新理论开始进入一个新的阶段。研究者开始更加关注创新的动力和机制，

---

① 　丁斌. 创新创业实战教程 [M]. 北京：机械工业出版社，2021：5.

探讨如何通过创新来实现社会和经济的快速发展。这一时期的研究主要集中在创新的源泉、创新的过程和创新的效果等方面，形成了一套比较完整的理论体系。

在 21 世纪初期，随着信息技术的飞速发展和全球化的深入推进，创新理论开始出现新的发展趋势。研究者开始更加关注创新的全球性和跨界性，探讨如何在全球范围内实现创新的协同和共享。这一时期的研究不仅仅关注创新的内部机制，更是强调创新的外部环境和全球化背景下的创新策略。

在这一历史进程中，不少研究者和学者对创新理论做出了显著的贡献。例如，研究者开始探讨创新的多元性和复杂性，尝试构建一个能够适应不断变化的环境和需求的创新理论体系。同时，有研究者开始关注创新的社会效应和影响，探讨如何通过创新来实现社会的可持续发展。全球合作和交流在推动创新理论的发展中也起到了不可忽视的作用。通过全球合作和交流，研究者能够更好地理解和把握创新的全球趋势和特征，为创新理论的发展提供更为丰富和多元的研究材料和视角。

（二）世界各国的创新能力研究进展

在全球范围内，各国对于创新能力的研究日益繁荣和深化。创新能力已成为衡量一个国家或地区经济实力和竞争力的重要指标。各国的研究呈现出多元化和多维度的特点，而这也反映在世界各国对于创新能力理论的不断探索和发展上。

在美国，创新能力的研究多侧重于技术创新和企业创新的角度。研究者深入剖析了创新的动力机制和制度环境，强调企业的核心竞争力和市场导向的创新策略。美国的研究不仅仅局限于理论探讨，更是强调实证研究和案例分析，力图构建一个具有实际指导意义的创新能力理论体系。欧洲则更加强调创新的多元性和跨界性。欧洲的研究者尝试将创新理论与其他学科相结合，探索创新的社会学、心理学和哲学维度。同时，欧洲强调创新的社会责任和环境保护，探讨如何通过创新实现社会的可持续发展。亚洲，特别是东亚地区，创新能力的研究多聚焦于国家层面的创新系统和政策环境。这些国家尝试通过构建国家创新系统来促进创新能力的提升，而这也反映在其研究的重点和方向上。同时，这些国家强调企业和产业创新的重要性，探讨如何通过企业和产业创新来实现经济的快速发展。非洲，创新能力的研究则更加侧重于技术转移和本土化创新。非洲的研究者尝试探讨如何通过技术引进和技术转移来提升本地的创新能力，同时强调本土化创新的重要性，探讨如何通过本土化创新来实现经济的自主发展。拉丁美洲，创新能力的研究则更加侧重于社会创新和文化创新。拉丁美洲的研究者尝试探讨如何通过社会创新和文化创新来实现社会的发展和进步，同时强调创新的公平性和包容性，探讨如何通过创新来实现社会的公平和包容。

全球合作和交流也在推动创新能力理论的发展中起着不可忽视的作用。全球化背景下的学术交流和合作为创新能力理论提供了更为丰富和多元的研究材料和视角。各国的研究者可以通过全球合作和交流来更好地理解和把握创新的全球趋势和特征，从而更好地推动创新能力理论的发展。

在此背景下，创新能力理论开始展现出更为丰富和多元的特点。研究者不仅仅关注创新的内部机制，更是开始关注创新的外部环境和全球化背景下的创新策略。同时，创新能力理论开始出现更为细化和专业化的研究方向，例如创新生态系统的构建、创新网络的形成和创新政策的设计等。随着全球化的深入发展和科技的不断进步，创新能力理论将继续面临新的挑战和机遇。研究者需要不断探索和创新，以应对不断变化的全球环境和需求。这不仅仅是一种学术追求，更是一种对于社会和经济发展的责任和担当。在这个过程中，全球视野下的创新能力理论将继续发挥其重要的指导和推动作用，为全球的创新和发展提供更为深刻和全面的理论支持和指导。

（三）全球合作与交流在推动理论发展中的作用

在探索全球视野下的创新能力理论发展时，不能忽视全球合作与交流在推动理论发展中所扮演的关键角色。[①] 全球合作与交流不仅是国际关系的重要组成部分，也是推动理论创新和发展的重要力量。这样的合作与交流涉及多方面的互动，包括学术研究、政策制定和技术交流等。

在学术研究方面，全球合作与交流促使各国学者能够共享研究资源和数据，提高研究的质量和深度。通过国际学术交流，学者们可以相互学习和借鉴，形成更为全面和深刻的理论视角。这不仅能够丰富理论的内涵和外延，也能够促进理论的创新和发展。在政策制定方面，全球合作与交流为各国政府提供了一个共同探讨和解决问题的平台。通过国际合作，各国可以共同研究和探讨创新能力的提升策略，形成更为科学和合理的政策体系。这不仅能够促进各国的科技进步和经济发展，也能够推动全球创新能力理论的深化和完善。

在技术交流方面，全球合作与交流为各国提供了一个共享技术资源和信息的机会。通过技术交流和合作，各国可以共同推动技术的进步和创新，实现技术的快速传播和推广。这不仅能够加速技术的发展和应用，也能够为创新能力理论提供更为丰富和多元的实证材料。

全球合作与交流成为推动创新能力理论发展的重要动力。这种合作与交流不仅能够促进理论的交流和碰撞，也能够为理论的创新和发展提供更为有利的条件和环境。跨国公司和国际组织在推动全球合作与交流中扮演着重要的角色。跨国公司通过其全球化的运营和管理，能够促进技术的传播和交流，从而推动全球创新能力的提升。同时，国际组织通过其协调和引导的功能，能够促进各国的合作与交流，推动全球创新能力理论的发展。各国政府也在推动全球合作与交流中起着重要的作用。

---

① 张超，张育广."双创"教育与"双创"空间探究[M].广州：暨南大学出版社，2021：65.

政府通过制定和实施相关的政策和措施，能够促进国际合作与交流，推动全球创新能力的提升。同时，政府能够通过国际合作与交流来促进本国的创新能力的提升，从而推动本国的科技进步和经济发展。

在未来，全球合作与交流将继续发挥其在推动创新能力理论发展中的重要作用。它将促使各国学者和研究者更加深入地探讨和研究创新能力的本质和机制，为全球创新能力的提升提供更为科学和有力的理论支持。随着全球化的深入发展和科技的不断进步，全球合作与交流将呈现出更为多元化和深化的趋势。它将不仅仅局限于学术研究和政策制定，更将涉及技术交流和产业合作等多个层面。这将为全球创新能力理论的发展提供更为丰富和多元的资源和条件，推动全球创新能力理论向更为深刻和全面的方向发展。

二、国内外学者的主要贡献

（一）国内学者的研究进展与贡献

在探析创新能力理论发展的历程中，国内学者的研究进展与贡献占有不可忽视的一席之地。自 20 世纪末以来，随着中国经济的飞速发展和社会转型，国内学者在创新能力理论的研究上也取得了显著的成就和突破。

国内学者在理论研究中多采取跨学科的研究方法，将经济学、管理学、社会学等多学科的研究成果融入创新能力理论的研究之中。这种跨学科的研究方法不仅丰富了创新能力理论的内涵，也为理论的发展提供了新的视角和思路。

在对创新能力理论的深度挖掘中，国内学者尤其注重理论的本土化研究。他们试图在中国特色的社会经济背景下，构建一套适应中国实际情况的创新能力理论体系。这种本土化的研究方法不仅能够更好地解释和理解中国的创新实践，也为全球创新能力理论的发展提供了有益的参考和启示。国内学者在创新能力理论的实证研究方面也取得了一系列的研究成果。他们通过大量的实证研究揭示了影响创新能力的多种因素和机制，为理论的完善和发展提供了有力的实证支持。这种实证研究方法不仅丰富了理论的实证基础，也为政府和企业提供了有益的政策建议和管理指导。

在这一过程中，不少国内学者通过深入的研究和探讨，对创新能力理论做出了显著的贡献。他们不仅深化了理论的研究，也提出了一系列新的理论观点和框架，为创新能力理论的发展打开了新的研究空间和方向。

国内学者的研究进展与贡献为国际学术界提供了丰富的研究材料和视角。国内外学者在此基础上共同推动了创新能力理论的全球化研究和交流。通过国际学术交流和合作，国内外学者共同探索和研究创新能力的本质和机制，为全球创新能力理论的发展提供了更为深刻和全面的理论支持和指导。在这个过程中，国内外学者共同努力，为创新能力理论的发展提供了更为深刻和全面的理论基础和视角。

随着全球化的深入发展和科技的不断进步，国内学者将继续在推动创新能力理论的发展中发挥重要的作用。他们将继续深化理论研究，丰富理论内涵，提升理论的科学性和实用性。国内学者也将继续推动国际学术交流和合作，与国际学术界共同探索和研究创新能力的本质和机制。这不仅可以促进创新能力理论的全球化研究和交流，也将为全球创新能力的提升提供更为科学和有力的理论支持。

（二）国际学者的研究进展与贡献

在全球范围内审视创新能力理论的演进历程，国际学者的贡献占据了极其重要的位置。其研究进展和理论贡献不仅丰富了理论体系，还指导了实际的政策制定和实践探索。在这方面，国际学者通过不同的研究路径和角度，深化了对创新能力理论的理解和拓展。

国际学者在创新能力理论的研究中，多着重于探讨创新的动力机制和环境因素。例如，研究者深入探讨了市场机制、企业战略和国家政策对创新能力的影响，揭示了创新过程中的多元动力和协同机制。此外，他们还分析了全球化背景下，国际合作和竞争对创新能力的影响和作用，为构建开放和协同的创新体系提供了有力的理论支持。国际学者还在理论框架和方法论上做出了显著的贡献。他们不仅构建了多元化和层次化的创新能力理论框架，还发展了一系列新的理论方法和研究手段。这些理论框架和方法论不仅丰富了创新能力理论的研究内容和形式，还为后续的研究提供了更为广阔和深入的研究视野。

在实证研究方面，国际学者也取得了一系列重要的研究成果。他们通过大量的案例研究和实证分析，揭示了创新能力的形成和发展过程，以及其与经济发展和社会进步的关系。这些实证研究不仅为创新能力理论提供了丰富的实证依据，也为政府和企业的创新实践提供了有力的指导和参考。国际学者的研究进展和贡献对于推动创新能力理论发展历程具有重大意义。通过国际学术交流和合作，国内外学者能够共同探讨和研究创新能力的本质和机制，从而更好地推动理论的全球化发展和交流。在这一过程中，国际学者的研究进展和贡献为国内学者提供了丰富的研究材料和视角，也为国内学者打开了更为广阔的研究空间和可能性。

在未来的研究道路上，国际学者将继续在推动创新能力理论的发展中发挥重要的作用。他们将继续深化理论研究，拓展研究视野，提升研究的深度和广度。通过国际合作和交流，他们将与国内学者共同探索创新能力的更多维度和层次，为全球创新能力理论的发展提供更为全面和深刻的理论支持和指导。

（三）学术交流对理论发展的推动

在探讨国内外学者在创新能力理论发展历程中的主要贡献时，不可避免地要涉及学术交流对理论发展的推动作用。学术交流是知识的传播和碰撞平台，能够极大地促进新理论的孕育和既有理论的完善。

学术交流可以被视为一种学术研究和探讨的催化剂。它不仅可以促使学者们跳出原有的研究框架，尝试新的研究路径和视角，而且还能够推动学者们对现有理论进行深入的探讨和反思。这样的交流和探讨无疑为创新能力理论的发展提供了更为广阔的视野和更为深刻的理论基础。

在国际舞台上，学术交流已成为推动创新能力理论发展的重要手段。国际学术交流能够促使学者们从全球的角度来审视和思考创新能力的问题，从而更好地揭示创新能力的全球特性和规律。这不仅能够推动创新能力理论的全球化发展，也能够为理论的本土化研究提供更为丰富和多元的研究材料和视角。学术交流还能够促进理论的跨学科研究和交叉融合。通过学术交流，学者们可以从不同的学科角度来探讨创新能力的问题，从而丰富和拓展理论的研究内容和形式。这样的跨学科研究和交叉融合，无疑为创新能力理论的发展提供了更为多元和开放的研究空间和可能性。学术交流还能够促进理论的实证研究和案例分析。通过学术交流，学者们可以共享研究数据和案例，从而更好地进行实证研究和案例分析。这样的实证研究和案例分析，不仅能够丰富理论的实证基础，也能够为理论的发展提供更为有力和有说服力的支持。

更为重要的是，学术交流还能够促进理论的创新和发展。学术交流能够为学者们提供一个共同探讨和研究的平台，从而更好地推动理论的创新和发展。这样的交流和探讨无疑为创新能力理论的发展提供了更为有力和有创意的推动力。学术交流对创新能力理论的发展历程产生了积极和深远的影响。它不仅促使学者们从更为广阔和深刻的角度来探讨和研究创新能力的问题，而且还为理论的发展提供了更为有力和有创意的支持。

在未来的研究道路上，学术交流将继续发挥其在推动创新能力理论发展中的重要作用。它将促使学者们更加深入地探讨和研究创新能力的本质和机制，为全球创新能力理论的发展提供更为深刻和全面的理论支持和指导。

三、创新能力理论的现代转向

（一）信息技术时代的创新能力理论

信息技术时代，创新不再局限于传统的研究与开发活动，而是呈现出更加多元化和网络化的特征。大数据、人工智能和云计算等新技术，为创新活动提供了更为强大和灵活的支持，使得创新过程更加高效和智能化。这种新的创新模式，不仅促使企业和组织更加快速和灵活地响应市场和技术的变化，也为创新能力理论提供了新的研究视角和思路。信息技术时代的创新能力理论强调了知识和信息的重要性。在这个时代，知识和信息成了创新的核心资源和驱动力。企业和组织通过有效地利用和管理知识和信息，可以更好地发掘和利用创新机会，提升创新效率和效果。这种对知识和信息的强调，不仅丰富了创新能力理论的内涵，也为理论的发展提供了新的研究方向和内容。在这个时代，创新活动越来越依赖跨界合作和网络协同。企业和组织通过构建和参与各种创新网络和生态系统，可以更好地共享和利用创新资源，实现创新的协同和共赢。这种对合作和网络的强调，不仅拓展了创新能力理论的研究视野，也为理论的发展提供了新的研究路径和方法。创新越来越呈现出开放和包容的特征。企业和组织通过开放创新的方式可以更好地整合和利用外部的创新资源和能力，实现创新的快速和高效。这种对创新的开放和包容的强调，不仅丰富了创新能力理论的外延，也为理论的发展提供了新的研究视角和方向。新的技术和工具为创新过程提供了更为多元和灵活的选择，也为创新机制的构建和优化提供了新的可能性和空间。这种对创新过程和机制的深化研究，不仅能够更好地揭示创新的本质和规律，也能够为理论的发展提供更为深刻和全面的理论基础和支持。

（二）跨学科研究对创新能力理论的推动

在 21 世纪的现代社会，创新已不再是一个孤立的过程，而是涉及多方面、多维度的综合性活动。跨学科研究作为一种能够深化理论内涵、扩展研究视野的方法，对于创新能力理论的推动和现代转向具有深远的意义。

在探析跨学科研究对创新能力理论的推动时，值得注意的是它如何催生了一种新的研究范式。该范式强调创新不仅仅是技术或产品的创新，更是涉及社会、文化、经济等多个方面的综合创新。这样的理论框架使得创新能力理论呈现出更为丰富和多元的特征，为理论的发展提供了新的动力和方向。跨学科的研究途径促进了对创新能力的多维度分析。通过结合管理学、经济学、社会学等不同学科的理论和方法，可以更好地揭示创新能力的多元性和复杂性。这种多维度的分析不仅有助于深化对创新能力的理解，还可以提供更为全面和深刻的研究视野，推动创新能力理论的现代转向。通过结合社会学和文化学的研究方法，可以更好地探讨社会结构、文化价值和社会网络等因素对创新能力的影响。这样的研究不仅有助于揭示社会和文化因素在创新过程中的重要性，也为创新能力理论的发展提供了新的理论支持和基础。结合不同学科的研究方法和手段，可以更好地进行实证研究和案例分析，从而为理论的发展提供更为丰富和有力的实证支持。这样的实证研究和案例分析不仅丰富了理论的实证基础，也为创新实践提供了有力的指导和支持。

跨学科研究也强调了创新网络和生态系统的重要性。在现代社会，创新活动越来越表现为一种网络化和生态化的过程。通过构建和维护创新网络和生态系统，可以更好地整合和利用创新资源，实现创新的协同和共赢。这种对创新网络和生态系统的强调，不仅拓展了创新能力理论的研究视野，也为理论的发展提供了新的研究路径和方法。未来跨学科研究将继续发挥其在推动创新能力理论发展中的重要作用。它将促使学者们更加深入地探讨和研究创新能力的本质和机制，为全球创新能力理论的发展提供更为深刻和全面的理论支持和指导。

（三）现代创新能力理论的挑战与展望

在21世纪的现代社会，创新已不再是一个孤立的过程，而是涉及多方面、多维度的综合性活动。跨学科研究作为一种能够深化理论内涵、扩展研究视野的方法，对于创新能力理论的推动和现代转向具有深远的意义。

在探析跨学科研究对创新能力理论的推动时，值得注意的是它如何催生了一种新的研究范式。该范式强调了创新不仅仅是技术或产品的创新，更是涉及社会、文化、经济等多个方面的综合创新。这样的理论框架使得创新能力理论呈现出更为丰富和多元的特征，为理论的发展提供了新的动力和方向。跨学科的研究途径促使了对创新能力的多维度分析。通过结合管理学、经济学、社会学等不同学科的理论和方法，可以更好地揭示创新能力的多元性和复杂性。这种多维度的分析不仅有助于深化对创新能力的理解，还可以提供更为全面和深刻的研究视野，推动创新能力理论的现代转向。通过结合社会学和文化学的研究方法，可以更好地探讨社会结构、文化价值和社会网络等因素对创新能力的影响。这样的研究不仅有助于揭示社会和文化因素在创新过程中的重要性，也为创新能力理论的发展提供了新的理论支持和基础。结合不同学科的研究方法和手段，可以更好地进行实证研究和案例分析，从而为理论的发展提供更为丰富和有力的实证支持。这样的实证研究和案例分析不仅丰富了理论的实证基础，也为创新实践提供了有力的指导和支持。

跨学科研究也强调了创新网络和生态系统的重要性。在现代社会，创新活动越来越表现为一种网络化和生态化的过程。通过构建和维护创新网络和生态系统，可以更好地整合和利用创新资源，实现创新的协同和共赢。这种对创新网络和生态系统的强调，不仅拓展了创新能力理论的研究视野，也为理论的发展提供了新的研究路径和方法。

第三节　创新能力在高等教育中的培养

一、创新能力培养的基本原则

（一）教育理念与方法的创新

教育理念与方法的创新首先表现在教育目标的转变上。过去，教育往往侧重于知识的传授和学术的训练。然而，在现代社会，教育的目标更多的是要培养学生的创新思维和能力。这要求教育者们不仅要注重学生的知识学习，更要注重学生的思维训练和能力培养。通过转变教育目标，可以更好地激发学生的创新潜力和能力，为社会提供更为优秀和有创造力的人才。

其次，教育理念与方法的创新还表现在教育内容的更新和丰富上。在信息化社会，知识更新的速度越来越快，这要求教育者们能够及时更新和丰富教育内容，以适应社会的发展和变化。同时，教育内容应该更加侧重于实际应用和实践训练，以培养学生的实践能力和创新能力。通过更新和丰富教育内容，可以更好地满足社会对人才的需求，也可以更好地培养学生的创新能力。

最后，教育理念与方法的创新还体现在教学方法的改革上。传统的教学方法往往侧重于知识的传授和讲授，而现代的教学方法则更加侧重于学生的主体性和参与性。通过实施项目驱动、问题导向等教学方法，可以更好地培养学生的创新思维和能力。同时，这样的教学方法可以激发学生的学习兴趣和热情，从而提升教学效果和效率。

教育理念与方法的创新还应该强调教育的个性化和差异化。每个学生都有其独特的学习需求和特点，这就要求教育者们能够提供更为个性化和差异化的教育服务。通过实施个性化的教育策略和方法，可以更好地满足学生的学习需求，也可以更好地培养学生的创新能力。

教育理念与方法的创新，还在于培养学生具有全球视野和国际竞争力。在全球化的背景下，教育者们应该努力培养学生具有全球视野和国际竞争力，以适应全球化的挑战和机遇。这就要求教育者们不仅要提升学生的外语能力和跨文化交际能力，还要培养学生具有国际视野和竞争力。

（二）以学生为中心的创新能力培养策略

在高等教育领域，聚焦于学生，制定以学生为中心的创新能力培养策略是至关重要的一环。这种转变不仅仅是教育方法论的改进，而且是一种对教育本质深刻理解的体现。在这个过程中，学生不再被视为被动的知识接受者，而是成为积极参与和塑造自身学习经历的主体。以下将深入探讨以学生为中心的创新能力培养策略如何成为高等教育中创新能力培养的基本原则。

以学生为中心的教育策略首先强调个体的主动性和自主性。这种方法鼓励学生国家自己的兴趣进行探索，而不是仅仅遵循传统的、固定的学术路径。它提倡自主学习和批判性思维，使学生能够在探索和发现中形成自己的见解和理论。此外，这种方法还鼓励学生对现有知识进行质疑和探索，从而培养其创新和批判性思维。

要实现这种以学生为中心的教育策略，就需要对现有的教育环境和资源进行深刻的改革。这包括创建一个更为开放和灵活的学习环境，其中学生可以根据自己的兴趣和需求进行学习和探索。此外，高校还需要提供一系列的资源和工具，以支持学生的自主学习和研究。这些资源和工具可以包括现代化的教育技术、灵活的课程设计和丰富的学术资源等。

以学生为中心的教育策略还强调教育的个性化和差异化。这意味着教育者需要认识到每个学生都是独特的，具有不同的学习需求和能力。因此，教育者需要设计和实施一系列个性的化教育方案，以满足不同学生的学习需求。这种个性化的教育方法不仅可以提高学生的学习效果和满意度，还可以培养其创新和独立思考能力。

以学生为中心的教育策略还强调实践和应用的重要性。这种方法鼓励学生参与各种实践活动，如实习、项目研究和社群服务等。这样的实践活动不仅可以帮助学生将理论知识应用于实际情境中，还可以培养其创新能力和解决问题的能力。此外，这样的实践活动还可以帮助学生建立和发展自己的职业网络和社群关系，为其未来的职业生涯提供有力的支持。

以学生为中心的教育策略还强调教育的全面性和综合性。这意味着教育不仅仅是培养学生的知识和技能，更是培养其综合素养。这包括培养学生的道德品质、人文素养和社会责任感等。通过这样全面和综合的教育，可以培养出一批具有高度创新能力和社会责任感的人才。

（三）评价机制的创新与完善

在高等教育领域，评价机制是教学过程中的重要组成部分，它不仅影响着学生的学习动力和学习策略，也直接关系教育的质量和效果。随着创新能力培养的重要性日益凸显，传统的评价机制已经不能完全满足当前的教育需求，因此，评价机制的创新与完善成了教育改革的重要议题。

在探讨评价机制的创新与完善时，值得注意的是评价的多元化。传统的评价往往侧重于学生的知识掌握程度和技能水平，而在现代社会，更加强调学生的创新能力和综合素质的培养。因此，评价机制应该更加多元化，包括对学生的创新思维、问题解决能力、协作能力等方面的评价。这样的评价不仅可以更全面地反映学生的学习情况，还可以更好地激励学生发展多方面的能力和素质。另一个重要方向是实行开放和灵活的评价机制。传统的教育评价往往依赖固定的评价标准和方法，而现代社会更加强调评价的开放性和灵活性。这意味着评价机制应该根据学生的个体差异和学习需求进行调整和优化，以实现更为公正和合理的评价。

同时，应该鼓励学生参与到评价过程中来，以实现更为开放和民主的评价。

评价机制的创新与完善还应该注重实效性和指导性。评价不仅仅是对学生学习效果的检验，更是对学生学习过程的指导和促进。因此，评价机制应该具有较强的实效性和指导性，能够为学生提供有针对性的反馈和建议，帮助他们更好地调整学习策略和方法，从而提高学习效果。还应该探索和利用现代教育技术来优化评价机制。现代教育技术，如大数据分析、人工智能等，为评价机制的创新与完善提供了新的可能性和机遇。通过运用这些技术，可以实现更为精准和个性化的评价，也可以提高评价的效率和效果。例如，可以通过数据分析来实现对学生学习过程的实时监控和评价，也可以通过人工智能技术来实现对学生学习效果的智能分析和评价。

评价机制的创新与完善还应该强调与国际标准的接轨和比较。随着全球化的深入发展，国与国之间的教育交流和合作日益频繁，这就要求评价机制能够与国际标准接轨，以实现更为广泛和深入的交流和合作。通过参照和借鉴国际先进的评价理念和方法，可以更好地推动我国高等教育的发展和进步。

二、创新能力培养的具体策略

（一）课程设计与教学方法的创新

在当代社会，高等教育的角色正在发生深刻的变化，这主要表现在对学生创新能力培养的强调。课程设计与教学方法是这一过程中的关键环节，因为它们直接影响学生的学习体验和能力发展。因此，从课程设计与教学方法的创新角度来探讨高等教育中创新能力培养的具体策略是极其必要的。

在课程设计方面，应将更多的重点放在培养学生的批判性思维和创新思维上。这意味着课程内容应不仅仅局限于传统的理论知识和技能训练，而应更多地包括与现实世界相关的问题和案例分析。同时，课程内容应该强调跨学科的学习和研究，这不仅可以拓宽学生的知识视野，还可以培养其综合分析和解决问题的能力。课程设计还应该注重学生的个体差异和学习需求。这意味着应该提供更为灵活和个性化的学习路径，以满足不同学生的学习需求和兴趣。例如，可以通过设置不同层次和方向的课程，来满足学生的不同学习需求和兴趣。同时，可以通过开设实践性强、与社会紧密结合的课程，来培养学生的实践能力和社会责任感。

转向教学方法的创新，应该强调学生的主体性和参与性。传统的教学方法往往侧重于知识的传授和讲授，而现代的教学方法则更加强调学生的主体性和参与性①。这意味着教学过程应该更加开放和民主，鼓励学生积极参与到学习和讨论中来。例如，可以通过小组讨论、案例分析和项目合作等方法，来培养学生的合作意识和创新能力。在教学与技术的结合方面，现代教育技术为教学提供了更多的可能性和资源，这为教学方法的创新提供了有力的支持。例如，可以通过网络教学和远程教学来拓展教学的时空限制，也可以通过多媒体和虚拟现实技术来丰富教学的形式和内容。这样的教学方法不仅可以提高教学的效率和效果，还可以培养学生的信息素养和技术应用能力。

教学方法的创新还应该强调教学的实效性和反馈机制。这意味着教学过程应该注重学生的学习效果和反馈，以实现更为有针对性和有效性的教学。例如，可以通过定期的测试和评估来了解学生的学习进度和问题，也可以通过及时的反馈和指导来帮助学生调整学习策略和方法。这样的教学方法不仅可以提高学生的学习效果，还可以培养其自主学习和自我调整的能力。

---

① 姜浩.设计思维创新原理与应用[M].北京：中国传媒大学出版社，2022：12.

（二）实践教学与项目驱动的培养模式

实践教学与项目驱动的培养模式已逐步成为高等教育中创新能力培养的重要手段。这一模式以其独特的方式塑造了一种环境，在其中学生可以通过真实的、实证的经验来探索和学习，从而更好地培养其创新能力。

实践教学是一种以学生为中心的教育方法，强调实际操作和实验性学习。在此模式下，学生被鼓励参与各种实际项目和研究，以便他们能够将理论知识与实际应用结合起来。这种方法不仅能够提高学生的理论知识和技能，还可以培养他们的创新思维和问题解决能力。通过这种方式，学生可以更好地理解和掌握知识，也可以更好地发展他们的创新能力和批判性思维。项目驱动的培养模式则强调通过项目实施来进行学习。这种模式通常涉及跨学科的合作和研究，从而为学生提供一个更为开放和灵活的学习环境。在这种环境中，学生可以更好地探索和发展他们的创新能力，因为他们不仅可以从不同的学科和领域获得知识和技能，还可以通过项目实施来实践和应用这些知识和技能。

通过参与实际项目，学生可以更好地理解和掌握相关的理论和知识，也可以更好地培养他们的创新能力和批判性思维。这是因为项目实施通常涉及一系列的问题解决和创新活动，这些活动可以帮助学生培养他们的分析和批判性思维，也可以帮助他们发展和运用他们的创新能力。

实践教学与项目驱动的培养模式还强调了合作和交流的重要性。在项目实施过程中，学生通常需要与来自不同背景和领域的人员进行合作和交流，这不仅可以拓宽他们的知识视野和人际交往能力，还可以培养他们的团队合作和沟通能力。通过这样的合作和交流，学生可以更好地学习和掌握相关的知识和技能，也可以更好地发展他们的创新能力和社会责任感。在自主学习和研究的重要性方面，学生被鼓励进行自主学习和研究，以便他们能够更好地发展他们的学术和研究能力。通过这样的学习和研究，学生可以更好地理解和掌握相关的理论和知识，也可以更好地培养创新能力和批判性思维。

实践教学与项目驱动的培养模式还可以帮助学生培养领导力和管理能力。在项目实施过程中，学生通常需要承担一定的领导和管理职责，这不仅可以帮助他们培养领导力和管理能力，还可以帮助培养他们的责任感和使命感。通过这样的经验，学生可以更好地理解和掌握相关的理论和知识，也可以更好地培养创新能力和社会责任感。

（三）教师角色与能力的改变

在当代高等教育的背景下，教师的角色和能力的变革已成为一个不可忽视的议题。这种变革不仅仅是对教师职责的重新定义，更是对教育过程的深刻革新，尤其是在培养学生创新能力方面。下文将深入探讨这一主题，解析教师角色和能力的改变如何成为高等教育中创新能力培养的具体策略。

传统的教师往往被视为知识的传授者和权威者，但在现代教育环境中，这一角色正在发生根本性的改变。现代教师更多地被视为学生学习的引导者和促进者，他们的任务不仅仅是传授知识，更是激发学生的学习兴趣和创新能力。这就要求教师具备更为丰富和多元的能力和素质，以适应这一角色的变化。教师的学术研究能力是这一变革中的一个重要方面。在高等教育中，教师不仅需要具备深厚的学术背景和研究能力，还需要具备与学术界和产业界的紧密联系。这样，教师不仅可以将最新的学术研究和实际案例引入教学中，还可以为学生提供更为丰富和多元的学习资源和机会。

此外，教师的教育技术应用能力也是不可忽视的一个方面。现代社会，教育技术的快速发展为教育提供了更多的可能性和资源。因此，教师需要具备一定的教育技术应用能力，以便更好地利用这些技术来优化教学过程。这不仅可以提高教学的效率和效果，还可以为学生提供更为丰富和多元的学习体验。随着知识的不断更新和学科的不断交叉，教师需要具备一定的跨学科协作能力，以便更好地整合和利用不同学科的资源和知识。这样，教师不仅可以为学生提供更为丰富和多元的学习资源和机会，还可以培养学生的跨学科思维和协作能力。在现代社会，学生的心理健康和个人发展已成为教育的重要目标之一。因此，教师需要具备一定的心理辅导和指导能力，以便更好地理解和关心学生的个人发展和需求。这样，教师不仅可以为学生提供更为人性化和贴心的教育服务，还可以培养学生的心理素质和人文素养。

高等教育机构需要对教师进行全方位的培训，以帮助他们适应这一角色和能力的变革。这包括提供更为丰富和多元的培训资源和机会，以及建立更为开放和灵活的职业发展路径。通过这样的变革，教师不仅可以更好地满足现代教育的需求，还可以更好地培养学生的创新能力和个人素质。这样，教师不仅可以为学生提供更为高质量和多元化的教育服务，还可以为社会提供更为优秀和有创造力的人才。

三、创新能力培养的实施与监测

（一）创新能力培养的实施方案

创新能力的培养是现代高等教育的核心任务之一，其实施方案的构建和执行直接影响教育的效果和质量。此外，实施方案应当包括多方面的战略，涉及教育政策、课程设计、教师培训、学生评价和反馈机制等多个方面。在实施方案的构建中，高等教育机构需要综合考虑多方面的因素和条件。这包括对当前教育环境和资源的深入分析，以及对未来发展趋势和需求的准确预判。此外，高等教育机构还需要建立一套完善和高效的管理和监督体系，以确保实施方案的顺利执行和效果达成。

1. 教育政策的构建

高等教育机构需要制定一系列支持创新能力培养的政策和措施。这包括提供更多的资金和资源支持，以及建立更为灵活和开放的教育体制。此外，高等教育机构还需要加强对教师和学生的培训和指导，以提高他们的教育能力和素质。

2. 课程设计

高等教育机构需要根据学生的需求和兴趣，以及社会和产业的发展趋势，来进行课程的设计和调整。这包括加强基础理论知识的教授，以及加大实践教学和项目实施的比重。此外，高等教育机构还需要加强跨学科的交流和合作，以提高学生的综合素质和创新能力。

3. 教师培训

高等教育机构需要为教师提供更多的培训和发展机会，以提高他们的教育能力和素质。这包括提供更多的学术交流和研究机会，以及建立更为完善和高效的评价和激励机制。此外，高等教育机构还需要加强对教师的心理辅导和支持，以提高他们的教育效果和满意度。

4. 学生评价和反馈机制

高等教育机构需要建立一套完善和高效的评价和反馈体系，以便更好地了解和监控学生的学习进度和效果。这包括建立更为精细和多元的评价指标和方法，以及提供更多的反馈和指导机会。此外，高等教育机构还需要加强对学生的心理辅导和支持，以提高他们的学习效果和满意度。

（二）创新能力培养的效果监测与评估

在高等教育中，创新能力培养的效果监测与评估环节占有举足轻重的地位，它对于保证教育质量、指导教学改革和提升教育效果具有重大意义。其中，涉及多维度的评估体系构建，数据收集与分析，以及反馈机制的形成和调整等诸多方面，以下将深度探讨这些方面的重要性和实施方法。在构建评估体系方面，高等教育机构应当考虑多方面的因素和条件，以形成一个全面、客观和公正的评估体系。这样的体系应当包括对学生知识理解、实际应用能力、创新思维和综合素质的全方位评估。此外，还应当包括对教学方法、教材使用和教学组织的评估，以确保教学的质量和效果。

1.数据的收集和分析

数据的收集和分析是评估工作的基础和关键。通过对教学活动、学生表现和教育效果的数据收集和分析，教育机构可以更好地了解和掌握教育的实际情况和效果。同时，通过数据分析，教育机构可以更好地发现和识别教育的问题和不足，从而为教育改革和提高提供有力的支持和依据。

2.反馈机制的形成和调整

反馈机制的形成和调整则是评估工作的延伸和深化。通过有效的反馈机制，教育机构可以更好地将评估结果转化为教育实践的改进和提高。这包括对教学方法和内容的调整，对教师队伍的培训和发展，以及对学生支持和服务的改善等。同时，通过反馈机制，教育机构可以更好地了解和满足学生的需求和期望，从而提高教育的效果和满意度。

在此背景下，高等教育机构需要将效果监测与评估工作纳入日常的教育和管理活动中，形成一个长效和稳定的工作机制。这样的机制应当包括定期的评估和反馈，以及对评估结果的跟踪和监督等环节。同时，高等教育机构应当加强对评估工作的研究和创新，以不断提高评估的科学性和有效性。效果监测与评估工作还应当包括对外部环境和因素的考虑和评估。这包括对社会需求和期望的考虑，对产业发展和技术进步的关注，以及对国际教育趋势和标准的参考等。通过这样的方式，高等教育机构可以更好地将教育与社会、产业和国际接轨，从而提高教育的实效性和影响力。

（三）高校创新能力培养的实施难点与对策

在高等教育的场域内，实施创新能力培养不可避免地会遇到一系列难点和挑战。而对这些难点进行深刻的剖析，并提出相应的对策，便是高校实现创新能力培养目标的关键所在。以下内容将从多个维度探讨这些难点和对策。

1. 资源分配的不均衡

一方面，部分高校因为资金紧张而无法为学生提供足够的实践机会和资源；另一方面，教师质量也是资源分配的一大难点，特定地区或学校可能缺乏有经验和资质的教师来引导学生进行创新实践。对此，高校可以考虑加强与外部组织的合作，共享资源，同时可以通过线上教育平台来弥补教师资源的不足。

2. 课程体系的构建难题

现行的课程体系往往侧重于知识的传授而非能力的培养，这与创新能力培养的目标存在较大的偏差。因此，高校需要着手对课程体系进行重新设计，确保课程内容能够与创新能力培养的要求相匹配。这需要教育者具备高度的前瞻性和创新精神，同时需要高校能够为教育者提供足够的自由度和支持。

3. 评估机制的设置

传统的评估机制往往过于注重知识的考核，而忽视了能力的培养。为了更好地进行创新能力培养，高校需要建立一套更为全面和科学的评估机制，这样的机制应当能够全面评估学生的创新能力，包括他们的思维能力、实践能力和合作能力等。此外，评估机制还应当能够为学生提供足够的反馈和指导，以帮助他们更好地进行自我提升。

4. 外部环境的影响和限制

社会环境的变化、技术的进步，以及产业结构的调整等外部因素不仅会影响到创新能力培养的方向和内容，还会对高校的教育资源和环境产生影响。因此，高校需要具备足够的灵活性和应变能力，以便能够及时调整教育策略和方向，来适应外部环境的变化。

高校应当加强与外部环境的互动和交流。这不仅可以帮助高校更好地了解外部环境的变化和需求，还可以为高校提供更多的资源和机会。此外，高校还应当加强内部的协调和合作，以实现资源的共享和优化配置。这样，高校可以更好地利用有限的资源来实施创新能力培养。高校还应当加强教师队伍的建设和培训。这包括提高教师的教育背景和素质，以及提供更多的培训和发展机会。此外，高校还应当加强教师的激励和保障机制，以保证教师能够更好地履行他们的职责。

四、国际视野下的创新能力培养

（一）国际合作与交流在创新能力培养中的作用

在全球化的背景下，国际合作与交流已成为推动创新能力培养不可或缺的力量。其重要性主要体现在拓宽学术视野，促进文化交融和提升教育质量等方面。以下将对这些方面进行深入探讨。

学术研究和教育实践的进步往往源自不同国家和地区间的学术交流和合作。通过这种方式，学者和教育者可以共享最新的研究成果和教育经验，从而推动学术研究和教育实践的发展。此外，国际合作与交流还可以提供更多的学习和研究机会，使学生和教师能够接触到更多的知识和信息，从而拓宽其学术视野和研究深度。在不同文化背景下进行交流和合作，可以促使学生和教师更好地理解和尊重不同的文化和价值观。这不仅有助于培养学生的国际视野和跨文化交际能力，还可以促进世界和平与发展。此外，文化交融还可以为学生提供更多的实践机会，使他们能够在不同的文化环境中学习和成长，从而培养其全球化的视野和思维。

通过国际合作与交流，高校可以引进更多高质量的教育资源和教育方法，从而提升本身的教育质量。这不仅包括教材的更新和教学方法的改进，还包括教师队伍的建设和培训。通过这种方式，高校可以更好地满足学生的学习需求和期望，从而提升其教育质量和效果。

在实现国际合作与交流的过程中，也存在一系列的挑战和问题。这包括语言和文化的差异、资源和机会的不均衡，以及合作与交流的效果和质量的保障等问题。为了更好地实现国际合作与交流的目标，高校需要采取一系列的策略和措施。这包括加强语言和文化的培训、提供更多的资源和机会，以及建立更为完善和高效的合作与交流机制等。未来的国际合作与交流应更加强调多方互利和共赢的原则。这意味着高校需要与更多的国际伙伴建立长期和稳定的合作关系，以实现资源的共享和优势的互补。同时，高校需要加强与各方的沟通和协调，以确保合作与交流的顺利进行和效果达成。

国际合作与交流在推动创新能力培养中的作用不可忽视。它不仅可以帮助高校拓宽学术视野，促进文化交融，还可以提升教育质量。通过加强国际合作与交流，高校可以更好地培养学生的创新能力和国际视野，从而为社会和国家的发展做出更大的贡献。

（二）世界各国的创新能力培养模式与经验

在全球范围内，各国根据自身的教育理念和社会需求，独创或吸收了不同的创新能力培养模式。不同的教育文化背景和历史沉淀为人们提供了一套丰富多样的创新能力培养体系。接下来将详细探讨世界各国的创新能力培养模式与经验。

北欧国家，例如芬兰，其教育系统强调学生的自主性和探索性学习。芬兰的教育模式强调学生在学习过程中的主体性，而不仅仅是知识的接受者。这样的教育理念使得学生在学习过程中能够更好地培养创新思维和能力。芬兰的教育还强调与社会的紧密联系，通过实际的社会实践来培养学生的创新能力和责任感。

转向美国，其教育体系中的项目式学习（Project-Based Learning）是一种有效的创新能力培养模式。这种学习模式强调学生通过实际项目的实施来学习和掌握知识，而不仅仅是通过课堂教学来传授知识。这样的学习模式可以帮助学生培养其实际操作能力和创新思维，同时可以培养其团队协作能力和问题解决能力。

远东地区的一些国家，如日本和韩国，其教育模式也有着其独特的特点。例如，日本的教育强调基础知识的教育和学生的全面发展。在这样的教育体系中，学生可以通过系统的知识学习和实践来培养其创新能力。而韩国则强调教育的公平性和竞争性，通过不断的竞争和挑战来激发学生的创新能力和潜力。

澳大利亚的教育体系强调学生的个性化发展和全人教育。在这样的教育体系中，学校通常会提供多样化的课程和活动，以满足学生的个性化需求和兴趣。这样的教育方式可以培养学生的创新思维和能力，同时可以提高其学习的兴趣和动力。

探讨了不同国家的创新能力培养模式之后，可以发现，不同的国家和地区有着各自独特的教育理念和方法。这为世界各国提供了学习和借鉴的机会，通过学习和借鉴其他国家的成功经验，可以为本国的教育改革和发展提供有力的支持和依据。

（三）国际视野下的创新能力培养策略

教育视野下的创新能力培养策略要强调国际合作与交流。通过加强国际的学术交流和合作，可以促进学术资源和信息的共享，从而提高教育的质量和效果。同时，国际合作与交流可以为学生提供更多的学习和实践机会，使其能够在更为开放和多元的环境中学习和成长。

国际视野下的创新能力培养策略应当注重培养学生的全球意识和视野。这不仅包括培养学生的跨文化交际能力，还包括提升其对全球问题和挑战的认识和理解。通过这样的教育，可以帮助学生更好地适应全球化的时代背景，同时可以培养其全球公民的责任感和使命感。

在此基础上，创新能力培养策略还应当注重学生的个性化发展和全人教育。这意味着教育机构需要提供更多的个性化学习资源和机会，以满足学生的个性化需求和兴趣。同时，教育机构应当注重培养学生的综合素质和能力，包括其创新思维、批判性思考和解决问题的能力等。

国际视野下的创新能力培养策略还需重视实践教学与项目驱动的培养模式。这种模式强调学生通过实际项目的实施来学习和掌握知识和技能，而不仅仅是通过课堂教学来传授知识。通过这样的教学模式，可以更好地培养学生的实际操作能力和创新思维，同时可以提高其学习的兴趣和动力。

要认识到技术的引入也是国际视野下创新能力培养的重要策略。当前，信息技术和互联网已经深刻改变了教育的方式和模式。因此，教育机构需要积极引入和利用先进的技术和工具，以提高教育的效率和效果。同时，教育机构需要加强教师的技术培训和能力提升，以保证其能够更好地利用技术进行教学。

通过深入分析和研究，可以明确国际视野下的创新能力培养策略应该是一个全面、多元和开放的策略体系。它不仅包括国际合作与交流、培养全球视野和意识、个性化发展和全人教育、实践教学和项目驱动的培养模式，还包括技术的引入和利用。通过实施这样的策略体系，可以更好地培养学生的创新能力，拓宽国际视野，从而为其未来的发展奠定坚实的基础。

第四节　创新能力对学生发展的作用

一、创新能力与学生个人发展

（一）创新能力对学生个体能力的促进

在现代社会，创新能力已被公认为是推动个人和社会进步的关键因素。特别是在高等教育阶段，学生们正处在形成独立人格和职业规划的关键时期，创新能力的培养显得尤为重要。

　　创新能力，首先是一种对学生认知能力的显著促进。这种能力能够激发学生对已有知识进行深度挖掘和拓展，而不是满足于表面的理解和记忆。通过培养创新能力，学生可以更好地理解和掌握知识，进而形成更为深刻和全面的认知结构。此外，创新能力还能够帮助学生发展出更为灵活和多元的思维方式，使其能够从不同的角度和层面来看待和解决问题。创新能力对学生批判性思维的培养也具有积极影响。批判性思维是一种能够对信息和论点进行独立分析和评价的能力，是现代社会中的一项基本素养。通过培养创新能力，学生可以更好地发展其批判性思维，从而使其能够更为独立和客观地看待和分析问题。这不仅有助于提高学生的学术素养，还能够为其未来的职业生涯和社会生活提供有力的支持。

　　创新能力对学生解决问题的能力也有显著的促进作用。在现代社会中，能够有效地解决问题是一种非常重要的能力。通过培养创新能力，学生可以更好地发展其问题解决能力，使其能够更为灵活和有效地应对各种问题和挑战。这种能力不仅可以帮助学生更好地适应社会和职业生活，还可以为其个人成长和发展提供有力的支持。自主学习是一种能够使学生根据自身的兴趣和需求来规划和组织学习的能力，是现代教育中的一项基本要求。通过培养创新能力，学生可以更好地发展其自主学习能力，从而使其能够更为有效和高效地进行学习。这种能力不仅可以提高学生的学习效果和质量，还可以为其未来的个人和职业发展提供有力的支持。

　　创新能力对学生个体能力的促进作用是多方面和多层次的。它不仅可以帮助学生更好地理解和掌握知识，还可以促进其批判性思维和问题解决能力的发展，同时可以提高其自主学习能力。通过系统和全面的创新能力培养，可以为学生的个人成长和发展提供有力的支持和保障，从而使其能够更好地适应社会和职业生活的需求和挑战。

（二）创新能力与学生职业发展

在现代社会，职业生涯的发展不再是简单的线性路径，而更多地依赖个体的创新能力和适应性。特别是在高等教育环境中，创新能力已成为影响学生职业发展的关键因素之一。对于学生而言，这种能力不仅能够帮助其更好地适应职场的需求和挑战，还能够为其提供更多的职业发展机会和可能性。

在当今竞争激烈的职场环境中，拥有创新能力的学生往往能够更好地应对职场的挑战和变化。他们能够凭借自身的创新思维和方法来发现和把握职业发展的机会，从而在职场中获得更好的发展和晋升机会。例如，他们可以通过创新的方式来解决职场中的问题和困难，或者通过创新的方式来提高工作的效率和效果。

创新能力还能够帮助学生更好地规划和管理自己的职业生涯。在现代社会中，职业生涯的规划和管理已经成为一项非常重要的任务。通过培养创新能力，学生可以更好地理解和把握职业发展的规律和趋势，从而能够更为明智和合理地规划和管理自己的职业生涯。例如，他们可以通过创新的方式来探索和开发新的职业发展路径和机会，或者通过创新的方式来提高自身的职业竞争力和市场价值。创新能力还能够促进学生的职业成长和发展。在职业生涯的发展过程中，学生需要不断地学习和积累新的知识和技能，以满足职业发展的需求和挑战。通过培养创新能力，学生可以更好地发现和利用学习和发展的机会，从而能够更为快速和顺利地实现职业成长和发展。例如，他们可以通过创新的方式来开发和利用新的学习资源和机会，或者通过创新的方式来提高自身的学习效果和效率。

通过培养创新能力，学生可以更好地应对这种不确定性和变化，从而能够更为顺利和成功地实现职业转型和发展。例如，他们可以通过创新的方式来寻找和把握新的职业机会和可能性，或者通过创新的方式来应对职业生涯中的风险和挑战。

（三）创新能力在学生个人成长中的作用

创新能力在学生个人成长中扮演着至关重要的角色。个人成长是一个多方面和多层次的过程，涵盖认知、心理和社会等多个方面的内容。在这个过程中，创新能力不仅可以帮助学生更好地理解和掌握知识，还可以促进其心灵和人格的全面发展。

创新能力对学生的认知发展具有深刻的影响。学生在学习和探索新知识时，需要有一种创新和探索的精神。这种精神可以帮助他们打破传统的思维方式和框架，从而更好地理解和掌握新的知识和信息。在这个过程中，学生的认知能力也会得到相应的提升和发展。他们会学会如何更好地分析和解决问题，如何更好地理解和评价不同的观点和论述。

在情绪和心理层面，创新能力也可以对学生的个人成长产生积极的影响。学生在探索和创新的过程中，会经历各种各样的情绪和心理体验。这些体验可以帮助他们更好地了解自己的情绪和心理状态，从而更好地管理和调整自己的情绪和心理。同时，这种探索和创新的精神可以帮助学生培养出一种积极和乐观的人生态度，从而更好地应对生活中的各种挑战和困难。

在社会和人格层面，创新能力也可以对学生的个人成长产生积极的影响。学生在与他人的交往和合作中，需要有一种创新和协作的精神。这种精神可以帮助他们更好地适应和应对社会的需求和挑战，从而更好地实现自身的发展。例如，他们可以通过创新的方式来建立和维护人际关系，或者通过创新的方式来解决社会和人际关系中的问题和困难。

从更为宏观的视角来看，创新能力还可以帮助学生更好地实现自身的生涯规划和发展。学生在人生的各个阶段，都需要有一种创新和规划精神，来帮助他们更好地实现自身的生涯目标和理想。这种精神可以帮助他们更好地把握生涯的机遇和可能性，从而更好地实现自身的生涯发展。

二、创新能力与学生团队协作

(一)创新能力在促进团队协作中的作用

在现代社会，团队协作已成为几乎所有领域中不可或缺的一种工作方式。在团队协作的环境中，成员的创新能力不仅可以提高个人的工作效率和质量，还可以极大地推动整个团队的进步和成功。特别是在高等教育环境中，学生通过团队协作可以更好地实现知识的交流和共享，从而促进整个团队的学习和发展。

创新能力可以作为一种强有力的驱动力，推动团队不断前进和发展。具有创新能力的团队成员可以通过提出新的思想和观点，来推动团队的思维和行动。他们可以通过提出新的解决方案和方法，来解决团队中的问题和困难。通过这种方式，团队可以更好地实现其目标和任务，从而提高整个团队的效率和成功率。

团队协作中的创新能力还可以表现为更好的沟通和协调能力。团队中的成员需要能够有效地沟通和协调，以实现团队的目标和任务。具有创新能力的成员可以通过创新的沟通和协调方式，来提高团队的沟通和协调效率。例如，他们可以通过使用新的沟通工具和平台，来提高团队的沟通效率和效果。通过这种方式，团队可以更好地实现其目标和任务，从而提高整个团队的效率和成功率。

创新能力还可以在团队协作中体现为更好的资源利用和分配能力。在团队协作中，资源的利用和分配是一个非常重要的环节。具有创新能力的团队成员可以通过创新的方式来更好地利用和分配团队的资源。例如，他们可以通过使用新的资源分配模式和方法，来提高团队的资源利用效率和效果。通过这种方式，团队可以更好地实现其目标和任务，从而提高整个团队的效率和成功率。

从更宏观的角度来看，创新能力还可以在团队协作中体现为更强的适应和应变能力。在团队协作中，团队往往需要面对各种不确定和变化的因素。具有创新能力的团队成员可以通过创新的方式来更好地这些不确定和变化的因素。例如，他们可以通过使用新的适应和应变策略和方法，来提高团队的适应和应变能力。通过这种方式，团队可以更好地实现其目标和任务，从而提高整个团队的效率和成功率。

（二）创新能力对团队项目成功的影响

团队项目成功是一个多方面和多层次的综合结果，在高等教育环境中，学生的创新能力可以显著影响团队项目的执行效率和最终成果。

在项目的初期阶段，创新能力可以帮助团队更好地确定和定义项目目标和范围。通过创新的思维方式，团队可以更好地识别项目的关键需求和目标，从而更好地定义项目的范围和方向。这种明确性可以帮助团队更好地集中资源和精力，从而提高项目的执行效率和成功率。

创新能力在项目的设计和规划阶段也发挥着不可忽视的作用。具有创新能力的团队成员可以提出新颖的设计和规划方案，从而更好地满足项目的需求和目标。例如，他们可以通过创新的方式来设计和规划项目的时间表和资源分配，从而更好地满足项目的时间和资源需求。通过这种方式，团队可以更好地实现项目的设计和规划目标，从而提高项目的执行效率和成功率。

在项目的执行和实施阶段，具有创新能力的团队成员可以通过创新的方式来解决项目中的技术和管理问题，从而更好地实现项目的执行和实施目标。例如，他们可以通过创新的方法和技术来解决项目中的技术难题，或者通过创新的管理方法和策略来解决项目中的管理问题。通过这种方式，团队可以更好地实现项目的执行和实施目标，从而提高项目的执行效率和成功率。

在项目的监控和控制阶段，创新能力可以帮助团队更好地监控项目的进度和性能，从而更好地控制项目的风险和问题。团队成员有创新能力可以通过创新的监控和控制方法和工具，来更好地监控项目的进度和性能。例如，他们可以通过使用新的监控和控制工具和技术，来更好地监控项目的进度和性能。通过这种方式，团队可以更好地控制项目的风险和问题，从而提高项目的执行效率和成功率。

在项目的闭环和总结阶段，创新能力可以帮助团队更好地总结和评估项目的结果和效果。具有创新能力的团队成员可以通过创新的方式来总结和评估项目的结果和效果，从而更好地提升项目的价值和意义。例如，他们可以通过创新的方法和技术来分析和评估项目的结果和效果，从而更好地提升项目的价值和意义。

（三）创新能力与团队精神的培养

在高等教育领域，团队精神是一个至关重要的要素，其与创新能力的相辅相成能够推动学生团队协作向更高层次发展。以下从多个维度分析创新能力与团队精神的培养在学生团队协作中的影响和重要性。

在团队协作的过程中，创新能力能够催生新的合作模式和思维方式。在团队的构成和协作方式上，创新能力可以引导团队成员跳出传统的合作框架，尝试新的、更高效的合作模式，从而形成一个具有弹性和包容性的团队环境。此外，创新能力还能激发团队成员在解决问题时采用多元化的思维方式，促使团队从多方面、多角度去思考和解决问题，增强团队的问题解决能力。在团队交流和互动中，创新能力能够引导团队成员积极分享自己的想法和见解，也能鼓励团队成员去倾听和接受其他成员的想法和见解。这种互动和交流可以促进团队成员之间的理解和信任，从而形成一个更加紧密和协调的团队关系。在团队的发展过程中，创新能力能够激励团队不断地进行自我调整和完善，以适应不断变化的环境和需求。这种自我调整和完善能够使团队保持活力和发展潜力，也能够使团队在面对困难和挑战时展现出更强的适应能力和解决问题的能力。

团队协作创新能力可以帮助团队形成一种鼓励创新和尊重个体差异的团队文化。这种团队文化不仅可以激发团队成员的创新潜力，也可以提升团队的整体合作水平和效果。

从更宏观的角度来看，创新能力与团队精神的培养可以为社会输送一批具有高度协作精神和创新能力的人才。这些人才不仅具有较强的个体能力，还具有良好的团队协作能力和创新意识，能够在各个领域和岗位发挥重要的作用和价值。

三、创新能力与学生的社会适应性

（一）创新能力对学生社会适应性的促进作用

在法治社会中，法律规范是调整社会关系和保障社会秩序的基本依据。具备创新能力的学生可以通过对法律规范的深入理解和应用，来更好地适应社会的需求和变化。他们能够运用创新思维来解读法律规定，更加灵活和准确地应用法律知识，从而更好地适应社会的法律环境。创新能力可以帮助学生更好地理解和把握社会的法律规则和原则。通过对法律原则的深入理解和掌握，学生可以更好地理解社会的运行机制和规则，从而更好地适应社会的需求和变化。他们可以运用创新思维来深化对法律原则的理解和应用，从而更好地适应社会的法律环境。在社会实践中，学生可以通过运用创新能力来解决实际问题和挑战，从而更好地适应社会的需求和变化。他们可以运用创新思维来开展社会实践活动，更好地运用法律知识和技能来解决实际问题和挑战，从而更好地适应社会的需求和变化。

社会责任感是每一个公民都应该具备的基本素质。通过培养学生的创新能力，可以更好地培养学生的社会责任感。学生可以通过运用创新能力来更好地认识和理解社会的需求和变化，从而更好地履行自己的社会责任。他们可以运用创新思维来深化对社会责任的理解和认识，从而更好地履行自己的社会责任。从宏观层面来看，创新能力是推动社会进步和发展的重要动力。通过培养学生的创新能力，可以更好地培养学生的社会适应性。学生可以通过运用创新能力来更好地适应社会的需求和变化，从而更好地推动社会的进步和发展。他们可以运用创新思维来深化对社会进步和发展的理解和认识，从而更好地推动社会的进步和发展。

（二）创新能力在社会服务中的应用

在探讨创新能力在社会服务中的应用时，不可忽视其在法治视野下的深刻意义和重要角色。现代社会已经进入一个以信息技术为基础、以法治为保障的新时代。在这样的背景下，学生作为社会的新鲜血液，对其社会适应性的培养显得尤为重要。

社会服务是学生实践创新能力的重要平台。在法治环境中，学生可以通过参与各类社会服务项目，将所学的理论知识和创新思维运用到实际工作中，为社会的和谐与进步做出贡献。在这一过程中，学生不仅能够增强自身的社会责任感和使命感，还可以提高自身的社会适应能力。社会服务不仅仅是一种简单的劳动投入，更是一种责任和义务的履行。通过参与社会服务，学生可以更加深刻地理解法律的精神和原则，更好地认识到法律对社会秩序和社会公正的保障作用。这不仅可以增强学生的法治意识，还可以提高学生的社会适应能力。

在社会服务的过程中，创新能力可以表现为对社会问题的独特见解和解决方案。法治环境为学生提供了一个良好的社会服务平台，使得学生能够在法律的指导下，运用创新思维来解决社会问题，并提出新的社会服务方案。这不仅可以提高社会服务的效率和效果，还可以培养学生的创新能力和社会适应能力。通过参与社会服务，学生可以学会如何与他人合作，如何在团队中发挥自身的优势，如何共同完成一个社会服务项目。这不仅可以培养学生的团队协作能力，还可以提高学生的社会适应能力。通过参与社会服务，学生可以更好地了解社会的需求，更好地认识到社会资源的有限性和珍贵性。这不仅可以培养学生的资源配置能力，还可以提高学生的社会适应能力。

从更宏观的层面来看，社会服务是一种社会进步的体现。在法治视野下，学生可以通过参与社会服务来更好地理解社会的进步和发展，进而更好地认识到每一个个体在社会进步中的角色和责任。这不仅可以增强学生的社会责任感，还可以提高学生的社会适应能力。

（三）创新能力与学生社会责任感的培养

在法治社会中，培养学生的社会责任感成了一项基本的教育目标。它不仅仅是教育过程中的一项要求，更是构建和谐社会的必要条件。在这个背景下，通过强化学生的创新能力，能够更好地培养其社会责任感，进而促进其更好地适应社会。

创新能力和社会责任感之间存在着紧密的关系。学生应该具有强烈的社会责任感，这样才能够更好地理解和遵循法律规定，为社会的和谐稳定做出贡献。创新能力则可以为学生提供一种新的视角和方法来认识和理解社会责任，从而使其能够更好地履行其社会责任。法律不仅仅是一套规则和原则，更是一种价值观。它体现了社会的基本价值观和道德观。学生应该学会如何将法律价值观融入自身的行为和思考中，从而更好地履行其社会责任。创新能力则可以帮助学生更好地理解和掌握法律价值观，从而使其能够更好地履行其社会责任。创新能力能够帮助学生更好地认识和理解社会和法律。通过创新思维，学生可以更好地理解社会的多元性和复杂性，从而能够更好地认识和理解社会责任。这样，学生就能够更好地适应社会的需求和变化，从而更好地履行其社会责任。

社会责任不仅仅是一种责任和义务，更是一种能力和素质。学生应该学会如何将自身的知识和能力运用到社会服务中，从而更好地履行其社会责任。创新能力则可以为学生提供一种新的方法和视角来实现这一目标，从而使其能够更好地履行其社会责任。

创新能力还能够帮助学生更好地解决社会问题和挑战，学生应该学会如何运用法律知识和技能来解决社会问题和挑战，从而更好地履行其社会责任。创新能力则可以为学生提供一种新的方法和视角来实现这一目标，从而使其能够更好地履行其社会责任。在法治视野下，社会责任还体现为对社会和谐和稳定的维护。学生应该学会如何通过法律途径来维护社会和谐和稳定，从而更好地履行其社会责任。创新能力则可以为学生提供一种新的方法和视角来实现这一目标，从而使其能够更好地履行其社会责任。

四、创新能力与学生心理健康

（一）创新能力与学生心理健康的联系

在深化对法治社会的理解和适应过程中，学生的心理健康不可忽视。与此同时，创新能力也正在成为当前社会特别重视的一种个体品质。在法治社会中，每个人都是法律的主体，拥有自主权和责任感。这样的环境鼓励人们在遵循法律的基础上，发挥个体的创新能力，从而实现个人和社会的共同进步。具有创新能力的学生能够更好地理解和适应这样的社会环境，从而有助于其心理健康的维护和发展。

创新能力的培养通常伴随着批判性思维和问题解决能力的提高，这使得学生能够更好地面对和处理生活中的各种问题和挑战。这种能力不仅能够帮助学生更好地适应社会，还有助于其心理健康的维护和发展。在法治社会中，个人的权利和责任是明确和受保护的。这样的环境有助于培养学生的自尊和自信，这是心理健康的重要因素。通过培养创新能力，可以进一步加强学生的自我认识和自我价值的实现，这有益于其心理的健康发展。

创新能力也与学生的心理弹性有关。个体可能会遇到各种各样的困难和挑战。具有创新能力的学生能够更好地面对和适应这些困难和挑战，从而有助于其心理的健康发展。创新能力还与学生的情绪管理能力有关。个体需要学会如何合理地表达和控制自己的情绪，以维护社会的和谐和稳定。具有创新能力的学生能够更好地理解和掌握这一点，从而有助于其心理的健康发展。创新能力还与学生的社交能力有关。个体需要学会如何与他人有效地交流和合作，以实现共同的目标。具有创新能力的学生能够更好地适应这样的社会需求，这有助于其心理的健康发展。

（二）创新能力在促进学生心理健康中的作用

创新能力可以被视为一种能力，它可以帮助学生更好地适应社会的变化和发展。在法治社会中，个体需要具备足够的能力来适应不断变化的环境。创新能力的培养，可以让学生更好地理解和适应这些变化，从而保持心理的平衡和健康。创新能力还能够帮助学生建立更加积极和健康的心理状态。通过创新能力的培养，学生可以更好地认识到自己的价值和意义，从而建立健康的自我认知和自尊心。这样的心理状态不仅有利于学生的个人发展，也有利于他们更好地融入社会。同时，创新能力可以促进学生的心理弹性。心理弹性是指个体在面对困难和压力时能够快速恢复和调整的能力。在法治社会中，这样的能力是非常重要的。通过创新能力的培养，学生可以更好地面对和适应社会的困难和压力，从而保持心理的健康和稳定。

在法治大框架下，创新能力还能够帮助学生更好地建立和维护社交关系。良好的社交关系是保持心理健康的一个重要因素。通过创新能力的培养，学生可以更好地理解和适应社会关系的多元化，从而建立和维护良好的社交关系。

（三）创新能力培养对学生心理发展的影响

在法治的背景下，创新能力与学生心理健康的关系显得尤为重要。法治社会提倡公平、公正和秩序，这为培养学生的创新能力提供了坚实的基础。具备创新能力的学生能够在这样的社会环境中更好地实现自我价值，满足心理需求，从而促进心理健康的发展。具备创新能力的学生能够更好地适应社会的变化和发展。他们能够更灵活地应对各种挑战和困难，从而减少心理压力和困扰。这一点在法治社会尤为明显，因为法治社会强调的是公平和公正，这使得每个人都有机会展示自己的才华和创新能力。创新能力可以助力学生更准确地认识和理解自己。在法治社会中，每个人都有机会获得成功和实现自我价值。具备创新能力的学生能够更好地认识到这一点，从而建立更为积极和健康的心理状态。创新能力还可以增强学生的心理弹性。心理弹性是指个体在面对困难和压力时能够快速恢复和调整的能力。在法治社会中，这样的能力是非常重要的。具备创新能力的学生能够更好地面对和适应社会的困难和压力，从而保持心理的健康和稳定。

创新能力可以帮助学生更好地建立和维护社交关系。在法治社会中，良好的社交关系是维护心理健康的重要因素。具备创新能力的学生能够更好地理解和适应社会关系的多元化，从而更加得心应手地建立和维护良好的社交关系。

第三章　法治环境下的高校创新教育模式

在现代社会，法治不仅仅是社会管理和治理的基石，它还逐渐渗透到了教育领域，影响着教育的方方面面。深入探讨法治环境下高校创新教育模式的构建与实践，从多个维度剖析法律如何指导和规范创新教育模式，从而形成一个更加完善、高效和公正的创新教育体系。

第一节　法治环境下的创新教育模式概述

一、法律背景下的创新教育模式

（一）法律环境对创新教育模式的影响与指导

法律环境对创新教育模式的构建起到了基础性的作用。法律通过明确的规定和标准确立了教育的边界和方向，使其能够在一个有保障的环境中进行。在这个环境下，教育者可以依法实施教育，同时确保了教育的合法性和合理性。此外，法律还为创新教育的实施提供了必要的支持和保障，通过一系列的法律工具和方法可以帮助构建更合理和高效的创新教育模式。

法律还通过设定清晰的监管机制来监控和指导创新教育的实施。这不仅可以确保创新教育不偏离既定的目标和方向，还可以为教育者提供有力的支撑和保障。例如，法律提供了对教育内容、教育方法和教育评价的规定和指导，使教育者能够更好地进行创新教育。

在法律环境的指导下，教育者可以利用法律提供的资源和工具来优化创新教育。例如，可以通过法律来设定教育目标和内容，确保其符合社会的需求和期望。同时，法律可以通过规定合适的教育方法和评价体系，来促使教育者更加客观和公正地进行创新教育。法律为创新教育提供了必要的保障和支持，这是通过设立相应的法律制度和机制来实现的。这些机制可以保障创新教育的合法权益，防止其受到不公平的待遇和歧视。法律还提供了一系列的法律保护和救济手段，以保障创新教育的顺利实施和成功完成。

法律不仅规定了评价体系的构建和完善，还强调了法律在确保评价的公正和公平中的作用。这种评价体系可以帮助教育者更好地理解和评估教育的效果和效益，从而更好地进行教育和管理。

法律环境还影响了教学方法和技术的应用。它通过规定和监管教学技术的应用，确保其能够合法、安全和有效地进行。此外，法律还推动了教学技术的创新和发展，为教育者提供了更多的工具和资源来实施教育。

（二）依法促进创新教育的法律依据与原则

在法律背景下，创新教育模式的推行和落实成了教育改革的核心任务。法律不仅作为一种规范性工具来指导和监督创新教育的发展，更是教育公平和保障教育者权益的有力保证。在这样的背景下，理解和探讨依法促进创新教育的法律依据与原则显得尤为重要。

法律依据是指导和实施创新教育的基石。在法律的指导下，高校可以依据相关法律规定和政策来制定和实施创新教育计划。这种依法行事的方式不仅可以确保教育的合法性，还可以通过法律的方式来保障教育的质量和效果。例如，教育法律会明确教育的目的、内容和方法，从而为创新教育提供一个清晰和可靠的指导框架。

法律原则是创新教育的精神支柱和行动指南。这些原则包括公平原则、效益原则和法治原则等，它们为创新教育提供了基本的行为准则和评价标准。公平原则强调了教育的公平性和公正性，它要求教育者在实施教育时必须确保所有学生都能够得到公平的教育机会和资源。效益原则则强调了教育的效益性和实效性，它要求教育者在实施教育时必须考虑到教育的效果和效益，以实现教育的最大效益。法治原则则强调了教育的合法性和规范性，它要求教育者在实施教育时必须遵守法律的规定和要求，以确保教育的合法性和规范性。

创新教育模式的实施也应依循一系列法律规定和原则。例如，教育者应依法制定教育目标和内容，以确保教育的目的性和合理性。同时，教育者应依法选择合适的教育方法和技术，以确保教育的有效性和实效性。此外，教育者还应依法建立和完善教育评价体系，以确保教育的公正性和公平性。在这个过程中，法律还提供了一系列的法律保护和救济手段，以保障教育的顺利实施和成功完成。这包括通过法律来保障教育者的合法权益，以及通过法律来解决教育中可能出现的各种矛盾和冲突。这样的法律保障和救济手段不仅可以保障教育的顺利实施，还可以通过法律的方式来保障教育的质量和效果。

（三）法律环境下创新教育模式的现状与趋势

在当下社会，法律环境在塑造和指导创新教育模式的现状与趋势方面扮演着核心角色。这种影响表现在多个层面，从创新教育的政策设计到实施过程，再到评估和反馈机制的构建。

观察当前的现状，可以明显看到法律环境为创新教育模式注入了一种更为系统化、规范化的发展模式。各级教育机构都在努力遵循法律规定和指导原则，以确保教育的公平、公正和有效性。这种依法行政的原则不仅确保了教育活动的合法性，还有力地推动了教育质量的提升和教育资源的合理分配。高校和其他教育机构开始更加注重创新教育的实质内容和实施效果。教育者不仅需要关注教育的内容和方法，还需要在法律允许的范围内寻找新的教育路径和解决方案。这样的趋势促使教育机构更加注重实效性和创新性，而不仅仅是固守传统的教育模式和方法。

法律环境也在推动创新教育模式向更加包容和多元的方向发展。例如，现代教育法律不仅关注教育的公平和公正，还强调教育的多元化和个性化。这种趋势表明，法律正在推动教育机构更加关注学生的多元需求和个性差异，从而提供更加多元化和个性化的教育服务。法律环境也在推动教育评价体系的改革和完善。在法律的指导下，教育机构开始尝试建立更加科学和合理的教育评价体系，以更好地评估和监控教育的效果和效益。这种改革不仅有助于提升教育的质量和效果，还可以促使教育机构更加注重教育的实质效果和社会效益。

不可忽视的是，法律环境也在促进教育技术的创新和应用。在这个背景下，教育机构开始尝试利用现代技术来改善教育的效果和效率。这种趋势显示了法律环境对教育技术创新和应用的积极推动作用，表明了法律正在努力为教育技术的创新和发展提供更加有利的环境和条件。

二、法治与创新教育的结合

（一）法律与教育政策在创新教育中的结合

在法律与教育政策的交融中，明确的法律规定成为推动教育创新的基本保障。法律能够明确教育的目标、原则和基本规范，为教育机构和教育者提供明确的行动指南。这样的结构不仅促使教育者遵循法律规定行事，还为创新教育提供了基本的法律保障和指导。教育政策则是法律在教育领域的具体实施形式。通过教育政策，可以将法律原则和规定具体化，形成一系列具有指导性和操作性的教育措施和方案。这样的政策不仅能够指导教育的实施，还能够提供一系列具体的方法和手段来促进教育的创新和发展。

在这个结合中，法律对教育政策的影响显得尤为明显。法律可以为教育政策提供基本的框架和原则，使教育政策能够在法律的指导下进行合理的设计和实施。同时，教育政策能够根据法律的规定和要求，进行适时的调整和完善，以更好地适应社会的发展和需求。这种结合还体现在教育政策的实施和监管上。法律提供了一系列的机制和工具，可以有效地监管教育政策的实施，确保其合法性和有效性。这样的监管不仅能够保障教育政策的顺利实施，还能够通过法律手段来解决教育政策实施中可能出现的问题和冲突。

法治还为教育创新提供了有力的推动力。在法律的指导下，教育机构可以更加有信心和勇气去尝试新的教育方法和技术，从而推动教育的创新和发展。法律还能够为教育创新提供必要的保护和支持，保障教育创新的合法权益，从而促进教育的健康和稳定发展。法律为教育创新提供了一个公平和公正的环境。通过法律，可以保障教育的公平性和公正性，确保所有学生都能够得到公平的教育机会和资源。这样的环境不仅能够促进教育的公平和公正，还能够为教育创新提供有利的土壤和条件。

（二）法律对创新教育实施的保障与推动

法律作为社会行为的规范和指引，在推动和保障创新教育实施方面显得尤为重要。在这一背景下，法律旨在创建一个稳定、公正的环境，使得教育机构能够更有信心探索和实施新的教育方法和技术。

从保障角度来看，法律为创新教育提供了必要的基础保障，通过制定一系列具有法律约束力的规定和标准，确保教育实施的合法性和合理性。它明确了教育机构的职责和权利，确保了教育活动的正常运行。同时，法律为教育者和学生提供了必要的法律保护，确保他们在教育实施过程中的合法权益不受侵犯。从推动角度来看，法律通过鼓励和支持教育创新，激发了教育机构和教育者的创新热情和活力。它通过提供一系列的政策支持和优惠措施，促使教育机构更加积极地参与到教育创新中来。此外，法律还通过设立一系列的奖励和激励机制，鼓励教育机构和教育者在教育实施中不断探索和尝试新的教育方法和技术。

法律环境也对教育实施产生了积极的影响。在法律的指导和监督下，教育实施更加规范和有序，避免了教育实施过程中的不公平和不正当竞争。此外，法律还为教育实施提供了一套完善的解决机制，有助于及时解决教育实施过程中可能出现的各种矛盾和冲突。法律在确保教育质量和效果方面也起到了不可忽视的作用。通过建立一套科学和合理的教育评价体系，法律不仅能够监督和保障教育的质量和效果，还能够为教育的持续改进和发展提供有力的支持和保障。

（三）法律在促进创新教育中的实践与效果

法律通过明确教育的基本原则和规定，为创新教育打下了坚实的基础。它为教育机构提供了清晰的方向和目标，使得教育机构在追求创新的同时，能够保持教育的稳定性和可持续性。这种法律背景下的创新教育，不仅注重教育的质量和效果，还强调教育的多元化和个性化。

法律还通过一系列具体的法律法规和政策措施，为教育创新提供了有效的保障和支持。这些法律法规不仅为教育创新提供了基本的法律保障，还通过提供一系列的优惠政策和奖励机制，鼓励和激励教育机构和教育者积极参与到教育创新中来。

在实践层面，法律在推动教育创新方面已经取得了一系列的显著效果。这种效果不仅表现在教育内容和方法的创新上，还表现在教育机构和教育者对教育创新的积极参与和实践上。法律的规范和支持为教育机构提供了更多的自主权和灵活性，使得教育机构能够更加灵活和自主地进行教育创新。

法律通过建立一套科学和合理的教育评价体系，为教育创新提供了有效的监督和保障。这套体系不仅能够及时监督和评价教育的效果和质量，还能够为教育的改进和发展提供有力的支持和指导。这样的体系不仅有利于提升教育的质量和效果，还能够为教育的持续改进和发展提供有力的支持和保障。

法律为教育创新提供了一个公平和公正的环境。在这样的环境下，教育机构和教育者能够在公平和公正的基础上进行教育的创新和实践。这样的环境不仅有利于保障教育的公平和公正，还有助于促进教育的健康和稳定发展。

三、创新教育模式的构建与实施

（一）法治环境下创新教育模式的构建

在构建创新教育模式时，法律赋予了教育机构一定的自主权和灵活性，允许他们根据自身的条件和特点，设计和实施适合自己的教育模式。法律通过明确教育的基本原则和目标，为教育模式的构建提供了基本的指导和方向。同时，法律为教育模式的构建提供了一系列的保障和支持，包括资金支持、政策扶持等，有助于激发教育机构的创新热情和活力。

在实施创新教育模式时，法律起到了规范和监管的作用。它通过建立一套完善的监管体系和机制，确保教育模式的合法性和有效性。这套体系不仅包括了对教育机构的监管和指导，还包括了对教育过程和结果的评估和监督。这样的机制有助于保障教育的质量和效果，同时为教育的持续改进提供了有力的支持和保障。

法律还在保障教育公平和公正方面发挥了重要作用。通过法律，可以确保所有学生都能够得到公平和公正的教育机会，避免教育资源的不平衡和不公平分配。这样的环境不仅有利于提高教育的质量和效果，还有助于培养学生的创新精神和能力。

法律通过提供一系列的法律保障和政策支持，鼓励和支持教育机构和教育者进行教育创新。这样的支持不仅有助于提升教育的质量和效果，还有助于培养学生的创新精神和能力。

（二）法律对创新教育模式实施的指导

在法治社会中，法律不仅是确保社会秩序的基础，更是创新教育模式实施的重要指导力量。在这一背景下，法律通过构建一套明确、公正的规定和机制，为教育创新提供了有力的支持和保障。法律在创新教育模式的实施中起到了独特的指导作用。它通过明确教育的基本原则和规定，确保教育的方向和目标是清晰和明确的。法律通过设立一系列的教育标准和要求，为教育的质量和效果提供了有力的保障。同时，法律为教育者提供了一套清晰的指导和方向，有助于教育者在实施教育模式时有一个清晰的目标和方向。

法律通过构建一套科学和合理的教育评价体系，为教育模式的实施提供了有力的监督和保障。这套体系不仅能够及时监督和评价教育的效果和质量，还能够为教育的改进和发展提供有力的支持和指导。这样的体系有助于确保教育的质量和效果，同时可以为教育的持续改进和发展提供有力的支持和保障。在实施创新教育模式时，法律还为教育机构提供了一系列的保障和支持。这些保障和支持不仅体现在法律对教育机构的保护和支持上，还体现在法律为教育机构提供的一系列的政策支持和优惠措施上。这些措施不仅有助于提升教育的质量和效果，还有助于激发教育机构的创新热情和活力。

法律为教育模式的实施提供了有力的保障，它通过保障教育者和学生的合法权益，确保教育的公平和公正。同时，法律通过明确教育者的责任和义务，确保教育的质量和效果。

（三）创新教育模式的实施效果与评价

创新教育模式的实施效果主要体现在教育质量的提升和学生能力的全面发展上。法律通过确立一系列的教育标准和质量保障机制，为教育机构提供了明确的指导和支持。这样的机制有助于教育机构更加有目的和有效地进行创新教育，同时有助于提升教育的质量和效果。

创新教育模式的评价则是一个多元化和综合性的过程。它不仅包括对教育内容和方法的评价，还包括对教育效果和影响的评价。法律在这一过程中提供了一套科学、合理的评价体系，有助于教育机构更加科学和客观地评价教育的效果和影响。

法律还通过设立一系列的教育权利和责任，确保了教育的公平性和公正性。它通过保障每个学生的受教育权，确保每个学生都能够得到公平和公正的教育机会。同时，法律通过规定教育机构和教育者的责任和义务，来保障教育的质量和效果。

在实施过程中，法律还为教育机构提供了一系列的支持和保障。这些支持和保障包括资金支持、政策扶持等，有助于激发教育机构的创新热情和活力。通过这样的支持和保障，教育机构能够更加有信心和力量进行教育创新，同时有助于提升教育质量和效果。

第二节　法律对创新教育模式的指导和规范

一、法律对创新教育的基本指导

（一）法律在创新教育目标设定中的指导

法律为创新教育提供了基本的指导原则。这些原则可以促使教育机构在制定创新教育目标时更加注重实质性的价值和长远的目标，而非仅仅追求短期的利益。法律可以通过制定具有前瞻性和战略性的政策来促进创新教育的发展，同时保障教育的公平性和质量。

在目标设定阶段，法律可促使教育机构明确创新教育的方向和重点。法律的存在使得教育机构在设定目标时必须考虑社会的需求和国家的发展方向。法律可以通过设定一系列的标准和要求来引导教育机构明确创新教育的目标，使其更加符合社会的需求和期望。

法律对创新教育目标的设定也体现在其对教育机构的监管中。通过法律手段，可以确保教育机构在设定和实施创新教育目标时不会偏离正确的方向。法律不仅可以规范教育机构的行为，还可以通过设定相应的奖惩机制来激励教育机构实现其设定的目标。法律通过明确创新教育目标设定的责任和义务来保障教育的质量。法律可以规定教育机构在设定和实施创新教育目标时必须遵守的基本原则和标准，以确保教育目标的实现不会损害学生的利益和社会的公共利益。

法律还可以通过鼓励教育机构与其他社会机构合作来促进创新教育目标的实现。法律可以通过设定相应的政策和措施来促进教育机构与企业、科研机构等其他社会机构的合作，从而为创新教育目标的实现提供更多的资源和支持。

（二）法律对创新教育内容与方法的规范

在高等教育领域，创新教育内容与方法的规范是实现教育目标和培养高质量人才的重要环节。在此背景下，法律的作用显得尤为重要，它为创新教育内容与方法提供了基本框架和指导原则，以确保教育过程的公平性、合理性和高效性。接下来将深入探讨法律在规范创新教育内容与方法方面的具体作用。

在创新教育内容的规范方面，法律可以确立一套对教育内容的基本要求和标准，引导教育机构将重点放在培养学生的创新思维和实践能力上。例如，法律可以通过制定相关政策鼓励教育机构开设更多与创新相关的课程和项目，以培养学生的创新意识和能力。法律还可以规定教育机构在设计教育内容时应考虑社会的需求和发展方向，以确保教育内容的实用性和前瞻性。

在教育方法的规范方面，法律可以通过设定一系列的标准和要求，引导教育机构采用更加开放和灵活的教育方法，以适应不断变化的社会环境和技术进步。例如，法律可以鼓励教育机构采用项目化教学和实践教学的方法，以提高学生的实践能力和创新能力。同时，法律可以通过制定相关政策，鼓励教育机构与企业和科研机构等外部机构合作，为学生提供更多的实践和创新机会。法律还可以通过制定相关政策和措施，为创新教育的实施提供必要的保障。例如，法律可以规定教育机构在实施创新教育时应遵循的基本原则和标准，以保证教育的质量和效果。法律还可以通过设立相应的奖励和惩罚机制，激励教育机构更加积极地参与创新教育的实施和推广。

在保障学生权益方面，法律可以通过制定相关政策和措施，确保学生在创新教育过程中的权益得到保障。例如，法律可以规定教育机构在设计和实施创新教育项目时应考虑学生的需求和利益，确保学生可以在一个公平和有利于其个人发展的环境中学习。法律还可以通过制定相关政策和措施，保障学生在创新教育过程中的知识产权和其他权益。

法律可以通过制定相关政策和措施，为创新教育的改革和发展提供有力的支持。例如，法律可以通过设定相应的政策和措施，鼓励教育机构进行教育改革和创新，以适应社会的变化和发展。同时，法律可以通过制定相关政策和措施，为创新教育的研究和发展提供必要的资金和资源支持。

（三）法律对创新教育评价体系的建立与指导

在创新教育评价体系的构建中，法律充当了基石的角色，其通过明确规定评价体系的基本原则和标准来保障评价体系的公正性和科学性。

法律通过设定明确的规范引导教育机构建立一个以学生的全面发展为中心的评价体系，强调创新能力和实践能力的培养，而不是仅仅侧重于学习成绩。

创新教育评价体系的建立需要有一个清晰和明确的目标，法律在这方面提供了具有导向性的框架。通过法律文本，可以明确教育机构在建立评价体系时应遵循的基本原则，如公平性、公正性和透明性，从而确保评价体系的合理性和有效性。

法律为创新教育评价体系提供了实施和执行的保障。通过明确的法律规定和机制可以确保评价体系的执行过程公平、公正和透明。例如，法律可以规定教育机构在实施评价时应遵循的程序和标准，以及在处理评价纠纷时应遵循的程序和原则，从而保障评价体系的公正性和合理性。

在监督和管理方面，法律可以通过设定相应的监督机制和责任体系，以确保评价体系的正常运行和持续优化。例如，法律可以规定相关部门对教育评价体系的监督和管理职责，以及对评价体系中存在的问题进行及时纠正和处理的机制和程序。在保障学生权益方面，法律可以通过制定相关政策和措施，以充分保障学生在评价体系中的权益。例如，法律可以规定评价体系应充分考虑学生的个体差异和特点，避免单一的评价标准和方法，从而保障学生的合法权益。

为了实现上述目标，可以鼓励和支持教育机构和社会各界共同参与评价体系的建设和完善。通过法律手段，可以促进社会各界的参与和合作，为评价体系的建设和完善提供更多的资源和支持。例如，法律可以通过设定相应的政策和措施，鼓励教育机构与社会各界共同探索和实践更加科学和合理的评价体系。

二、法律对创新教育实施的规范与保障

（一）法律对创新教育实施环节的规范

法律透过制定明确、具体的规章制度，确保创新教育能在一个公正、透明和有序的环境中进行。在教育内容和方法的确定阶段，法律可以通过规定教育机构必须遵循的基本原则和标准，来引导教育机构更加注重创新和实践教育。此外，法律还可以通过制定相关政策和措施，来鼓励教育机构与企业和社会组织等外部机构合作，以提供更丰富和多元的创新教育资源。

1.保障教育质量

可以通过设立一系列的监督和管理机制，来确保创新教育实施的质量和效果。例如，法律可以规定教育部门和相关机构的监督和管理职责，以及对于教育质量问题的处理和纠正机制。同时，法律可以通过设立相应的奖惩机制，来激励教育机构更加积极地参与创新教育的实施和推广。

2.维护学生权益

可以通过明确规定，来保障学生在创新教育实施过程中的合法权益。例如，法律可以规定教育机构在设计和实施创新教育项目时应充分考虑学生的需求和利益，以及保障学生的知识产权和个人隐私权。此外，法律还可以通过制定相关政策和措施，来保障学生在创新教育实施过程中的安全和健康。

3.推动教育改革和创新

法律可以通过制定相关政策和措施，来为创新教育的实施提供有力的支持和保障。例如，法律可以通过设立相应的政策和措施，来鼓励和支持教育机构进行教育改革和创新，以更好地适应社会的变化和需求。此外，法律还可以通过设立相关的研究和发展基金，来为创新教育的研究和实施提供必要的资金支持。

（二）法律对创新教育质量的保障

在当前教育领域，创新教育质量的保障已成为实现教育目标和优化人才培养模式的重要议题。法律在这一过程中充当了不可或缺的角色，通过设定明确的规定和标准来保证创新教育质量的稳定和提升。法律通过制定具体的规章和标准，确保创新教育实施在一个有序、公正和透明的环境中进行。明确的法律规定能够为教育机构提供明确的指导，引导其按照科学和合理的方式来实施创新教育。此外，法律可以通过制定相关的政策和措施，鼓励教育机构与企业和社会组织合作，共同推动创新教育的实施和发展。

法律可以通过设立一系列的监督和管理机制，确保教育机构能够遵循高标准和质量要求来实施教育。例如，法律可以规定相关政府部门和机构的监督和管理职责，以及对于教育质量问题的处理和纠正机制。通过设立相应的奖惩机制，法律有助于激励教育机构积极参与创新教育的实施和推广，确保教育质量的稳定和提升。

可以以法律规范的强制性来确保学生在创新教育实施过程中的合法权益得到保障。教育机构在设计和实施创新教育项目时，应充分考虑学生的需求和利益，以及保障学生的知识产权和个人隐私权。此外，法律还可以通过制定相关政策和措施，保障学生在创新教育实施过程中的安全和健康。

可以利用法律来制定相关政策和措施，为创新教育的实施提供有力的支持和保障。这包括设立相应的政策和措施，鼓励和支持教育机构进行教育改革和创新，以更好地适应社会的变化和需求。同时，法律可以通过设立相关的研究和发展基金，为创新教育的研究和实施提供必要的资金支持。

（三）法律在保障创新教育权益中的作用

在教育的多元化进程中，法律在保障创新教育权益方面扮演了至关重要的角色。通过建立一套明确、具体的法律框架和规定，法律确保了创新教育权益的保护和实施，从而推动了教育质量和效益的提升。

法律通过制定一系列明确的规章和标准，提供了创新教育实施的基本框架。这些规定明确了教育机构的权利和义务，确保了教育的公平性和质量。例如，法律可以规定教育机构在设计和实施创新教育项目时应遵循的基本原则和标准，以保证教育的质量和效果。

法律还为创新教育权益提供了实施和执行的保障。明确的法律规定和机制可以保证创新教育实施的公正性和透明性。例如，法律可以规定教育机构在实施创新教育时应遵循的程序和标准，以及在处理教育纠纷时应遵循的程序和原则。这样可以确保创新教育权益的公正和有效实施。

通过制定相关政策和措施可以确保学生在创新教育实施过程中的权益得到充分保障。这包括确保学生的知识产权和个人隐私权得到保护，以及保障学生在一个公平和有利于其个人发展的环境中学习。此外，法律还可以通过设立相应的机制和程序，解决和调解教育过程中可能出现的纠纷和冲突。

法律还可以通过鼓励教育机构与其他社会机构合作来促进创新教育权益的实现。法律可以通过制定相关政策和措施，鼓励教育机构与企业、科研机构等社会机构合作，为学生提供更多的实践和创新机会。这样可以为学生提供更多的资源和支持，从而有助于提高教育的质量和效果。

在推动教育改革和发展方面，法律可以通过制定相关政策和措施，为创新教育的实施提供有力的支持和保障。这包括设定相应的政策和措施，鼓励和支持教育机构进行教育改革和创新，以更好地适应社会的变化和需求。同时，法律可以通过设立相关的研究和发展基金，为创新教育的研究和实施提供必要的资金支持。

三、法律对创新教育矛盾与冲突的调解

（一）法律在解决创新教育矛盾中的作用

法律在设立明确的教育标准和规定方面起到了基础性的作用。通过设定明确的教育目标、教育资源分配机制和教育质量标准，法律可以减少因标准不清和规定模糊而产生的矛盾和冲突。例如，可以通过设定明确的教育资源分配原则和机制，来减少教育资源分配的不公平和不平衡。可以通过设立明确的教育纠纷解决机制和程序，为教育矛盾和冲突的解决提供明确的途径和方法。在维护学生权益方面，法律通过制定一系列具体的政策和措施，确保学生在创新教育实施过程中的权益得到充分保障。这包括保障学生的知识产权和个人隐私权，以及确保学生在一个公平和有利于其个人发展的环境中接受教育。法律还可以通过设立相应的机制和程序，来解决和调解教育过程中可能出现的纠纷和冲突。

通过鼓励社会各界的参与和合作来促进创新教育矛盾和冲突的解决。法律可以通过制定相应的政策和措施，来鼓励社会各界共同参与和支持创新教育的实施，从而形成一个多元化和协同的创新教育生态系统。这样可以为创新教育的实施提供更多的资源和支持，从而有助于减少和解决教育矛盾和冲突。

在推动教育改革和发展方面，法律可以通过制定相关政策和措施来为创新教育的实施提供有力的支持和保障。这包括设立相应的政策和措施，鼓励和支持教育机构进行教育改革和创新，以更好地适应社会的变化和需求。同时，可以设立相关的研究和发展基金，为创新教育的研究和实施提供必要的资金支持。

（二）法律在调解创新教育冲突中的机制与方法

在创新教育领域，冲突和矛盾是不可避免的现象，其涉及多方面的利益和价值观的碰撞。在这个背景下，法律作为一种社会调节机制，有责任提供一套有效的机制和方法来调解这些冲突和矛盾。

可以通过明确规定创新教育的基本原则和标准，来减少教育实施过程中的冲突和矛盾。例如，可以规定教育机构在设计和实施创新教育项目时应遵循的基本原则和标准，以确保教育的质量和效果。可以设立明确的教育资源分配机制，来减少因资源分配不均而引发的冲突和矛盾等。

法律还有责任设立一套有效的教育纠纷解决机制，以便及时、有效地解决教育冲突和矛盾。例如，可以通过设立专门的教育纠纷解决机构，来为教育矛盾和冲突的解决提供专业和高效的服务，进而保证教育纠纷的公正和高效解决。

在维护学生权益方面，法律可以通过制定一系列具体的政策和措施，确保学生在创新教育实施过程中的权益得到充分保障。这包括保障学生的知识产权和个人隐私权，以及确保学生在一个公平和有利于其个人发展的环境中接受教育，进而减少学生在教育过程中可能遭遇的冲突和矛盾。

可以通过鼓励社会各界的参与和合作来促进创新教育冲突的调解。可以通过制定相应的政策和措施，鼓励社会各界共同参与和支持创新教育的实施，从而形成一个多元化和协同的创新教育生态系统，为创新教育的实施提供更多的资源和支持，从而减少和解决教育冲突和矛盾。

在推动教育改革和发展方面，可以通过制定相关政策和措施来为创新教育的实施提供有力的支持和保障。这包括设立相应的政策和措施，鼓励和支持教育机构进行教育改革和创新，以更好地适应社会的变化和需求。可以通过设立相关的研究和发展基金，为创新教育的研究和实施提供必要的资金支持。

（三）法律在预防创新教育风险中的应用

在教育实践中，创新教育模式带来的风险和潜在冲突不容忽视。法律在此领域的应用不仅有助于调解已经出现的矛盾和冲突，还能够预防可能出现的风险和问题，从而为教育机构和学生提供一个更加安全和有保障的教育环境。在制定和实施教育政策和规定时，法律需要充分考虑创新教育模式的特点和需求，从而为其提供有效的指导和保障。可以通过设定明确的教育目标和标准，来减少创新教育实施过程中的矛盾和冲突。可以通过设立一套明确的教育资源分配机制，来保证教育资源的公平和高效利用。

在维护学生权益方面，法律应通过制定一系列具体的政策和措施来确保学生在创新教育实施过程中的权益得到充分保障。这包括保障学生的知识产权和个人隐私权，以及确保学生在一个公平和有利于其个人发展的环境中接受教育。通过这样的法律保障，可以有效减少学生在教育过程中可能遭遇的冲突和矛盾。

法律可以制定相应的政策和措施，鼓励社会各界共同参与和支持创新教育的实施，从而形成一个多元化和协同的创新教育生态系统。这样可以为创新教育的实施提供更多的资源和支持，从而有助于减少和解决教育冲突和矛盾。在推动教育改革和发展方面，法律可以通过制定相关政策和措施来为创新教育的实施提供有力的支持和保障。这包括设立相应的政策和措施，鼓励和支持教育机构进行教育改革和创新，以更好地适应社会的变化和需求。同时，法律可以通过设立相关的研究和发展基金，为创新教育的研究和实施提供必要的资金支持。

四、法律在推动创新教育改革中的作用

（一）法律在促进创新教育改革中的策略与方法

在当代社会，教育的创新与改革是推动社会进步的关键因素之一。

法律作为社会运行的基石，能够通过一系列的策略和方法，促进创新教育改革的健康、有序和有效发展。

通过设定明确的教育目标和基本原则，法律能够为创新教育改革提供明确的方向和指导。这包括制定与时俱进的教育政策，确保教育的质量和公平性，以及推动教育机构和教育者采取更加创新和有效的教育方法。可以通过制定具体的执行规定和标准来保障创新教育改革的实施。这包括制定教育资源分配的规则和标准，以确保资源的公平和有效分配。可以通过设立明确的教育质量监督和评估机制，来确保教育改革的质量和效果。这样的法律规定不仅有助于提升教育质量，还能够减少教育实施过程中的矛盾和冲突。

在推动教育机构和教育者进行创新和改革方面，法律可以通过提供相应的支持和激励机制来发挥其作用。这包括设立相应的政策和措施来鼓励教育机构和教育者采取更加创新和有效的教育方法。可以通过提供必要的资金支持和技术支持，来促进教育机构和教育者在创新教育改革中的实施。

法律还应注重在创新教育改革中保护学生的权益。这包括通过设立一系列的法律政策和措施，确保学生在教育改革中的权益得到充分的保障。这样的法律保障可以确保学生在一个公平、有利于其个人发展的环境中接受教育，从而有助于减少教育改革过程中可能出现的冲突和矛盾。

在促进社会各界的参与和合作方面，法律可以通过制定相应的政策和措施来促进创新教育改革的多元化和协同化。可以通过鼓励社会各界共同参与和支持创新教育的实施，最终形成一个多元化和协同的创新教育生态系统。这样的法律环境不仅可以为创新教育的实施提供更多的资源和支持，还能够为社会的和谐和进步做出更大的贡献。

（二）法律在创新教育改革中的实施与监督

1.法律在创新教育改革中的实施

法律通过设定明确的政策方向和实施步骤来引导教育改革的有序进行。法律能够确立清晰的教育目标和基本原则，为教育机构和教育者提供明确的行动指南。这样的指南不仅有助于确保教育改革的方向正确，还能够减少实施过程中的不确定性和风险。例如，通过制定有关创新教育的法律法规，可以明确教育资源的分配机制、教育质量的评估标准和教育者的权责。通过保护教育参与者的权益来促进教育改革的顺利进行。这包括保障学生的合法权益，以及保护教育者的职业权益。通过这样的法律保障，可以确保教育参与者在一个公平、公正和有保障的环境中进行教育活动，从而有助于减少教育改革过程中的矛盾和冲突。通过制定相应的政策和措施，法律可以鼓励社会各界共同参与和支持教育改革的实施，从而形成一个多元化和协同的教育改革生态。这样的生态不仅可以为教育改革提供更多的资源和支持，还可以为教育改革的深化和拓展提供更多的可能性和空间。

2.法律在创新教育改革中的监督

法律通过设立一套完善的监管机制来确保教育改革的质量和效果。这包括设立专门的监管机构，以及制定一套明确的监管规则和程序。通过这样的机制，可以确保教育机构和教育者按照法律的规定和要求来实施教育改革，从而保证教育改革的质量和效果。例如，通过建立教育质量监控系统和教育评估机构，可以对教育机构的教育质量进行定期的评估和监督。

（三）法律对创新教育未来发展的展望与建议

法律在创新教育未来发展中有责任确立一个更加灵活和开放的教育环境。这包括制定法律政策，以鼓励教育机构和教育者采纳更多创新教育方法和技术。例如，法律可以通过设定更加灵活的教育政策和标准，来鼓励教育机构采纳更多的创新教育方法和技术。

法律还应在保障教育公平和质量方面发挥重要作用。通过制定明确的教育质量标准和评估机制，法律可以保障教育的质量和公平。此外，法律还可以通过制定明确的教育资源分配机制和政策，来确保教育资源的公平分配和有效利用。

在教育改革的推动方面，法律应通过制定相应的政策和措施来鼓励教育机构和教育者进行更多的创新和改革。这包括提供相应的资金支持和技术支持，以及制定相应的激励机制和政策。通过这样的法律支持和激励，可以促进教育机构和教育者在教育改革中采取更多的创新方法和措施。

在维护教育参与者的权益方面法律也应发挥其核心作用。这包括保护学生的合法权益，以及确保教育者的职业权益得到充分保障。通过这样的法律保障，可以确保教育参与者在一个公平、公正和有保障的环境中进行教育活动。

在鼓励社会多元参与方面，法律应通过制定相应的政策和措施来促进社会各界的广泛参与和合作。这样的法律环境可以为创新教育的实施提供更多的资源和支持，从而有助于形成一个多元化和协同的教育生态系统。

在未来的发展展望和建议方面，法律需积极参与和引导教育的长期发展和改革。这包括制定长远的教育发展规划和策略，以及设立相应的研究和发展基金来支持教育的研究和改革。通过这样的法律规定和支持，可以为教育的长期发展和改革提供有力的保障。

第三节 法治环境对教学方法和技术的影响

一、法律对教学方法的规范与指导

（一）法律对创新教学方法的规定与指导

在现代社会，教育的核心目标正在从简单的知识传授转变为全面培养学生的创新能力和批判性思维。这种转变要求教学方法也必须随之改变，以适应新的教育目标。在这个过程中，法律起到了规范和指导的作用。通过设立一系列明确的规定和标准，法律能够确保教学方法的创新能够在一个有序、健康的环境中进行，避免可能出现的误区和滥用。法律可以规定新的教学方法应当遵循的基本原则，如尊重学生的个性，保护学生的权益，促进教育公平等，从而为教学方法的创新提供一个稳定、可预见的法律环境。

法律鼓励和指导教育者采用新的、更有效的教学方法来推动教育的现代化。在这方面，法律不仅可以通过制定相关政策和措施来推动教育创新，还可以通过提供相应的支持和资源来鼓励教育者尝试和实施新的教学方法。例如，法律可以通过设立专项基金，鼓励教育研究，支持教育者参与相关的培训和研究，从而为教育者提供更多的资源和机会来尝试和实施新的教学方法。这样不仅可以促进教育的现代化，还可以通过法律的指导和支持来确保新的教学方法能够更好地服务于学生和社会。

可以通过建立和完善相应的监管机制来保障新的教学方法的健康发展。例如，法律可以设立相应的评价和监督机制，对新的教学方法进行定期的评估和监督，确保其能够真正地服务于学生和社会的长远发展。可以通过设立相应的责任和处罚机制，来保障新的教学方法的实施不会损害学生的权益和社会的公平。通过这样的方式，法律可以为新的教学方法提供一个公正、透明和可持续的发展环境，从而保障教育的长远发展和社会的稳定。

（二）法律在保障教学方法公平合理中的作用

法律对教学方法的规范不仅仅体现在制定明确的教育政策和法律法规，更体现在其在维护教学方法公平性方面的努力。通过明确规定教育的权利、义务和责任，法律确保了教育的公平和合理性。在教学方法方面，法律倡导以学生为中心的教学方法，鼓励教育者充分考虑学生的个体差异和特殊需求。例如，通过推动包容性教育，法律努力消除各种形式的歧视和偏见，确保所有学生都能在一个公平和合理的环境中学习。

法律对教学方法的指导不仅仅是一种监管和约束，更是一种激励和推动。它通过提供相应的支持和资源，鼓励教育者尝试和实施新的教学方法。这种支持可以体现在多方面，如提供研究和开发新教学方法的资金支持，或者提供教育者参与相关培训和研究的机会。此外，法律还可以通过推动与教育相关的科技和创新，来促进教学方法的现代化和多元化。例如，通过推动在线教育和远程教育的发展，法律可以帮助教育者利用现代技术来改善教学方法，从而实现更加公平和合理的教育。

在法律的指导下，教育评估和监督也成为确保教学方法公平和合理的重要手段。法律通过建立一套完善的评估和监督体系，来确保教学方法的公平和合理。这种体系可以通过多种方式实现，例如通过定期的教学评估来监测和调整教学方法，或者通过建立一个公开透明的教学质量报告系统来监督教学方法的实施。此外，法律还可以通过设立相应的责任和处罚机制，来保障教学方法的公平和合理实施。这样的监管体系不仅可以保障学生的权益，还可以通过提供公平和合理的教学方法，来提高教育的整体质量和效果。

（三）法律对教学方法改革的推动与保障

教育是一个动态的领域，随着社会、经济和科技的进步，教学方法也需要不断更新和完善以适应时代的变化。法律在这一过程中，扮演着至关重要的角色，为教学方法的改革提供了方向和保障。具体来说，法律可以通过明确的立法来确定教学改革的目标和方向，强调学生的全面发展，推动教育公平和质量的提升。法律也可以通过提供资金支持、推动研究和开发等方式，来促进新的、更有效的教学方法的实施和应用。这样，法律不仅可以保障教学方法的改革得到有效的实施，还可以确保这些改革能够为社会和个人带来更多的利益。

法律对教学方法改革的推动也体现在其能够为教育者和学生创建一个更加公平和有序的教育环境。通过对教学方法的规范和监管，法律可以避免可能出现的滥用和偏见，保障教学方法的公平和合理性。通过明确规定禁止各种形式的歧视和不公平竞争，可以保障所有学生都能够在一个公平和有序的环境中接受教育。此外，法律还可以通过设立相应的评价和监督机制，对新的教学方法进行定期的评估和监督，确保其能够真正地服务于学生和社会的长远发展。通过这样的方式，法律可以为教学方法的改革提供一个公正、透明和可持续的发展环境。

在全面促进和保障教学方法改革的过程中，法律还肩负着保护学生权益和推动教育公平的重要责任。它可以通过设立明确的规则和标准来保障学生的权益，确保学生有权接受高质量的教育，保障他们的人身安全和心理健康。可以通过推动教育资源的合理分配和利用，来促进教育的公平。通过制定相关的政策和措施，法律可以确保教育资源能够更加公平地分配到每一个学生，从而避免教育资源的不平等和教育机会的不公平。通过这样的方式，法律可以确保教学方法的改革能够在一个公平和有序的环境中进行，从而更好地服务于学生和社会的长远发展。

二、法治环境下的教学技术应用

（一）法律对教学技术应用的规范与监管

在信息技术不断演进的时代背景下，教学技术应用已成为教育改革和优化的重要组成部分。法律作为社会秩序的维护者和指导者，在这一进程中发挥着核心作用，为教学技术的应用提供规范和监管。本书旨在深入探讨法律在规范和监管教学技术应用方面的作用及其在法治环境下的实施。

教学技术的应用不仅改变了传统的教学模式，还引进了一系列新的教学方法和工具。在这一变革中，法律的作用不可忽视。法律通过明确的规定和标准来规范教学技术的使用，确保其安全、合法和有效。例如，法律可以通过设立数据保护和隐私权的规定，来保障学生和教育者的个人信息安全。此外，法律还可以通过明确教学技术的使用规则和标准，来防止其滥用和误用，从而保障教育的质量和公平性。在这一过程中，法律不仅提供了一个有序和安全的环境，还为教育技术的创新和发展提供了有力的支持。

法律还负责监管教学技术的应用和实施。这种监管不仅体现在法律的规定和标准，还体现在其实施和执行的过程中。例如，法律可以通过设立相应的监管机构和机制，来对教学技术的应用进行定期的检查和评估。通过这种方式，法律可以确保教学技术的应用不仅符合法律的规定和标准，还能够真正地服务于教育的目标和价值。此外，法律还可以通过设立相应的责任和处罚机制，来保障教学技术的合法和有序应用。这样的监管体系不仅可以防止教学技术的滥用和误用，还可以通过提供公平和有序的环境，来促进教育的健康和可持续发展。

在法治环境下，教学技术的应用得到了更加有力和全面的保障。法律通过设立明确的规定和标准，提供了一个公正和有序的环境，为教学技术的应用提供了有力的支持和保障。在这一环境下，教育者可以更加有信心和力量来尝试和实施新的教学技术，从而更好地服务于学生和社会。同时，法律可以通过提供相应的支持和资源，来推动教学技术的研究和发展，从而促进教育的现代化和质量的提升。法律在规范和监管教学技术应用方面发挥了关键角色，为实现更加公平和高质量的教育提供了有力的保障。

（二）法律在推动教学技术创新中的作用

法律在推动教学技术创新方面的作用体现在多方面。首先是通过为教育技术创新提供明确的方向和目标。法律通过明确教育的基本任务和目标，可以为教育技术的创新提供明确的方向和目标。这样可以保证教学技术创新能够更好地服务于教育的总体目标，而不是仅仅追求技术的新颖性和先进性。同时，设立相关的奖励和支持机制，来激励教育者和技术开发者投身于教育技术的创新和研发。这样可以有效地促进教育技术的快速发展，使其更好地服务于教育的现代化和高质量发展。

法律通过设立一系列的规定和标准，为教学技术的创新提供了有力的保障。这些规定和标准不仅可以确保教学技术的安全和有效性，还可以防止技术的滥用和误用。可以通过设立数据保护和隐私权的规定，来保障学生和教育者的个人信息安全。可以通过设立教育技术的使用规则和标准，来保障教育的公平性和质量。通过这样的规定和标准，法律可以为教学技术的创新提供一个稳定和有序的环境，从而更好地推动教育技术的健康和可持续发展。

在法治环境下，教学技术应用呈现出更加多元化和个性化的特点。法律通过设立明确的规定和标准，为教学技术的应用提供了有力的保障和支持。这样的环境不仅可以保障教学技术的安全和有效应用，还可以为教育者和学生提供更多的选择和机会。可以通过推动在线教育和远程教育的发展，来为教育者和学生提供更多的教学方法和工具。可以通过提供相应的支持和资源，来推动教学技术的研究和发展。通过这样的方式，法律不仅可以为教育技术的创新提供有力的支持和保障，还可以推动教育的现代化和高质量发展。

（三）法律对教学技术的未来发展方向的指导作用

法律作为教学技术应用的基石，其规定对于确定技术未来的发展方向具有指导性作用。随着社会的进步和科技的快速发展，教学技术也将持续升级和演变。在这一过程中，法律需要确保这种进步不仅符合社会价值观和伦理标准，而且可以有效地服务于教育目标。为了实现这一目标，法律可能需要通过制定一系列的政策和措施来促进教育技术的研究和发展。这可能包括提供研究和开发资金、鼓励公私合作以及推动国际合作等。法律还需要确保教学技术的发展能够保障教育的公平性和质量，避免教育资源的不平等分配和利用。

可以通过建立一个健全的监管体系来引导教学技术的未来发展。这种监管体系不仅可以确保教学技术的安全和有效应用，还可以促进技术的健康和可持续发展。例如，法律可以通过设立相应的监管机构和机制来监督和评估教学技术的应用。通过这样的方式保证教学技术的应用不仅符合法律的规定和标准，而且能够真正地服务于教育的目标和价值。设立相应的责任和处罚机制来保障教学技术的合法和有序应用，这样可以防止技术的滥用和误用，从而保障教育的质量和公平性。

在法治环境下，教学技术的未来发展方向呈现出更加明确和有序的特点。法律为教学技术的应用提供了明确的方向和目标，同时为技术的研究和发展提供了有力的支持和保障。这样的环境不仅可以保障教学技术的安全和有效应用，还可以为教育者和学生提供更多的选择和机会。可以通过推动在线教育和远程教育的发展来为教育者和学生提供更多的教学方法和工具。可以通过提供相应的支持和资源来推动教学技术的研究和发展。通过这样的方式，法律可以确保教学技术的未来发展方向能够更好地服务于教育的目标和价值，从而实现教育的现代化和高质量发展。

三、法律对教学资源的保护与利用

（一）法律对教学资源保护的规定

在法律层面，对教学资源的保护主要集中于对知识产权保护、个人信息保护和学术诚信的维护。知识产权保护是法律对教学资源保护的核心内容之一，它通过保障原创教材和教学方法的合法权益，鼓励教育者进行教学创新和研究。这种保护不仅可以防止教学资源的盗版和非法使用，还可以促进教育资源的繁荣和多样化。法律也强调个人信息保护和学术诚信的重要性，它要求教育机构和个体在使用和分享教学资源时，必须尊重学生和教育者的个人信息和隐私权，同时必须遵守学术诚信的原则和规定。这样可以保障教育资源的合法和有序利用，同时可以维护学术环境的纯洁和公正。

法律对教学资源保护的规定还包括资源的合理分配和利用。在这方面，法律强调公平和效率的原则，要求教育资源能够得到合理和公平的分配和利用。为了实现这一目标，法律可能会提出一系列的政策和措施，包括建立公共教育资源库、提供教育资助和支持等。通过这样的方式，法律可以促进教育资源的公平分配和利用，从而更好地服务于社会和个人的发展。法律还强调资源的合理利用和保护，它要求教育机构和个体在使用教学资源时，必须注意资源的合理利用和保护，避免资源的浪费和破坏。这样可以保障教学资源的长期稳定和可持续发展，同时可以促进教育资源的高效利用和保护。

（二）法律对教学资源利用的指导与促进

法律通过多方面的规定和措施来指导和促进教学资源的有效利用。其中，明确教学资源的权属和使用权限是一个重要方面。这不仅有助于保护教育者的权益，还能够避免资源的滥用和浪费。此外，法律还强调教学资源的公平分配和利用，通过提倡资源共享和协作，可以尽可能地减少资源的不平等和分配不均。此外，为了确保教学资源的质量和效果，法律还提供了一系列关于资源开发和应用的指导和建议。这包括推动教学资源的研究和开发，以及鼓励教育机构和个体采用新的教学资源和方法。这样的指导和促进不仅可以提高教学资源的利用效率，还可以促进教育的公平和质量。

深入挖掘法律在此领域的作用，可以发现其对教学资源利用的指导和促进也体现在推动技术整合和创新应用方面。法律鼓励教育机构和个体采用现代技术来开发和利用教学资源，从而提高教学的效率和效果。例如，通过推动在线教育和远程教育的发展，法律可以为教育者和学生提供更多的选择和机会。同时，法律可以通过提供相应的支持和奖励机制，来鼓励教育机构和个体进行教学资源的研究和开发。这样的措施不仅可以促进教学资源的创新和多样化，还可以提高教育的质量和效果。

观察整个教育领域，可以明显发现，法律通过其综合性和前瞻性的规定和政策，为教学资源的合理利用和发展提供了有力的支持和保障。这样的法律环境不仅可以保障教学资源的合法和有序利用，还可以促进教学资源的公平分配和高效利用。这种综合性的法律保障确保了教育资源能够更好地服务于社会和个人的发展，从而实现教育的现代化和高质量发展。

（三）法律在推动教学资源公平分配中的作用

法律对教学资源公平分配的推动首先体现在制定和实施一系列旨在减少区域和群体间教育资源差异的政策和措施。法律通过确立教育公平为基本国策，强调教育资源应均等化地分配给每一名学生，不论其社会经济背景。为此，法律可能会提出一系列具体的实施措施，包括但不限于建立公共教育资源库、增加对边远和欠发达地区的教育投入，以及推动教育信息化和现代化建设等。通过这些措施，法律旨在缩小不同地区和群体间的教育资源差异，从而促进教育公平和社会公正。

法律在推动教学资源公平分配方面的作用还表现在保障教育者和学生的合法权益上。其中，法律通过设立明确的权责关系和责任机制来保障教育资源的公平分配和使用。例如，法律规定教育机构有责任提供高质量的教育资源，同时要求教育机构在资源分配和使用方面遵循公平和公正的原则。此外，法律还通过设立相应的监管机构和机制来监督和评估教育资源的分配和使用。这样的监管机制不仅可以确保教育资源的公平分配，还可以提高资源的利用效率和效果。

四、教学评价与法律监管

（一）法律对教学评价的规范与监管

教学评价作为教育体系的重要组成部分，其运行方式和效果直接影响教育质量和效果。在此背景下，法律对教学评价的规范与监管显得尤为关键。法律通过制定一系列规定和标准，确保教学评价的公平性、客观性和透明性，从而为高质量的教育提供保障。

在教学评价的规范方面，法律提供了明确的方向和框架。这包括对评价标准、方法和程序的详细规定，以确保评价的客观性和公正性。法律强调教学评价应基于学生的学术表现和进步，而不是其他非学术因素。此外，法律还规定教育机构应定期进行自我评价和外部评价，以监测和改进其教学质量和效果。通过这样的规范，法律确保了教学评价的科学性和有效性，从而为提高教育质量提供了有力的支持。

法律对教学评价的监管则更多地体现为其对教育机构和教育者的监督和指导。法律规定教育机构有责任建立和实施有效的教学评价系统，同时要求教育机构在评价过程中遵循公平和公正的原则。此外，法律还设立了一系列的监管机构和机制，以监督和评估教育机构的评价实施和效果。这样的监管机制不仅可以确保教学评价的公平性和客观性，还可以提高评价的透明度和可信度。通过这样的监管，法律可以建立一个公正、公平和可靠的教学评价体系，从而更好地服务于教育的目标和价值。

在更宏观的层面，法律对教学评价的规范与监管体现为一种全面和系统的保障。这种保障不仅涵盖了评价的标准和方法，还包括了评价的实施和效果。通过这样的规范与监管，法律确保了教学评价能够真正地发挥其应有的功能和作用，从而更好地服务于教育的目标和价值。这样的法律保障不仅有助于提高教育质量和效果，还可以促进教育的公平和社会的公正。

（二）法律在保障教学评价公正性中的作用

在教学评价体系中，公正性是其最基本的要求之一。法律通过明确的指引和规定，确保评价过程不受非客观因素的影响，保证每一个学生都能够得到公平的评价。其中包含对评价标准的严格规定，强调应基于学生的实际表现和能力，避免任何形式的歧视和偏见。法律还强调评价者的责任和义务，要求他们在评价过程中持中立立场，确保评价结果的公正性和客观性。此外，法律还提倡透明的评价机制，允许学生和教育者了解评价的标准和程序，从而增强评价的公正性和可信度。

进一步深化分析，法律还通过设立有效的监管体系来保障教学评价的公正性。这样的体系不仅包括了对教育机构的监管和指导，还涵盖了对评价过程的监督和审查。例如，法律可能规定教育机构需定期进行自我评价和外部评价，以确保评价体系的公正和有效。同时，法律可以通过设立相应的申诉和纠错机制，为学生和教育者提供公正的评价环境。这样的监管体系不仅可以确保评价的公正性和客观性，还可以提高评价的透明度和可信度，从而更好地服务于教育的目标和价值。

在更宏观的视角来看，法律对于保障教学评价公正性的作用体现为一种全面和系统性的保障。这种保障是基于对教育公平和社会公正的追求，旨在通过公正的教学评价来促进教育的公平和质量。这样的法律环境不仅可以保障教学评价的公正性和客观性，还可以促进教育资源的公平分配和高效利用。因此，法律在保障教学评价公正性方面的作用是不可忽视的，它是实现教育的现代化和高质量发展的重要基石。

（三）法律在促进教学评价改革中的策略与方法

教育是社会进步的阶梯，其质量和效果直接影响社会的健康和谐发展。在这个过程中，教学评价作为衡量教育质量的重要手段，其改革和完善显得尤为重要。作为教育评价改革的引导者和监管者，法律可以运用多元化的策略和方法来推动教学评价的现代化和高效化。

在促进教学评价改革的道路上，法律采取了一系列有力的策略来推动其深化和完善。其中，法律通过明确的规定和指引来鼓励教育机构和个体采用新的评价方法和技术。这样的改革旨在打破传统的、过分依赖考试成绩的评价体系，转而强调学生的全面发展和个体差异。为此，法律可能提倡采用多元化的评价方式，如组合评价、形成性评价等，来全面衡量学生的学术表现和能力。法律还强调对评价结果的合理利用，以避免过度竞争和学生的过度负担。这样的法律策略不仅有助于提高教育质量，还可以促进教育的公平和社会的和谐。

法律还积极推动教学评价体系的现代化和信息化。在这个方向上，法律鼓励教育机构和个体利用现代技术和手段来进行教学评价，以提高评价的准确性和效率。例如，法律可以支持和推动在线评价、大数据分析等现代评价方法的研究和应用。这样的法律策略不仅可以提高评价的科学性和有效性，还可以促进教育的现代化和信息化。此外，法律还通过明确的规定和监管来确保新的评价方法和技术的合理利用和有效实施。这样的法律监管有助于保障评价改革的顺利进行，同时可以避免可能出现的问题和风险。

从更加宏观的视角来看，法律在推动教学评价改革中的作用体现为一种全面和系统性的推动力。法律通过制定明确的目标和方向，为教学评价改革提供了强有力的支持和保障。这样的法律环境不仅可以保障教学评价改革的合法性和正当性，还可以促进教学评价体系的完善和高效运行。因此，法律在推动教学评价改革中的作用是不可忽视的，它是实现教育现代化和高质量发展的重要基石。

第四节　法治环境下的创新教育实施和管理

一、法治环境下创新教育的实施策略

（一）遵循法律规定

在法治环境下，创新教育实施的首要策略是构建一个以法律为基础的教育体系。这个体系应该明确法律对创新教育的基本要求，包括但不限于教育的目的、内容和方式。通过遵循法律规定，可以确保教育的正当性和合法性，同时能够保证教育的公平和效果。在构建这样一个体系时，应该先明确法律对教育的基本要求，包括但不限于教育的目的、内容和方式。接着，还应该探讨如何通过法律手段来促进教育的创新和发展。这包括研究法律对教育资源的配置、教育机构的管理和教育行为的监管等方面的规定。还应该关注法律在保障教育公平和促进教育效果方面的作用。这涉及法律对教育权利和义务的规定、对教育资源分配的调整和对教育质量保障的设定等方面的内容。

（二）促进公平性保障

法律对于创新教育实施公平性方面的保障是另一个核心策略。这方面主要涉及法律如何通过确立平等的教育机会和资源分配原则来消除教育中的不平等和不公正现象。在这一方面，应该深入探讨法律在保障教育权利和义务方面的规定，以及在促进教育资源平等分配和保障教育质量方面的作用。这包括研究法律如何确保所有人享有平等的教育机会，以及如何通过法律手段来调整教育资源的分配和利用。同时，应该关注法律在解决教育管理问题和教育纠纷方面的作用。这涉及法律如何通过规定和监管来保障教育的公正和公平，以及如何通过法律手段来解决教育中的各种问题和纠纷。

（三）推动实施效果

法律在推动创新教育实施效果方面的策略主要涉及法律如何通过建立完善的教育标准和质量保障体系来确保教育实施的品质和效果。

在这一方面，应该深入探讨法律在建立和完善教育标准方面的作用，以及在保障教育质量和促进教育效果方面的功能。这包括研究法律如何通过规定和监管来确保教育的品质和效果，以及如何通过法律手段来促进教育资源的合理配置和利用。关注法律在应对教育风险和保障教育安全方面的作用。这涉及法律如何通过规定和监管来防控教育风险，以及如何通过法律手段来保障教育的稳定和安全。

二、创新教育管理与法律监管

（一）法律对创新教育管理的规定与监管

在现代社会，教育管理的核心力量可以追溯到对教育目标和定位的明确规定，这不仅确定了教育的基本方向和价值，更为教育机构的建立、运行和监督提供了清晰的指南和规定。这些规定深入教育内容和教学方法的核心，能够充分保障教育的质量和效果。法律还有助于制定公正的教育资源分配和利用策略，这不仅能促使资源得到高效利用，减少浪费，更有助于缩小社会不平等现象，推动教育公平和社会公正。通过明确教育参与者的权利和义务，法律有助于创建一个和谐而有序的教育环境，能让每一个个体的基本权益得到充分保障。

法律的实施和应用在创新教育管理中扮演了多维度的角色。除了规范教育行为，它更显现在对教育纠纷的调解和教育权益的保护方面。法律成了解决教育纠纷和管理问题的有效机制，为教育管理中可能出现的各种问题和纠纷提供了有力的解决途径，确保了教育的公正和公平。法律在解决创新教育管理中的问题和风险方面也扮演了关键角色，提供了一套完整的策略来识别、防控和应对教育风险，这有助于构建一个稳定和安全的教育环境。而在教育机构的责任和义务方面，法律通过明确规定，加强了教育机构在教育管理中的责任和角色，确保教育实施的品质和效果。法律还强调了对创新和知识产权的保护，通过制定相应的法律法规，为创新教育提供了一个明确、公正和透明的运行机制，从而全方位促进教育创新的健康和有序发展。

（二）法律在创新教育管理中的实施与应用

在现代社会，创新教育管理与法律监管的相互交融和促进已成为教育领域的一大亮点。法律不仅为创新教育管理提供了明确的规范和指导，还强化了教育管理中的合法性、公平性和有效性。特别是在创新教育管理的实施与应用方面，法律的作用显得尤为关键。

在具体实施与应用中，法律通过确立一套完善的规则和程序，确保了教育行为的正当性和合法性。这包括对教育目标、内容和方法的规定，以及对教育机构和教育者的权利和义务的明确。这样的规定不仅有助于创建一个有序、和谐的教育环境，还能促进教育资源的合理配置和利用。更重要的是，它能够确保教育质量的稳定和提高，从而推动教育的持续发展和进步。

法律还在教育纠纷和风险管理方面发挥了显著作用。通过设立一系列有效的机制和策略，法律不仅可以解决教育管理中的各种纠纷和问题，还可以防止和控制教育风险，保障教育的稳定和安全。

（三）法律在解决创新教育管理问题中的作用

在创新教育管理中，法律监管作为一个不可或缺的要素，具有多方面的功能和影响。法律通过明确教育机构的权责，有助于减少管理中的不确定性和风险。法律规定了教育机构的基本职责和义务，为教育机构提供了行为准则和指南。法律还通过设立一套公正公平的纠纷解决机制，为教育管理中的问题提供了有效的解决方案。这不仅有助于维护教育机构和教育者的权益，还能够确保教育的顺利进行和发展。法律还强调了对教育创新的保护和支持。在教育创新的过程中，法律通过保护知识产权和创新成果，为教育创新提供了有力的支持和保障。这不仅有助于激发教育者的创新热情和动力，还能够推动教育的持续发展和进步。

三、法律在创新教育风险管理中的应用

在法治环境下，法律在创新教育风险管理中的应用显得尤为关键，它涉及风险识别的指导、风险防控的实施以及风险应对的策略制定。

（一）法律对创新教育风险识别的指导

法律在高校创新教育中起到了重要的风险识别指导作用。它为教育机构和个体提供了一套明确和系统的指南，使得创新教育可以更加有序和安全地进行。通过对各类可能出现的风险因素进行明确的分类和定义，法律助力教育机构和教育者更加客观、准确地识别和评估潜在的风险。这种识别不仅仅局限于教育过程中各种可能出现的纠纷和问题，更涵盖知识产权保护、学术诚信等方面。这为教育机构提供了全面而深入的风险识别指导，使得教育机构可以更加有目的和有方向地进行创新教育。此外，这也有助于培养学生的法律意识和责任意识，使他们在创新教育的过程中能够更好地遵守法律规定和伦理道德要求。

法律的指导不仅可以减少教育机构在创新教育过程中的法律风险，

还可以为教育机构提供一个清晰和有序的创新教育环境。这样的环境可以使教育机构更加有信心和决心投身于创新教育中，从而推动创新教育的健康和可持续发展。通过法律的指导，教育机构可以更好地识别和评估潜在的风险，从而更好地规避和控制创新教育的风险，实现创新教育的健康和可持续发展

（二）法律在创新教育风险防控中的作用

法律在创新教育风险防控中扮演着不可或缺的角色。通过制定一系列具有针对性和实施性的法律规定和措施，法律为创新教育的风险防控提供了有力的支持。这些法律规定和措施旨在预防和减少风险的发生，确保教育的顺利进行和发展。在这个框架下，法律对教育资源分配的合理化起到了关键作用。它确保了资源能够被公平而有效地分配，从而避免了资源的浪费和滥用。此外，法律还对教育行为进行了规范，确保教育活动能够在一个有序和公正的环境中进行。这不仅可以减少教育过程中的纠纷和冲突，还可以提高教育的效率和效果。法律还强调了对教育质量的保障。它通过设立一系列的标准和要求，确保教育机构能够提供高质量的教育服务。这样的保障不仅可以提高教育的质量和水平，还可以增强社会对教育机构的信任和认可。

（三）法律在创新教育风险应对中的实施策略

在创新教育风险管理的广阔领域中，法律在风险应对方面展示了其至关重要的作用。它为教育机构和个体提供了一套周全而有效的实施策略，旨在确保在遇到各类风险和问题时能够实现及时和有效的应对。

面对教育过程中可能涌现的诸多风险和问题，法律构建了一系列旨在解决纠纷和保障权益的解决方案和途径。这些方案和途径不仅仅局限于纠纷的解决，更涉及风险的补偿和弥补。在这一过程中，法律作为一个强有力的工具和支持，有利于教育机构和个体在面对风险时能够有序、

有效地进行应对和管理。例如，法律可以通过明确的规定和指导，帮助教育机构识别潜在的风险，并制定相应的预防和应对措施。这些措施旨在避免风险的发生，或者在风险发生时能够有效地减轻其影响和损害。此外，法律还提供了一系列关于风险补偿和弥补的规定和指导，这有助于保证教育机构和个体的权益得到充分的保障和补偿。

法律在风险应对中还强调了对教育机构和个体的支持和保障。通过提供一系列关于风险应对的策略和指导，法律有助于确保教育的持续稳定和有序发展。这不仅可以确保教育机构和个体在面对风险时能够得到有效的支持和保障，更有助于推动创新教育的长期健康发展。

第五节 法治环境下的创新教育评估

一、法律对创新教育评估的基本要求

（一）法律对创新教育评估的基本原则

在教育领域，评估是一个关键组成部分，起着监测和保障教育质量的作用。特别是在创新教育的背景下，评估更是一个不可或缺的环节，它可以有效地引导和促进教育的创新和发展。其具体原则如下：

1.目标性和方向性

法律规定评估应该围绕教育的目标和任务进行，以确保评估的准确性和合理性。具体来说，法律可以规定评估应该侧重于学生的创新能力和实践能力的培养，而不是仅仅关注学术成绩和知识掌握程度。这样的评估原则可以更好地反映创新教育的特点和要求，也可以更好地促进学生的全面发展。

2.公正性和公平性

法律规定评估应该公正、公平地进行，以确保所有学生都能够得到公正的评价和机会。在这方面，法律可以规定明确的评估标准和方法，以避免评估的主观性和不公平性。法律还可以规定明确的申诉和纠错机制以保障学生的合法权益。

3.科学性和合理性

法律规定评估应该基于科学的理论和方法进行，以确保评估的准确性和可靠性。在这方面，法律可以支持和推动评估方法和技术的研究和创新，以提高评估的科学性和效率。同时，法律可以规定明确的监管和监督机制，以确保评估的合理性和有效性。

（二）法律对创新教育评估的具体要求

在构建一个公正和有序的创新教育评估体系中，法律首先强调评估的透明性和公正性。透明性是确保评估公正性的基础，要求评估过程和结果应该是公开和透明的，以减少任何可能的不公平或歧视。此外，法律还规定应建立健全的评估机制和流程，以确保评估的公正性和有效性。这样的机制可以包括明确的评估标准、合理的评估方法和多元化的评估工具。此外，法律还强调应建立健全的申诉和纠错机制，以保障受评者的合法权益。这种机制可以保障评估的公正性，同时可以提高评估的可信度和接受度。

转而从另一角度审视，法律对创新教育评估的具体要求也显著体现在对评估内容和方法的规定上。法律强调，评估应该围绕创新教育的目标和特点进行，以确保评估的合理性和有效性。在这方面，法律可以明确规定评估应该重点关注学生的创新能力和实践能力的培养，而不是仅仅关注学术成绩和知识掌握程度。这种评估方法不仅可以更好地反映创新教育的目标和特点，还可以更好地促进学生的全面发展。此外，法律还可以强调对评估方法和技术的研究和创新，以提高评估的科学性和效率。

法律在确保创新教育评估的高效性和动态性方面起到了关键作用。法律明确规定应建立健全的评估监管和监督机制，以确保评估的持续改进和优化。这种机制可以通过定期的评估审核和更新，以及对评估结果的定期分析和反馈来实现。这样的机制不仅可以确保评估的高效性，还可以促进评估的持续改进和发展。通过这样的法律保障，可以更好地引导和促进创新教育的健康和有序发展。

（三）法律在保障评估公正公平中的作用

法律通过确立明确的评估标准和方法，为评估的公正性和公平性提供了基础。法律规定评估应该基于客观、公正、公平的标准进行，避免主观性和偏见的干扰。这种法律规定确保了评估的客观性和一致性，不受个体主观意识或歧视的影响。例如，法律可以规定评估应该基于多元化的评价工具，包括考试、作业、项目等，以减少对特定评估方法的依赖，确保评估的多样性和公平性。通过设立申诉和纠错机制，法律为受评者提供了维权和救济的途径。这种机制允许受评者提出异议或申诉，以保护其合法权益。法律可以规定评估机构应及时处理和回应申诉，确保受评者的权益得到妥善保护。这种申诉和纠错机制不仅有助于保障评估的公平性和公正性，还增强了受评者的信任和满意度，促进了教育评估的有效实施。

二、创新教育评估体系的构建与完善

（一）法律在评估体系构建中的指导作用

在探讨创新教育评估体系的构建与完善时，法律的指导作用成为一种根本性和普遍性的考虑因素。法律不仅为教育评估体系提供了基础的架构和指导原则，也确保了教育评估体系的合法性、公正性和公平性。在现代社会，教育评估体系是一种重要的工具，旨在促进学生的全面发展和学术成就。创新教育评估体系则是更进一步地适应社会变化和教育改革的要求，强调个体差异、灵活性和实效性。从法律的角度来看，构建和完善创新教育评估体系是一个多元化和综合性的过程，涉及多方面的考虑和权衡。其中，法律提供了一种理性和客观的视角，为评估体系的构建和完善提供了基本的准则和原则。法律在这一过程中具有多方面的指导作用，包括但不限于以下几方面。

1. 规范性作用

法律在教育评估体系中的规范性作用表现在对评估过程和标准的明确规定上，可以确保整个体系的公正和合法。通过明确的法律文件和规章制度，可以为教育评估体系提供清晰的方向和框架，其可以避免模糊和不确定性，有利于建立一个高效、公正的教育评估体系。法律可以确保评估体系中涉及的各方利益关系得到妥善处理，避免冲突和矛盾，从而保证评估的公正性和合法性。通过法律手段，可以对评估体系中的潜在漏洞和问题进行及时修正和完善，保证其长期稳定和健康发展。

2. 保障性作用

法律在教育评估体系中的保障性作用主要体现在为评估体系提供稳定和连续的保障。法律可以为教育评估体系提供一个稳固的基础，确保在各种环境和条件下，评估体系都能够正常运行和发挥作用。通过法律手段，可以有效防止和遏制评估体系中的不公平和歧视现象，确保每个个体都能够在公平和公正的环境中接受评估。法律还可以为评估体系提供一种有效的纠纷解决机制，保证评估结果的可靠性和有效性。

3. 促进性作用

法律在教育评估体系中的促进性作用主要体现为推动评估体系的创新和完善。法律可以为教育评估体系提供一种有利的制度环境和政策支持，鼓励教育机构和个体积极探索和实践，推动评估体系的创新和完善。法律可以通过提供一种开放、灵活和多元化的方向，促进评估体系的多元化和个性化发展，有助于满足不同个体和群体的多元需求。法律还可以通过制定一系列有利于教育评估体系发展的政策和措施，推动评估体系向更加公正、合理和科学的方向发展。

（二）法律对评估体系完善的推动与保障

法律能够通过精心设计和指导，确保教育评估体系的合理性和公正性，从而避免出现任何可能损害学生权益或影响教育质量的问题。这不仅包括明确规定评估标准和程序，而且还涉及保护学生免受不公平评估的侵害，确保每个学生都能在公平和公正的环境中接受教育和评估。

法律可以为教育评估体系提供一个清晰的框架和指导原则，这有助于构建一个既能满足社会和个体需求，又能保持内在一致性和稳定性的评估体系。它能够指导教育机构在制定和实施评估方案时，充分考虑教育的多元性和复杂性，确保评估体系的全面性和客观性。

教育评估体系的构建和完善是一个多方面和多层次的过程，涉及多方利益相关者的合作和协调。在这个过程中，法律不仅是一个向导，能提供明确的路径和方向，它还是一个守护者，保障评估体系的公平性和有效性。它通过制定相关法律和政策，确保评估体系的正当性和权威性，从而赢得社会和公众的信任和支持。

此外，法律在推动教育评估体系的创新和完善方面发挥了重要作用。随着社会的不断变化和教育需求的多元化，法律能够提供有利的制度环境和政策支持，促使教育评估体系不断向前发展。它能够鼓励教育机构和学者进行研究和探索，推动评估体系的不断创新和完善。

同时，法律可以通过明确的规定和指导，确保教育评估体系的实施能够顺利和有效地实现其既定目标。这包括提供具体的执行方案和监管机制，确保评估体系的合规性和透明性，从而保障其能够实现既定的目标和愿景。

（三）法律在促进评估体系与实践相结合中的作用

在构建与完善创新教育评估体系的过程中，法律贯穿始终，成为连接理论与实践、原则与操作的重要桥梁。具体来说，法律不仅提供了对教育评估体系的基本规范和要求，而且通过具体的法律规定和制度设计，将教育评估的理论和原则与实践相结合，形成了一种相辅相成、互为促进的关系。

一方面，法律通过明确教育评估的基本原则和要求，为教育评估体系的构建提供了基本的指导和依据。通过法律的规定，可以确保教育评估体系的合理性和科学性，避免出现片面和偏颇的评估方式和结果。

另一方面，法律也为教育评估的实践提供了必要的支持和保障。通过具体的法律规定和制度设计，可以将教育评估的理论和原则与实践相结合，形成了一种相辅相成、互为促进的关系。法律不仅可以为教育评估的实践提供清晰的指导和路径，而且可以通过制定具体的执行和监督机制，确保教育评估的实施和执行的合法性和有效性。

法律还可以通过创新性的制度设计和政策支持，为教育评估体系的完善提供有力的支持。这包括通过法律的方式，引导和促进教育评估体系与社会需求和教育目标的紧密结合，确保教育评估体系的实效性和针对性。

三、创新教育评估实施与监督

当代社会法律在教育评估实施与监督中显现出其不可忽视的重要性和决定性作用。在深化教育改革和促进教育公平的大背景下，构建创新教育评估实施与监督机制逐渐被提上了议程。

（一）法律对评估实施的规范与监督

教育评估实施不仅仅是对学生学业水平和教育质量的测量，更是一种对教育公平和效果的保障。通过对教育评估实施的规范，法律确保了教育资源的合理分配和利用，避免了因评估体系的偏差或失误导致的资源错配和公平问题。法律还促进了教育评估的创新与完善，通过引入多元化的评价标准和方法，强化了教育评估的科学性和实效性。

法律对评估实施的监督也起到了积极而有效的作用。通过法律手段建立完善的教育评估监督体系，可以实现对教育评估实施的全面和有效监控，确保评估结果的公正和可信度。在法律的指引下，监督体系可以及时发现和纠正评估中的不公平和不合理现象，保障教育评估的公正性和合法性。法律还通过设立相应的法律责任和处罚机制，对评估实施中的违法行为进行有效制止和惩罚，从而维护了教育评估的秩序和公信力。

法律在创新教育评估实施与监督过程中，也强调了多方的参与和协作。法律通过构建包含政府、学校、社会等多方在内的评估与监督体系，确保了评估实施的多元性和全面性。这样的体系不仅能够更加全面和客观地评估教育的效果，也能够更好地保障学生的权益和教育的公平。

（二）法律在确保评估实施公正中的作用

法律在高校教育评估实施的各个环节都表现出其不可替代的引领和规范作用。在制定和实施教育评估标准时，法律提供了明确的指导和规范，确保了评估标准的公正性和科学性。通过详尽的规定，法律为教育评估实施提供了清晰、合理和科学的操作蓝图。同时，法律通过规定具体的执行和监督机制，使得教育评估的实施和执行能够在一个法定和正式的轨道上进行，避免了可能出现的偏差和不公。

在高校教育评估的实施与监督方面，法律的存在显得尤为重要。法律不仅确立了一套具有权威性的评估标准和程序，还通过设立相应的法律责任和处罚机制来确保评估的公正性和可信度。例如，法律通过明确规定，避免了评估结果的操纵和篡改，确保了评估的公正和公信力。法律还通过建立完善的监督体系来实现对教育评估实施的全面和有效监控。这样的体系可以及时发现和纠正评估中的不公平和不合理现象，保障了教育评估的公正性和合法性。

在高校教育评估实施与监督过程中，法律也倡导多方的参与和协作。通过构建包括政府、高校、社会等多方在内的评估与监督体系，法律实现了对教育评估实施的多元化和全面化监控。这样的监控体系不仅能够更加全面和客观地评估高校教育的效果，也能够更好地保障学生的权益和教育的公平。更为重要的是，法律还倡导了一种基于公正和公平的评估文化，强调了教育评估的公正性和科学性，从而为高校教育评估实施提供了有力的法律支持和保障。

（三）法律在处理评估争议中的调解与裁决

法律对教育评估争议的调解与裁决体现在多个方面。它规定了一系列用于处理争议的程序和机制，包括但不限于争议的申诉、调查和裁决。这些程序和机制都旨在保障争议方的合法权益，避免评估争议的延展与恶化。法律还赋予了相关行政机关和司法机构一定的权力和责任，使其能够在争议发生时迅速介入并采取必要的措施来解决争议。这种介入不仅能够保障评估的公正性和公信力，还能够有效地维护社会稳定和和谐。

在这种法律背景下，高校教育评估的实施与监督也将呈现出更为成熟和完善的特点。法律确保了评估过程中的公正和公平，通过明文规定和司法解释，为争议的解决提供了清晰的指导和规范。法律还鼓励各方积极参与争议的解决过程，通过协商、调解和裁决等多种方式来共同寻找最为公正和合理的解决方案。这种基于法律的争议解决机制不仅能够确保争议的及时和有效解决，还能够有效地维护和促进社会的和谐与稳定。

第四章　法律保障下的高校创新实践活动

第一节　法律对高校创新实践活动的保障

一、权利和义务的明确划分

（一）保护各方利益，确保公平公正

在高校的创新实践活动中，涉及的参与者通常包括学生、教师和学校本身。这些参与者在活动中都投入了大量的精力和资源，因此他们的利益应当得到妥善的保护。明确的权利和义务有助于为参与者提供一个公平和公正的环境，在这种环境中，他们可以放心地进行创新实践，而不必担心自己的努力和贡献不被看见或得不到应有的回报。以学生为例，他们在创新实践中可能会产生具有知识产权价值的成果，如发明、新型技术等。如果没有明确的权利和义务划分，他们的这些成果可能会被学校或其他组织占为己有，这无疑是对他们努力的否定。而明确的权利和义务划分，如知识产权归属的明确规定，可以确保学生的创新成果得到

应有的保护，激励他们继续进行更多的创新尝试。

更重要的是，教师和学校也不应被忽视。他们在创新实践活动中也扮演着至关重要的角色。教师通常作为指导者，为学生提供技术和理论上的支持，而学校则为活动提供了必要的物质和场所支持。因此，他们的权益也应当得到保障。只有当教师和学校的权益得到了保障，他们才能更加积极地参与和支持创新实践活动，从而推动活动的顺利进行。权利和义务的明确划分不仅可以保护各方的利益，还有助于避免在活动中出现的纠纷。在没有明确权利和义务划分的情况下，各方可能会因为利益分配、知识产权归属等问题而产生矛盾和冲突，这将严重阻碍创新实践活动的开展。而明确的权利和义务划分，可以为各方提供一个清晰、公正的规则和框架，使活动能够在和谐、有序的环境中进行，从而提高活动的效率和效果。

（二）避免纠纷，维持活动稳定

在高校创新实践活动中，涉及多方面的利益关系和角色参与，包括学生、指导老师、学校甚至可能涉及外部合作单位。在这样一个多元化的背景下，如果不对每个参与方的权利和义务进行明确划分，很可能就会在实践活动中出现利益冲突或者纠纷，这样的情况无疑会给活动的顺利进行带来极大的阻碍。

权利和义务的明确划分，可以使每一个参与者都有清晰的定位和责任界限。学生能明确自身的创新目标和实施路径，而指导老师则能明白自身的职责所在，从而更加有针对性地给予指导和帮助。在这样的框架下，每个人都能够在明确的责任和权限内进行协作，共同推动活动的进展。这种明确划分还能够有效避免因利益分配、成果归属等问题产生的纠纷。对于任何一个项目来说，成果的归属和利益的分配都是一个十分敏感而又重要的问题。如果没有明确的法律规定和约定，很容易在这一环节产生争议。而一旦产生争议，不仅仅是活动的进展会受到影响，甚至还可能导致资源的浪费和活动效果的降低。

而通过法律来明确各方的权利和义务，则可以为高校创新实践活动提供一个稳定、公正的环境。因为法律具有权威性和强制性，能够保证每一个参与者都能按照约定的规则来行事，从而确保活动的连续性和效果。同时，这能够为参与者提供一个公平的平台，使得每个人都能够在公正的基础上参与到创新实践活动中来。

（三）激发参与者的积极性

在高校创新实践活动中，法律的介入和保障起到了基石的作用。它确保了每一方的权益不受侵犯，也规定了每一方应尽的义务和责任。这样的明确划分，可以为各方提供一个清晰、公正的参与环境，从而促使他们更加积极地参与到创新实践活动中来。

在这样的法律环境下，学生、教师和校方可以更加明确自身的角色和职责。学生可以更加安心地投身于创新实践，因为他们知道自己的努力和贡献会得到相应的保障和回报。教师则可以更加有信心地指导学生，因为他们知道自己的权益受到了法律的保护。而校方则可以更加有序地组织和推进创新实践活动，因为他们知道活动的每一环节都受到了法律的规范和监督。

明确的权利和义务划分还可以吸引更多的外部合作伙伴和投资者。外部合作伙伴可以更加放心地与高校合作，因为他们知道合作的每一环节都受到了法律的保障和监管。投资者则可以更加有信心地投资高校的创新项目，因为他们知道自己的投资受到了法律的保护。这样的法律环境不仅可以激发学生、教师和校方的积极性，还可以吸引更多的外部资源，从而进一步扩大创新实践活动的影响力。它可以促使更多的人参与到创新实践活动中来，从而形成一个良性的创新生态圈。法律还可以通过明确的权利和义务划分来预防和解决可能出现的纠纷。它可以为解决纠纷提供公正和公平的依据，从而保证创新实践活动的顺利进行。

（四）促进活动的有序、高效进行

在高校创新实践活动中，法律的介入和保障显得尤为重要，它为活动的各方提供了一个明确、结构化和有序的参与环境。明确的权利和义务划分不仅可以确保活动的有序进行，还可以提高活动的效率，从而促进活动的顺利实现。各方可以更加明确地认识到自己的职责和权益，从而更加有目的和有序地进行工作。学生可以更加专注于自己的学术和创新研究，因为他们知道自己的努力和贡献将得到法律的保护和认可。教师可以更加有信心地指导和支持学生，因为他们知道自己的权益也得到了法律的保障。而校方则可以更加有序和有效地组织和推进创新实践活动，因为他们知道活动的每一环节都受到了法律的规范和监督。

明确的权利和义务划分还可以避免不必要的干扰和纠纷。在明确的法律框架下，各方都可以清楚地知道自己的权利和义务，从而避免因为权利和义务不清而产生的纠纷。这样可以保证活动的顺利进行，避免因为纠纷和冲突而导致的时间和资源的浪费。在清晰和有序的法律环境下，外部合作伙伴和投资者可以更加放心和有信心地参与到高校的创新实践活动中来。他们知道自己的权益得到了法律的保护，也明白自己需要履行的义务和责任。这样可以促使更多的资源和资本流向高校的创新实践活动，从而进一步提高活动的效率和影响力。法律对高校创新实践活动的保障中的权利和义务进行明确划分，还可以促进活动的高效进行。在明确的法律框架下，各方可以更加有序和高效地进行工作，从而确保活动的目标得以顺利实现。这样的法律环境可以为高校创新实践活动提供稳定和有利的基础，从而促进活动的长期和持续的发展。

二、创新风险的合规管理

（一）降低技术风险

在高校创新实践活动中，技术风险无疑是一个重大的挑战。高校在探索未知的技术领域时，很可能会遇到技术瓶颈或技术失败的风险。法律对高校创新实践活动保障中的创新风险合规管理显得尤为重要。通过合规管理，高校可以在项目初期就进行深入的技术研究和评估，确保技术方案的合法性和合规性。这不仅可以避免因技术方案触犯相关法律法规而产生的风险，还可以在一定程度上预防技术失败的风险。合规管理还可以帮助高校更加明智地分配资源和时间。通过对技术方案的合规性评估，高校可以更加准确地判断项目的可行性和成功概率，从而做出更加合理的资源分配和时间规划。这样可以避免因技术风险而导致的资源浪费和时间延误，从而提高项目的效率和成功率。当高校能够展示其技术方案的合法性和合规性时，可以更加容易地获得外部合作伙伴和投资者的信任和支持。这样可以为项目吸引更多的资源和合作机会，从而进一步降低技术风险，提高项目的成功概率。

（二）控制市场风险

在高校创新实践活动中，市场风险常常是一个不可忽视的因素，它涉及创新项目是否能够得到市场的认可和接纳。市场的变化多端和不确定性使得创新项目往往面临着巨大的市场风险。

通过合规管理，高校可以在项目初期就进行深入的市场调研和评估，以确保项目的市场前景更加明朗。这样的市场调研和评估可以帮助高校更加准确地判断项目的市场需求和潜在价值，从而避免因市场接受度低而导致的项目失败。这不仅可以保证项目的顺利进行，还可以避免大量的资源和时间的浪费。合规管理还可以帮助高校更好地保护自己的知识产权。在市场竞争激烈的环境下，知识产权的保护显得尤为重要。通过合规管理，高校可以确保其创新项目的知识产权得到有效的保护，避免因市场风险而导致的知识产权侵权风险。这样可以保护高校的创新成果，避免因知识产权侵权而导致的经济损失和信誉损失。当高校能够展示其项目的市场前景和知识产权保护措施时，可以更加容易地获得市场的信任和支持。这样可以为项目吸引更多的合作伙伴和投资者，从而进一步降低市场风险，提高项目的成功概率。

（三）减少合作风险

高校在与外部合作伙伴和投资机构等进行合作时，可能会遇到各种不可预见的风险，如合作方不履行合同义务或泄露商业秘密等。这些风险不仅可能影响项目的进程，还可能对高校的声誉和经济利益造成损害。通过合规管理，高校可以在与合作方进行合作前明确双方的权利和义务，以及合作的具体条款和条件。这样可以在一定程度上避免合作过程中的风险，保证项目的顺利进行。合作协议和保密协议是合规管理中的重要工具。合作协议可以明确双方的合作范围、责任和义务，避免因合作方的不履行合同义务而导致的项目延误或失败。保密协议则可以保护高校的商业秘密和知识产权，避免因合作方泄露商业秘密而导致的经济损失和信誉损失。

合规管理还可以为高校提供一个有力的法律保障。在合作过程中，如果遇到合作方的违约或不履行合同义务等情况，高校可以依据合作协议和保密协议采取相应的法律措施，保护自身的合法权益。当高校能够展示其项目的合规性和法律保障时，可以更加容易地获得外部合作伙伴和投资者的信任和支持。这样可以为项目吸引更多的资源和合作机会，从而进一步降低合作风险，提高项目的成功概率。

（四）提高公信力和吸引更多资源

在高校创新实践活动中，合规管理不仅是一种风险控制手段，更是一种提升项目公信力和吸引更多资源的有效途径。在高度竞争和多元化的市场环境中，公信力成了衡量项目成功的重要指标。通过合规管理，高校有机会展示其对法律法规的严格遵守和尊重，这不仅可以增强项目的合法性和正当性，还可以提升高校在社会和市场上的信誉和影响力。

在合规管理的框架下，高校可以系统地规划和实施创新项目，确保每一个环节都符合法律法规的要求。这样的做法可以避免项目在实施过程中出现法律纠纷和争议，从而保证项目的顺利进行。在明确的法律和合规框架下，外部合作伙伴和投资者可以更加放心和有信心地参与到高校的创新项目中来。他们知道高校是一个遵守法律法规、有责任有信誉的合作伙伴，这样可以降低他们的合作风险，增强他们的合作意愿。这样的合作环境可以为高校的创新项目提供更多的资源和机会，从而促进项目的成功实施。

合规管理还可以提升项目的市场吸引力。当项目能够展示其合法性和合规性时，可以更加容易地获得市场的认可和接纳。这样可以为项目提供更多的市场机会，从而增加项目的成功概率和市场影响力。

第二节 法律规定下的创新实践活动流程

一、项目立项与合规性审核

（一）确保项目合法性和遵循法律指导原则

在项目立项阶段，高校应当深入挖掘和分析项目的潜在法律风险和责任。此过程不仅仅是一个行政手续，而是一个涉及多方面的深度思考和判断的过程。项目的合法性是立项的基石，它涉及项目是否符合当前的法律法规，是否侵犯了他人的知识产权，是否符合社会的公序良俗等。其中不仅包括明显的合法性问题，还包括项目可能存在的潜在法律风险和问题。高校也需要根据法律的指导原则来确定项目的方向和范围。这不仅仅是为了避免项目在后期因为违法行为而遭受停止或失败的风险，更是为了确保项目能够在一个健康、合法和有益的环境中稳步推进。法律指导原则不仅仅是一种约束，更是一种保障和指引，它可以帮助高校避免走入法律的歧途，也可以帮助高校找到一个更为明智和合理的项目方向。

遵循法律指导原则，意味着高校需要拥有一套完善的法律审查和监督机制，这样可以确保项目从立项到实施的每一个环节都符合法律的规定和要求。这不仅仅是为了避免法律风险和责任，更是为了保证项目的顺利进行和成功完成。法律还可以为高校提供一系列的指导和参考，这可以帮助高校更好地规划和实施项目。通过深入研究和理解法律的规定和要求，高校可以更好地把握项目的方向和范围，避免走入法律的歧途，确保项目的合法性和合规性。

（二）风险管理和保护参与者权益

风险管理是这一过程中的核心组成部分，它涉及对项目可能面临的各种风险和问题的预见和预防。这包括但不限于法律风险、技术风险、经济风险和社会风险。通过对这些风险进行深入的分析和评估，高校可以更好地制定出有针对性的风险管理措施和策略，从而避免项目在后期因为各种风险和问题而面临延误或失败的可能。

保护参与者权益则是风险管理的另一重要方面。高校需要确保项目的实施不仅仅是合法的，还需确保参与者的权益和安全得到充分的保护。这包括保护参与者的知识产权、保障参与者的人身和财产安全、确保参与者的合法权益不受侵犯等。通过在项目立项阶段就对这些方面进行深入的考虑和规划，高校可以为项目的顺利进行和成功实施提供有力的保障。更进一步来看，法律对于风险管理和保护参与者权益提供了一系列的原则和要求。这些原则和要求不仅仅是对高校的约束和指导，更是对项目参与者权益保护的有力保障。它们可以帮助高校更好地识别和预防项目中可能出现的风险和问题，从而避免项目因风险而导致的延误或失败。

（三）促进项目的顺利进行和成功实施

通过深度融合法律规定和实践活动流程，高校能够在项目立项阶段就明确项目的方向和范围，从而避免项目实施过程中可能出现的法律纠纷和争议。这种早期的法律风险识别和管理，有助于构建一个更加稳定和有序的项目实施环境，从而减少项目中断或失败的风险。更进一步地说，这也是一种对项目长期可持续性的保障，能够确保项目不仅能够顺利启动，而且能够持续稳定地推进和发展。高校应倾力打造一个综合性的合规性审核机制，涵盖项目的各个方面和环节，包括项目的目标、内容、实施方案和预期效果等。这样的机制不仅能够确保项目的合法性和合规性，还能够帮助高校更好地规划和实施项目，从而提高项目的效率和效果。这种全面而深入的合规性审核，是对项目成功实施的一种有力保障，可以避免项目在实施过程中因为法律问题而遭受不必要的延误或失败。项目立项与合规性审核也是一种对项目质量的保障。通过合规性审核，高校可以确保项目的内容和实施方案是合法、合理和有益的，从而确保项目能够顺利进行和成功实施。这不仅能够保证项目的顺利进行，也能够提高项目的质量和效果，从而实现项目的长期成功和可持续性。

（四）提高项目的公信力和市场吸引力

项目公信力是一个多维度、多层次的概念，涵盖项目的合法性、合规性、透明度和责任等。通过项目立项与合规性审核，高校能够深入剖析项目的各个方面，确保其不仅仅满足法律规定，更能够满足市场和社会的期望和要求。这种深度的合规性审核可以帮助项目塑造一个强大、可靠和有责任心的形象，从而提升项目的公信力和市场吸引力。

市场吸引力则是项目成功的另一个重要因素。当项目能够展示其合法性和合规性时，它能更容易地获得市场的认可和接纳。这不仅可以为项目打开更多的市场机会，还可以增加项目的成功概率和市场影响力。

市场对于合法和合规的项目往往有更高的接纳度和信任度，这可以为项目带来更多的合作机会和市场资源，从而增加项目的市场吸引力和影响力。

合规性审核还可以帮助高校更好地了解和把握市场的需求和趋势。通过深入的市场研究和分析，高校可以更好地了解市场的需求和期望，从而更好地规划和实施项目。这种基于市场的项目规划和实施，可以更好地满足市场的需求和期望，从而提升项目的市场吸引力和成功概率。

二、创新实践活动流程的管理

（一）知识产权保护的重要性

通过知识产权保护机制，高校可以避免其创新成果被侵犯或滥用，这种保护不仅有助于维护高校的法律权益，更能够推动创新实践活动的繁荣和发展。法律通过设定一系列知识产权保护机制为高校提供了坚实的法律保障和支持，从而使高校能够更加安心和有信心地进行创新实践活动。

知识产权保护还能够促进更多人参与到创新实践活动中来。在一个安全和有保障的环境中，人们会更加愿意投身于创新实践活动，因为他们知道他们的努力和成果将得到合法和有效的保护。这样的环境不仅能够激励人们更加积极地参与到创新实践活动中来，还能够吸引更多的资金和资源投入创新实践活动中，从而推动创新实践活动的繁荣和发展。知识产权保护还能够提高创新实践活动的市场价值和社会影响力。通过合法和有效的知识产权保护机制，高校可以确保其创新成果得到充分的保护和利用，从而提高其市场价值和社会影响力。这不仅能够为高校带来更多的市场机会和收益，还能够提升高校的社会地位和影响力，从而推动创新实践活动的繁荣和发展。

（二）合约管理的重要性

在合约管理的过程中，高校与合作方可以通过清晰明确的合约和协议来界定和明确各方的权利和责任。这种明确性不仅有助于避免可能出现的纠纷和争议，还能够为合作关系提供坚实和稳定的基础。法律通过设定一系列关于合约管理的规定和指导，为高校和合作方提供了明确和有力的指导和支持，从而帮助他们建立和维护公平、公正和透明的合作关系。这样的合作关系可以为创新实践活动提供一个稳定和有利的发展环境，从而促进创新实践活动的顺利进行和成功实施。在这种环境中，各方可以更加自信和有保障地进行合作和交流，因为他们知道他们的权利和责任得到了明确和保障。这种安全和有保障的合作关系不仅可以促进创新实践活动的顺利进行，还可以提升其效率和效果，从而更好地推动创新实践活动的成功实施。

合约管理的重要性还体现在它可以帮助高校和合作方更好地协调和整合资源和力量。通过明确的合约和协议，高校和合作方可以更好地确定各自的职责和任务，从而更好地协调和整合他们的资源和力量。这不仅可以提升创新实践活动的效率和效果，还可以为创新实践活动提供更加全面和有力的支持和保障。

（三）促进公平和透明的合作关系

在高校法律规定下的创新实践活动流程中，实现公平和透明的合作关系不仅是一个目标，更是一种持续的责任和努力。合约管理作为这一过程的基石，是调和和平衡各方利益的关键工具。在这样的机制下，高校与合作方能够建立和维护公平、公正和透明的合作关系，从而为创新实践活动提供稳定和有利的基础。它可以显著降低纠纷和争议的可能性。当各方的权利和责任都被明确界定时，合作过程中的摩擦和不确定性便能得到大幅度的减少。这不仅确保了合作的顺利进行，也有助于构建一个更为和谐和有序的合作环境。公平和透明的合作关系也有助于增强合作方之间的信任和信心。在这样的关系中，各方都能够在一个公平和公正的环境中进行合作和交流，从而促进更多的合作和交流。这种信任和信心是非常珍贵的，它不仅可以增强合作的效果和效率，还可以为创新实践活动带来更多的机会和资源。公平和透明的合作关系还能够推动创新实践活动的繁荣和发展。在一个公平和透明的合作环境中，各方都更愿意分享和交流他们的知识和经验，从而促进创新实践活动的繁荣和发展。这样的环境不仅可以为创新实践活动提供更多的机会和资源，还可以帮助各方更好地实现他们的目标和愿景。

（四）提高创新实践活动的效率和成功率

知识产权保护是这一过程中不可或缺的环节，其目标是确保高校的创新成果得到全面而有效的保护，避免任何形式的侵犯或滥用。这不仅为创新实践活动提供了一个安全和有保障的环境，还激励了更多的人参与到这样的活动中，因为它保证了他们努力的成果将得到合法和应得的保护。这样的保护机制能够为创新实践活动的成果提供强有力的保障，避免其被非法侵犯或滥用，从而确保其能够得到合法和有效的保护。

合约管理通过明确的合约和协议为合作方和参与者提供了明确和有保障的合作框架。它有助于明确各方的权利和责任，避免可能产生的纠纷和争议，从而确保创新实践活动的顺利进行和成功实施。这样的管理机制不仅可以保证创新实践活动的顺利进行，还可以为其提供一个公平、公正和透明的合作关系，从而促进更多的合作和交流。

这两个环节相互补充，共同促进创新实践活动的繁荣和发展。知识产权保护为创新实践活动提供了安全和有保障的基础，而合约管理则为其提供了一个顺畅和有利的运行环境。通过这样的双重保障，可以大大提高创新实践活动的效率和成功率，确保其能够顺利进行和成功实施。

第三节 法律对创新实践活动的规范

一、项目实施和监管

（一）规范项目实施流程

在高校创新实践活动的举办过程中，法律的介入和规范作为一种必要和重要的机制，确保了项目从策划到实施、再到结题的每一个环节都能够按照明确、公正和透明的准则进行。为了确保项目的有序和有效实施，法律明确要求高校在策划阶段就清晰划分项目的各个关键阶段，包括但不限于项目立项、开发、实施和结题。这样的规定不仅有助于构建和维护一个结构明确、有目的性的项目实施框架，而且也促使项目组在每个阶段都严格遵循法律提供的指导原则和规范，确保整个项目流程的有序进行。

法律还强调了在项目实施流程中保持透明和公正的决策机制的重要性。这一要求确保了所有关键决策的公开和透明，让每一名参与者都能够在公平的基础上参与项目的各个环节。这不仅有助于防止潜在的利益冲突或不公平竞争，也有助于构建一个基于公平和公正原则的健康竞争环境。更重要的是，这样的机制可以促进各方的积极参与，共同推动项目的成功实施。

（二）实施严格的监管

在高校创新实践活动中，法律规定的项目监管环节是确保项目顺利进行和达到预期目标的关键因素。首先，从监管机制的构建来看，法律强调高校必须构建一套有效和响应灵敏的监管体系来实时监控项目的进展。这个体系应该包含一系列的监管措施，如定期的项目进度报告和中期及终期的项目评估，以确保项目能够按照预定的目标和质量标准顺利进行。这种监管机制不仅有助于及时发现和纠正项目实施过程中的问题和偏差，还能确保项目的最终成果能够达到预期的质量标准和目标。

其次，法律还明确规定了高校在实施创新实践活动时，必须制定和实施明确的纠纷解决和风险管理方案。这样的规定是为了确保在项目实施过程中能够及时和有效地解决可能出现的各种纠纷和争议，避免项目因此受阻或失败。这也显示了法律对于风险管理的重视，强调了高校应通过合理的风险管理方案来预防和降低项目失败的可能性，从而保证项目的顺利实施和成功完成。

二、知识产权和合同法律保护

（一）知识产权保护

在高校创新实践活动中，知识产权保护显得尤为关键，它不仅构成了对创新成果的保障，还能够进一步激励更多的人参与到这类活动中来。法律在这一环节提供了明确和有力的支持，确保了活动中产生的各类知识产权得到适当的保护和认可。

法律明确了对创新实践活动产生的各种知识产权的保护范围和方式。这包括对版权的保护，确保原创作品的创作者能够享有对其作品的独家使用和授权权，从而避免他人未经许可的使用和复制；还包括对专利权的保护，这样可以保障创新者对其技术创新和发明的独家使用权，防止他人未经许可的使用和侵权。法律还明确了对商标权的保护。这意味着创新实践活动中产生的商标和标识可以得到法律的保护，防止他人未经许可的使用和侵犯，从而保障了商标的独特性和识别度。

通过这样有力的法律保护机制，可以进一步激励更多的人参与到创新实践活动中来。因为他们知道，他们的努力和创新将得到法律的保护和认可，这将极大地提高他们的积极性和创新动力。

（二）合同法律保护

法律对合同的订立、履行和解除进行了详尽的规定。在合同的订立阶段，法律明确了合同当事人的资格、合同内容的明确和合法性，以及合同的形式和效力等要求。这些规定确保了合同的法律效力，使其成为各方权益的有力保障。在合同的履行阶段，法律对合同当事人的权利和义务进行了明确规定，特别是对违约责任进行了详细的描述，为合同的正常履行提供了有力的法律支持。在合同的解除阶段，法律对合同解除的条件、程序和效果进行了明确规定，以确保合同的终止能够按照法律的要求进行，避免产生不必要的纠纷和争议。

对于可能出现的合同纠纷，法律也提供了完善的解决机制。这包括行政解决、司法诉讼和仲裁等多种方式。这些机制旨在为合同当事人提供一个公正、公开和有效的纠纷解决途径，确保他们的合法权益得到妥善保护。

第四节　法律对保障创新实践公平性的作用

一、平等参与的保障

（一）建立多元化和包容的学术环境

建立多元化和包容的学术环境，能够有效地消除可能存在的歧视和偏见，确保每个人都有机会展示其才华和能力。这不仅为学术界铺就了一条多元化和包容的发展道路，更有助于激发和培养具有多元视角和创新思维的人才。在这样的环境中，学者们能够从多元的视角出发，进行更为深刻和全面的研究和探索，从而推动学术界的健康和持续发展。这种多元化和包容的学术环境也为学术研究和创新实践活动提供了一个丰富和多元的知识库。在这样的环境中，学者们可以自由地交流和分享他们的知识和经验，从而促进知识的交叉和整合，创造出更为丰富和多元的学术成果。这样的环境还有助于提升学术研究和创新实践活动的质量和水平。当所有人都有平等的机会参与到创新实践活动中时，这将促使学者们更加努力和奋发，进而展示他们的才华和能力。这不仅可以提升学术研究和创新实践活动的质量和水平，还可以为社会和国家的进步和发展做出更大的贡献。

（二）促进交叉学科的合作和交流

在高校的创新实践活动中，作为一种有力的支撑和保障机制，法律显著地推动了交叉学科的合作和交流。通过确保一个平等和多元化的学术环境，法律为不同学科和领域的学者和专家提供了一个自由和开放的交流和合作平台，进而促进了创新实践活动的全面发展。这个平等和多元化的环境有力地催化了各学科之间的对话和协同，激发了更为深刻和广泛的学术探索。不同学科和领域的学者和专家在这样的环境中能够自由地交流和合作，共同推动创新实践活动的全面发展。这种交叉学科的合作和交流不仅可以带来更多的创新和突破，还能够推动学术界和社会的整体进步和发展。

当各领域的专家和学者得以在一个公平和多元化的环境中聚合，这便为创新和突破奠定了坚实的基础。交叉学科的合作和交流促使各方能够汇集各自的知识和专长，共同探讨和解决一系列复杂和多元的问题。这样的合作不仅有助于产生更多的创新和突破，还能够为学术界和社会带来更为全面和深远的影响。这种交叉学科的合作和交流还有助于形成一种多元化和包容的学术氛围。在这样的氛围中，学者们可以更加自由和开放地交流和合作，从而推动学术界的健康和持续发展。这不仅可以为社会和国家的进步和发展做出更大的贡献，还可以为全人类的福祉和进步做出贡献。

（三）保护所有利益相关者的权益

法律通过明确的规定和保障机制，确保所有参与者在参与创新实践活动时都能享有公平和公正的待遇，从而避免了权力滥用和不公平待遇的现象。这种保障机制是创新实践活动能够顺利进行和成功实施的基石。它确保了每个参与者的权益得到全面和有效的保护，从而为创新实践活动提供了一个稳定和有保障的环境。在这样的环境中，所有的利益相关者都能够在一个公平和公正的基础上进行合作和交流，从而推动活动的顺利进行和成功实施。法律的这种保障作用不仅有助于保护个体的权益，还有助于维护整个学术界和社会的稳定和和谐。通过确保每个人都能够在一个公平和公正的环境中参与创新实践活动，法律有助于构建一个更为和谐和稳定的社会环境。在这样的环境中，每个人都能够充分展示其才华和能力，从而为社会和国家的进步和发展做出更大的贡献。法律的保障还可以提高创新实践活动的效率和成功率。当所有的利益相关者都能够在一个公平和公正的环境中进行合作和交流时，将有助于提高活动的效率和成功率。因为在这样的环境中，所有的参与者都能够得到公平和公正的待遇，从而更加积极和热情地参与到活动中来。

（四）促进活动的公平和公正

法律的明确规定和保障有助于构筑一个公平和公正的环境，其中各方的权利和责任得到了均衡的处理。在这样一个环境中，活动的参与者可以在公平和公正的基础上进行合作和交流，从而避免可能出现的争议和纠纷。这样的环境不仅可以保护每个参与者的权益，还可以提升活动的公信力和影响力。

通过法律的保障，活动得以在一个健康和有序的环境中进行，从而推动创新实践活动的繁荣和发展。这样的环境可以吸引更多的参与者加入，因为它能够保证他们的权益得到保护，同时能够确保他们能够在一个公平和公正的环境中展示他们的才华和能力。法律的保障还可以增强活动的公信力和影响力。当活动能够在一个公平和公正的环境中进行时，它将能够获得更多的公众信任和支持，从而增强其公信力和影响力。这不仅可以为活动带来更多的资源和支持，还可以为活动的繁荣和发展提供更为有利的条件。

二、公平竞争的维护

（一）防止不正当竞争和学术不端行为

在高校环境中，学术不端行为和不正当竞争往往表现为剽窃、篡改数据、虚假报告等形式，这些行为不仅损害了学术的公正性和真实性，还会严重阻碍创新实践的健康发展。法律在这里发挥了一个非常重要的作用，它通过明确的规定和处罚机制，为高校创新实践提供了一个清晰的道德和行为准则，使得每一个参与者都能够明确知道什么是可以接受的行为，什么是不可以接受的行为。公平竞争是创新的土壤，它能够激发学者的积极性和创造力，推动学术研究和创新实践不断向前发展。法律通过对不正当竞争和学术不端行为的规制，保障了学术环境的公平性和公正性，使得每一个学者都能够在公平的环境中展示自己的才华和能力，而不是通过不正当的手段来获得优势。这样，法律不仅保护了学者的权益，也保护了学术的真实性和公正性，为高校的创新能力培养提供了一个健康和有序的环境。

法律通过对学术不端行为的处罚来警示和教育学者。这种警示和教育不仅能够净化学术环境，还能够提升学者的道德水准和责任感，使得他们在进行学术研究和创新实践时能够更加自觉地遵守学术规范和道德准则，从而推动高校的创新能力培养健康、有序和高效地进行。

（二）保障学术的公正性和纯洁性

在高校的学术领域，法律的介入和执行成了维护学术公正性和纯洁性的坚实屏障。在这个屏障的保护下，学术研究和创新实践得以在一个公正和有序的环境中进行，避免了因不正当竞争和学术不端行为而引发的学术纷争和质量下降。法律通过明确界定各种形式的学术不端行为，包括但不限于剽窃、篡改数据和虚假报告，为学术界划定了一条清晰的道德底线，使学者们能够在遵循公正和诚实原则的基础上进行学术研究和创新实践。在法律框架下学术的公正性和纯洁性得到了有力的保障。学者们可以在一个公平的竞争环境中展示自己的才华和能力，而不是通过不正当的手段来获得优势。这样的环境不仅能够激发学者的积极性和创造力，还能够推动学术研究和创新实践不断向前发展。法律通过对不正当竞争和学术不端行为的规制，确保了每一个学者都能够在一个公平的环境中展示自己的才华和能力，而不是通过不正当的手段来获得优势。这样，法律不仅保护了学者的权益，也保护了学术的真实性和公正性，为高校的创新能力培养提供了一个健康和有序的环境。

法律通过设立一系列的监管机制和惩罚措施，对学术不端行为进行有效的遏制和打击。这种监管不仅能够净化学术环境，还能够提升学者的道德水准和责任感。在法律的约束和教育下，学者们会更加自觉地遵守学术规范和道德准则，从而推动高校的创新能力培养健康、有序和高效地进行。这样的法律环境不仅可以保障学术的公正性和纯洁性，还可以提高学术研究和创新实践活动的质量和水平，使学术研究和创新实践成为一种高尚和有价值的追求，而不是一种被不正当竞争和学术不端行为所污染和侵蚀的领域。

（三）公平分配和使用资源

在高校的创新实践中，法律能够确保资源如资金、设备和人员得到公平和合理的分配和使用。这种公平分配和使用资源的机制是推动高校创新实践健康和持续发展的基石。法律通过设定一系列的规定和标准，确保每个参与者都能在一个公平和有序的环境中进行创新实践。法律通过明确的规定和监管机制，确保资源分配的公平性和合理性，防止资源的滥用和浪费。这不仅可以提高创新实践活动的质量和水平，还可以促进活动的健康和持续发展。在这样的环境中，每个参与者都能够在一个公平和有序的环境中进行创新实践，展示自己的才华和能力，而不是通过不正当的手段来获得优势。这样的环境可以激发学者的积极性和创造力，推动学术研究和创新实践不断向前发展。法律通过设立一系列的监管机制和惩罚措施，对资源滥用和浪费进行有效的遏制和打击。这种监管不仅能够净化学术环境，还能够提升学者的道德水准和责任感。在法律的约束和教育下，学者们会更加自觉地遵守学术规范和道德准则，从而推动高校的创新能力培养健康、有序和高效地进行。

（四）促进创新实践活动的健康和持续发展

法律的存在和实施，确保了公平竞争的维护，为创新实践活动的健康和持续发展提供了有力的保障。在这样的环境中，学者们可以在一个公平和有序的环境中进行创新实践，展示自己的才华和能力，而不是通过不正当的手段来获得优势。这样的环境可以激发学者的积极性和创造力，推动学术研究和创新实践不断向前发展。法律通过对不正当竞争和学术不端行为的规制，确保了每一个学者都能够在一个公平的环境中展示自己的才华和能力，而不是通过不正当的手段来获得优势。这样，法律不仅保护了学者的权益，也保护了学术的真实性和公正性，为高校的创新能力培养提供了一个健康和有序的环境。通过设立一系列的监管机制和惩罚措施，对资源滥用和浪费进行有效的遏制和打击。

第五节　法律对创新实践活动的监督与管理

一、项目合规性监督

（一）确保项目立项的合法性和合规性

在高校的创新实践活动中，法律扮演着至关重要的角色，特别是在确保项目立项的合法性和合规性方面。通过设立一系列明确和具体的规定和机制，法律能够对高校创新实践活动项目的立项过程进行全面和细致的监督和管理。这种监督不仅涉及项目的目标明确性和合理性，还包括资金使用的透明度和合理性，以及对参与人员资质和责任的审查。这样的监督机制可以有效地防止非法和不合规的项目出现，确保每一个项目都是在合法和合规的基础上进行的。这不仅可以保障项目的顺利进行和成功完成，还可以避免因非法和不合规的项目而产生的法律风险和责任，从而维护高校的声誉和公信力。通过这样的法律保障，可以确保高校的创新实践活动能够在一个健康和有序的环境中进行，进而推动学术研究和创新实践的健康和持续发展。法律通过对项目立项过程的监督和管理，可以确保项目的目标明确、合理，资金使用透明、合规，参与人员资质合格、责任明确，从而提高项目的成功率和效果，推动高校创新实践活动的健康和持续发展。这样的法律保障不仅可以保障项目的顺利进行和成功完成，还可以推动学术界和社会的进步和发展。

（二）监督项目实施阶段的合规性

在项目实施阶段，法律的介入和执行显得尤为关键。通过设立一系列周密而有力的监管机制，法律能够全面监督项目的实施过程，确保每一步都符合既定的目标和计划。这样的监管机制涵盖多个方面，包括但不限于定期的项目审查、进度报告和成果评估等环节，形成了一个多层次、多方位的监管网络。这样的监管机制不仅可以确保项目能够沿着正确的方向稳步前行，避免因项目实施不当而产生的损失和风险，还可以及时发现和纠正项目中可能出现的问题和偏差，从而保证项目的质量和效果。这也有助于建立和维护一个公平、公正和透明的项目实施环境，使得所有的参与者都能在一个健康和有序的环境中进行创新实践。通过定期的项目审查和进度报告，可以及时了解项目的实施情况和进度，从而做出合理和及时的调整和优化。同时，通过成果评估可以确保项目的成果能够达到预期的目标和效果，避免项目偏离正确的方向或产生不良后果。这样的法律监管不仅可以保障项目的顺利进行和成功完成，还可以推动学术界和社会的进步和发展，实现项目实施阶段的合规性和高效性。

（三）保障参与者的权益

在高校创新实践活动中，法律不仅仅是一个监督和管理的工具，它还承担着保障每一位参与者合法权益的重要职责。这种保障涉及多个方面，其中最为重要的便是确保参与者的知识产权得到充分的保护。在这个过程中，法律通过设立一系列详尽而周到的规定和机制，为参与者提供了一个安全和公正的环境，使他们可以在一个公平和有序的环境中进行创新实践。这样的法律保障不仅可以避免因项目实施而产生的权益侵犯和纠纷，还可以及时解决可能出现的问题和冲突，从而保证项目的顺利进行和成功完成。法律还会通过设立相应的规定和机制来保障参与者的合法权益，避免因项目实施而产生的权益损害和纠纷。这样的法律保障可以有效地减少项目实施过程中的风险和不确定性，为参与者提供了一个稳定和可靠的保障。法律通过设立相应的规定和机制来解决这些问题和困难，从而保障参与者的权益。

（四）促进项目的顺利完成和成功实施

在高校创新实践活动中，法律的作用不可忽视，它通过一系列的监管措施和机制，确保项目的合规性和合法性，从而为项目的顺利完成和成功实施提供坚实的基础。这种法律监管不仅涉及项目的初期立项阶段，更贯穿于项目的整个实施过程，确保每一个环节都能够符合法律的规定和要求，从而避免项目在实施过程中出现的法律风险和责任。这样的监督和管理机制能够大大减少项目实施过程中的不确定因素和风险，使项目能够在一个稳定和有序的环境中进行。这不仅可以确保项目的顺利完成和成功实施，还可以保证项目能够实现其预定的目标和效果，从而推动高校创新实践活动的健康发展和持续进步。法律还通过设立相应的规定和机制为项目提供了清晰的方向，使项目能够在一个明确和有序的框架内进行。

二、知识产权的管理与保护

（一）强化知识产权的申请和注册监管

在高校创新实践活动中，在强化知识产权的申请和注册监管方面，法律通过明确和具体的规定和程序确保了对知识产权的有效管理和保护。知识产权的申请和注册过程得到了严格的监管，进而可以确保每一项创新成果都能得到合理和充分的保护。这种保护不仅可以避免知识产权的侵犯和滥用，还可以激发更多的人投身于创新实践活动中，展示他们的才华和创造力。通过明确的规定和程序，法律确保了知识产权的申请和注册过程的公正和透明，避免了不正当竞争和知识产权侵犯的发生。这样的环境不仅可以保护创新者的权益，还可以推动社会的进步和发展。强化知识产权的申请和注册监管还可以促进高校创新实践活动的健康和持续发展。通过确保知识产权的有效管理和保护，可以激发更多的人参与到创新实践活动中来，推动学术研究和创新实践的不断进步和发展。这样的法律保障不仅可以保护创新者的权益，还可以推动社会的进步和发展，实现知识产权的有效管理和保护。

（二）知识产权侵权纠纷的解决机制

在高校创新实践活动中，知识产权的管理与保护是一个不可忽视的重要环节。法律在这方面设立了一系列具有针对性和实效性的规定和机制，以便于解决知识产权侵权纠纷，其中包括行政保护、司法保护和仲裁等多元化的解决方式。这些机制不仅可以为权利人提供及时和有效的保护，还可以避免更多的纠纷和冲突。行政保护手段通常涉及相关政府部门的介入和调解，它可以提供一个相对快速和高效的解决方式。而司法保护则是通过法律程序来解决纠纷，确保权利人的合法权益得到充分的保障。仲裁则提供了一个相对独立和专业的解决平台，可以避免长时间的法律程序和高昂的费用。这样的解决机制不仅可以有效地解决知识产权的侵权纠纷，还可以维护一个公平和有序的创新实践环境。这种环境可以激励更多的人参与到创新实践活动中来，推动学术研究和创新实践的健康和持续发展。

通过明确的规定和机制，可以避免知识产权的侵权纠纷升级为更严重的法律争端和冲突，从而保障高校创新实践活动的稳定和持续发展。

（三）促进高校与企业间的知识产权合作

在现代社会，知识产权已成为推动经济和社会发展的重要力量。法律在这一领域中扮演着关键角色，特别是在促进高校与企业间的知识产权合作方面。通过设立一系列细致而周全的规定和机制，法律能够为高校与企业间的知识产权合作提供有力的支持和保障。

合作模式包括知识产权的转让、许可和共享等多种形式，可以极大地促进知识产权的有效利用和商业化。知识产权的转让可以使企业得以利用高校的研究成果来推动其产品或服务的创新和升级。而知识产权的许可和共享则可以建立一个双赢的合作模式，使得高校和企业能够共同分享知识产权的经济利益。高校可以通过与企业的合作来获取更多的研究资金和实践机会，从而推动其创新实践活动的发展和进步。企业也可以通过与高校的合作来获取更多的技术支持和人才资源，从而提高其产品和服务的技术水平和市场竞争力。

（四）培养和提升高校知识产权意识

在高校创新实践活动中，培养和提升知识产权意识是一个至关重要的环节。法律在这方面具有显著的作用，可以通过设立一系列的教育和培训项目来实现这一目标。这样的项目不仅包括知识产权的基本教育和培训，还涵盖知识产权的宣传和推广等多方面的工作。通过这样的教育和培训，可以有效地提升高校的知识产权意识和能力，使其能够更好地认识到知识产权的重要性和价值。可以通过课程教学和实践活动来培养学生的知识产权意识和能力。还可以通过举办各种与知识产权相关的讲座和研讨会来提升高校师生的知识产权意识。通过与企业的合作来实现知识产权的实际应用和商业化，从而使高校师生能够更好地理解和掌握知识产权的实际价值和意义。

第五章　法治视角下的创新能力评估与指导

第一节　法治视角下的创新能力评估概述

一、法律框架与创新能力评估

（一）法律框架的构建与高校创新能力的定位

在法治视角下探讨高校创新能力的评估显得尤为重要。首要任务是明确高校在现有法律框架中的具体定位。这一框架不仅为高校创新能力的培养提供了基本的规范和指导，更是明确了高校在国家创新体系中的角色和职责。通过深入研究和解析相关的法律政策和法律规定，可以更为准确地理解和把握高校创新能力的定位和方向。

在法治社会中，法律框架构建起一套完整而有序的体系，为高校的创新能力培养奠定了坚实的基础。它不仅为高校的创新实践提供了清晰的指南，而且确立了高校在国家整体创新体系中的重要地位和职责。通过对相关法律政策和规定的深入研究和解析，能够更好地揭示和理解高校创新能力的内涵和方向，从而为高校的创新发展提供有力的法律保障和支持。在这样的法律框架下，高校能够更有目的性和效率地推动创新能力的培养和提升，为国家的科技进步和社会发展做出更为有力的贡献。

（二）法律规定与创新能力评估的标准化

法律规定在高校创新能力评估中扮演着至关重要的角色，它是确保评估过程标准化和系统化的基石。透过这样的规定，可以为高校创新能力评估制定清晰而明确的基本标准和要求，从而保证评估的公正性和客观性。这不仅有助于形成一个公平竞争的环境，还能够确保各高校在追求创新的道路上能够得到公正的评价和认可。此外，法律规定还能够为高校创新能力的培养和发展提供坚实的法律保障和支持，从而促使高校创新能力得到健康和可持续的发展。

在这一背景下，法律规定不仅构建了一个公正、客观的评估体系，更是为高校创新能力的培养和发展提供了有力的法律支柱。这样的规定有助于激发高校的创新潜力，推动其在科研、教学和社会服务等方面实现更高层次的创新。通过明确的法律规定和标准，可以引导高校在追求创新的同时注重其可持续性和健康性，确保高校创新能力的长期稳定发展。这样的法律框架不仅有助于保护和激励高校的创新实践，更是为国家的长远发展提供了有力的智力支持和保障。

（三）法律政策对高校创新能力培养的指导和影响

法律政策在高校创新能力培养中占据着核心的地位，它不仅可以明确高校创新能力培养的方向和目标，更是为其提供了有力的政策指导和支持。这种指导和支持是多方面的，包括但不限于资金投入、人才培养和科研项目的支持。法律政策还能够促进高校与社会、企业等多方的合作和交流，从而推动高校创新能力的整体提升和发展。这种合作和交流不仅可以拓宽高校的视野，还能够为高校提供更多的资源和机会，从而推动其创新能力的快速提升。

在这一过程中，法律政策起到了桥梁和纽带的作用，它可以帮助高校更好地与外界进行交流和合作，从而实现创新能力的快速提升和发展。这种政策指导不仅可以帮助高校明确创新能力培养的方向和目标，还可以为其提供有力的支持和保障。通过这样的政策指导和支持，高校可以更好地发挥其在社会和经济发展中的重要作用，从而为国家的长远发展做出更为有力的贡献。在这样的法律政策指导下，高校可以更好地实现其创新能力的培养和提升。

（四）法律框架下的高校创新能力评估与社会经济发展的结合

在法治视角下，高校创新能力评估显然不是一个孤立的过程，而是与社会经济发展紧密相连的一环。法律框架赋予了这一评估过程与社会经济发展相结合的可能性和空间，使得高校能够更加有力地服务于社会经济的进步和发展。这种结合不仅体现在高校创新项目的方向和内容上，更是在于如何将高校的创新能力与社会经济发展的实际需求和目标紧密结合，从而实现高校创新能力的社会服务和价值实现。

通过法律框架，可以更为明确和具体地将高校的创新能力与社会经济发展的需求和目标相结合。这样的结合可以促使高校在创新过程中更加注重社会需求和经济目标，从而使其创新能力更好地服务于社会和经济的发展。这不仅可以帮助高校更好地定位其创新方向和目标，还可以为社会经济的发展提供更为有力的支持和保障。在这样的法律框架下，高校的创新能力评估将不再是一个孤立的过程，而是成为推动社会经济发展的重要力量，实现了高校创新能力的社会服务和价值的最大化实现。

二、法治视角下的评估标准与方法

（一）制定合理的法律依据和评估指标

在法治视角下进行高校创新能力的评估，必须依赖明确和合理的法律依据及评估指标。这些依据和指标应当能够准确反映高校创新的实际情况，同时应与国家的法律法规和政策目标保持一致。这种方法不仅可以确保高校创新能力评估的公正性和客观性，还能够引导高校在创新实践中遵循法律规定，确保创新行为的合法性。法律依据和评估指标的制定应当是一个综合性和多元化的过程，涉及多方面的因素和条件。这些依据和指标应当能够全面地反映高校创新的多方面和多层次，同时应当与国家的法律法规和政策目标保持一致。这样可以确保高校创新能力评估的公正性和客观性，也能够引导高校在创新实践中遵循法律规定，确保创新行为的合法性。

（二）建立健全的法律保障机制

法律法规的制定是法律保障机制的基石。这需要综合考虑多方面的因素，包括高校的实际情况、社会的需求和国家的战略目标等。通过制定一系列具有前瞻性和实效性的法律法规，可以为高校创新能力的培养和评估提供明确的指导和保障。这样的法律法规不仅可以保障高校的合法权益，还可以为高校提供一个公平和有序的环境，使其能够更好地开展创新实践活动。明确高校在创新能力培养和评估中的权利和责任也是法律保障机制的重要组成部分。这需要明确高校在创新能力培养和评估中的各项权利和责任，包括知识产权的保护和利用、项目的立项和实施、资金的申请和使用等。通过明确高校的权利和责任，可以为高校提供一个清晰和有序的法律环境，使其能够更好地开展创新实践活动。法律监管和纠纷解决机制的建立则是法律保障机制的另一个重要环节。这包括建立一套有效的法律监管机制，以及一套公正和高效的纠纷解决机制。通过这样的机制，可以有效地解决高校创新实践活动中可能出现的各种法律问题和纠纷，从而保障高校创新能力的健康和可持续发展。

（三）促进多元化的评估方法与法律规范相结合

在现代社会，高校作为知识创新和人才培养的重要基地，对其创新能力的评估显得尤为重要。法治视角下的高校创新能力评估强调应采用多元化的评估方法，并与法律规范紧密结合。这种评估方式不仅仅局限于创新成果的数量和质量的考量，更加强调创新过程中的法律合规性和伦理道德要求的遵循。这样的评估方法可以更全面和准确地反映高校的创新能力，同时能够促使高校在创新实践中更好地遵循法律规定和伦理道德要求。

多元化的评估方法意味着在评估高校的创新能力时，应该从多个维度和角度来进行考量。这包括但不限于创新成果的数量和质量、创新过程的合规性和道德性，以及创新实践的社会影响和价值等。这样的评估方法可以更全面地揭示高校的创新能力，同时可以避免因单一评估维度而产生的偏差和误差。例如，通过考虑创新过程的合规性和道德性，可以避免高校在追求创新成果的过程中忽视法律规定和伦理道德要求，从而避免产生不良的社会影响和后果。与法律规范相结合也是高校创新能力评估的重要方向。这意味着在评估过程中，应该充分考虑法律规定和要求，确保高校的创新实践活动是在法律允许和规范的范围内进行的。这不仅可以保障高校的合法权益，还可以避免因违法行为而产生的法律风险和责任。例如，通过考虑创新实践活动中的知识产权保护和合规性，可以避免产生知识产权侵权和纠纷，从而保障高校的合法权益和社会声誉。

（四）强化法律教育在创新能力评估中的作用

在高校创新能力评估的多元化体系中，法律教育显得尤为关键。它不仅仅是一个培养学生法律意识和法律素养的过程，更是一个确保创新行为合法性和正当性的重要手段。法律教育的强化可以从多方面来展开，包括但不限于加强对学生的法律教育，以及在创新能力评估中加入法律合规性和法律责任的考核内容。

加强对学生的法律教育是一个基本而又核心的环节。这可以通过多种方式来实现，例如开设相关的法律课程，组织法律讲座和研讨会，以及开展法律实践活动，等等。这样的教育可以帮助学生建立正确的法律观念，增强其法律意识和法律素养。这不仅可以使学生在创新实践中更好地遵循法律规定，还可以避免因法律意识淡薄而产生的法律风险和责任。例如，通过法律教育，学生可以更好地理解和掌握知识产权的相关知识，从而避免在创新实践中产生知识产权侵权的行为。

另外，在创新能力评估中加入法律合规性和法律责任的考核内容也是一个重要的方向。这可以通过多种方式来实现，例如在创新能力评估中加入相关的法律课题和案例分析，以及在创新实践活动中加入法律合规性和法律责任的考核内容。这样的考核可以促使学生在创新实践中更加注重法律规定和要求，从而确保创新行为的合法性和正当性。例如，通过对创新项目的法律合规性和法律责任的考核，可以促使学生在创新实践中更加注重知识产权的保护和利用，从而避免产生知识产权侵权和纠纷。

第二节　法律对创新能力评估的影响和导向

一、法律导向的创新价值观

（一）塑造合法合规的创新文化

在高校环境中，法律导向的创新价值观是塑造合法合规创新文化的基石。这种文化不仅为高校提供了明确的行为准则，更是一个能够引导高校在创新实践中遵循法律规定和伦理道德要求的重要工具。通过这样的导向，可以确保高校创新活动的合法性和正当性，同时能够培养学生的法律意识和责任意识。

法律导向的创新价值观强调在创新实践中，法律规定和伦理道德要求应当是高校和学生行为的基本准则。这样的价值观可以通过多种方式来实现和弘扬，包括但不限于课程教学、实践活动和学术研讨等。通过这样的方式，可以使学生更好地理解和掌握法律知识，从而在创新实践中更好地遵循法律规定和伦理道德要求。法律导向的创新价值观还强调法律意识和责任意识的培养。这意味着在创新实践中，学生不仅需要遵循法律规定和伦理道德要求，还需要树立正确的法律意识和责任意识。这样的意识可以使学生在创新实践中更加注重法律规定和要求，从而避免产生不良的社会影响和后果。例如，通过法律教育，可以使学生更好地理解和掌握知识产权的相关知识，从而避免在创新实践中产生知识产权侵权的行为。

（二）促进高校创新活动的可持续发展

在现代社会，高校作为知识的殿堂和创新的摇篮，承担着培养学生法律意识和推动社会进步的重任。法律导向的创新价值观在这方面起到了至关重要的作用，它强调了创新活动的可持续性，引导高校和学生在进行创新活动时，严格遵循法律规定和政策导向，确保创新活动的健康和可持续发展。例如，高校可以通过多种方式来促进创新活动的可持续发展。法律教育和法律指导是两个重要的方面。通过法律教育，高校可以培养学生的法律意识和责任意识，使其在创新实践中更加注重法律规定和政策要求。这不仅可以避免产生不良的社会影响和后果，还可以促进创新活动的健康和可持续发展。通过法律指导，高校可以为学生提供具体的法律咨询和指导服务，使其在创新实践中更好地遵循法律规定和政策要求。

高校还可以通过引导学生在创新实践中遵循环保、资源节约等法律和政策要求，来促进创新活动的绿色发展和可持续发展。这样的做法不仅可以保护环境和资源，还可以培养学生的绿色发展意识和责任意识。例如，高校可以通过开展相关的课程和活动，来培养学生的环保意识和资源节约意识。同时，高校可以通过与企业和社会组织的合作，来推动创新活动的绿色发展和可持续发展。

（三）引导高校创新活动的方向和目标

在高校创新活动中，法律导向的创新价值观扮演着指路明灯的角色，为高校创新活动提供了明确的方向和目标。通过遵循法律规定和政策导向，高校能够明确创新活动的重点和方向，使其与国家的发展目标和社会需求相契合。这种契合性不仅确保了创新活动的目的性和针对性，而且能够更好地服务于社会和经济的发展。

法律导向的创新价值观强调了高校创新活动应与国家的宏观发展目标和社会需求相结合。这样的结合可以通过多种方式来实现，包括但不限于开展与国家发展战略相契合的研究项目，培养符合社会需求的人才，以及推动与社会和经济发展相协调的技术创新，等等。这样的创新活动不仅可以推动社会和经济的发展，还可以提升高校的创新能力和社会服务能力。法律导向的创新价值观还强调了高校创新活动应具有明确的方向和目标。这样的方向和目标可以通过多种方式来实现，包括但不限于制定与国家发展目标和社会需求相契合的创新计划，开展与社会和经济发展相协调的研究项目，以及培养符合社会需求的人才，等等。这样的方向和目标不仅可以使高校创新活动更加有目的性和针对性，还可以使高校创新活动更好地服务于社会和经济的发展。

（四）保障高校创新成果的合法权益

在高校创新活动的多元化进程中，法律导向的创新价值观起到了关键性的作用，尤其是在保障高校创新成果的合法权益方面。高校在进行创新活动时，有责任和义务依法保护创新成果的知识产权和其他合法权益。这样的保护不仅可以为高校和学生提供一个安全、公正的创新环境，还可以激励他们投身于更多的创新活动中，从而推动社会的进步和发展。在这个过程中，法律保障成了一个不可或缺的环节。通过法律保障可以更好地保护高校的创新成果，避免其被侵权和滥用。这样的保障不仅可以维护创新者的合法权益，还可以促进创新成果的转化和应用，从而为社会和经济的发展做出贡献。例如，高校可以通过与企业和社会组织的合作，来推动创新成果的商业化和产业化，从而实现创新成果的价值最大化。法律还可以通过设立相应的法律制度和机制，来保障高校创新成果的合法权益。这包括但不限于知识产权的保护、创新成果的奖励和激励机制，以及创新成果的转化和应用等。这样的法律制度和机制可以为高校提供一个有力的法律保障，从而使其能够更好地开展创新活动，实现创新成果的价值最大化。

二、法律环境与创新能力的互动

（一）法律环境的稳定性与创新能力的培养

在高校环境中，法律环境的稳定性显得尤为关键，它构成了创新能力培养的基石。一个清晰和稳定的法律环境可以为高校提供一个有序和可预见的创新空间。这样的环境有助于高校在规划和实施创新项目时减少不确定性和风险，从而更加有利于集中资源和精力在创新研究和实践上，推动科研和技术创新的深度和广度。在这样的法律环境下，高校可以更好地梳理和规划创新项目的路径和方向，使得每一个创新步骤都能在法律的指引下进行，避免走入可能的法律陷阱或冲突。这不仅能够保障创新项目的顺利进行，还能够为学生和教职员工提供一个安全、公正的学术研究和创新实践平台。此外，法律环境的稳定性还能够吸引更多的企业和社会力量参与到高校的创新项目中来，形成多方合作和共赢的局面。稳定的法律环境也是保障高校知识产权和学术成果的重要因素。通过明确的法律规定和保护措施，可以确保高校的知识产权和学术成果不被侵犯或滥用，从而激励更多的人投身于创新研究和实践中。这样的法律保障不仅可以提升高校的创新活动的质量和水平，还可以为社会和经济的发展提供有力的支持和保障。通过法律环境的稳定性，可以更好地推动高校创新能力的培养和发展，为社会和国家的进步做出更大的贡献。

（二）法律保护与知识产权的激励机制

法律对知识产权的保护无疑构成了高校创新活动的重要激励机制。这种保护确保了创新成果的独占性和利益保障，从而激励学者和研究人员更加积极地参与创新活动。在这样的保障下，学者和研究人员可以放心地投身于各种创新实践，这种法律保护不仅可以促进知识的传播和交流，还可以推动高校创新活动的健康和持续发展。它为学者和研究人员提供了一个安全和有保障的环境，使得他们可以更加专注于创新研究和实践，而不是担心自己的成果被侵犯或滥用。这样的环境可以吸引更多的人才和资源投入创新活动中来，从而推动高校创新活动的质量和水平不断提升。法律对知识产权的保护还可以促进高校与企业和社会的合作和交流。通过明确的知识产权保护规定，可以更好地保障合作双方的利益和权益，从而促进更多的企业和社会力量参与到高校的创新活动中来。这样的合作可以为高校提供更多的资源和机会，同时可以为社会和经济的发展提供更多的支持和保障。通过法律保护和知识产权的激励机制，可以更好地推动高校创新活动的发展和进步，为社会和国家的进步做出更大的贡献。

（三）法律规制与创新活动的约束

虽然法律规制在一定程度上可以保障社会的稳定和公平，但它也可能对高校的创新活动产生一定的约束。这些约束可能限制了高校在某些领域的研究和创新，或者增加了创新活动的成本和复杂性。因此，高校需要在遵守法律规定的同时，寻找合适的方式和方法来促进和保障创新活动的进行。高校需展现出更高的灵活性和创造性，以在法律规制的框架内找到最有利于创新和发展的路径。这可能涉及与相关政府部门和机构的沟通和协调，以争取更多的支持和资源。同时，高校可以通过加强内部管理和监督来减少法律规制带来的负面影响和约束。高校还可以通过加强与社会和企业的合作，来共同探索和发展更加有利于创新和发展的法律环境和机制。这样的合作可以为高校提供更多的资源和机会，同时可以为社会和经济的发展提供更多的支持和保障。通过这样的方式，高校可以在法律规制的约束下，找到最有利于创新和发展的路径和方法，从而更好地推动创新活动的进行和发展。

（四）法律教育与创新文化的培养

法律教育在高校中占有重要的位置，它不仅可以培养学生的法律意识和责任感，还可以促进创新文化的形成和发展。通过法律教育，学生可以更好地理解和把握创新活动中的法律风险和责任，从而在创新实践中更加注重合法性和合规性。这对于培养有责任感和有道德底线的创新人才是非常重要的。法律教育可以作为一种工具和资源，帮助学生建立正确的价值观和世界观。它可以教育学生如何在创新实践中遵循法律和道德规范，避免走向极端和偏离正确的方向。此外，法律教育还可以帮助学生建立一种积极和健康的创新文化，鼓励他们在创新实践中追求卓越和完善，而不是仅仅追求利益和名誉。通过这样的教育和培养，可以帮助学生形成一种积极和健康的创新心态和文化，从而更好地推动高校创新活动的发展和进步

第三节　法治环境下创新能力的培养和指导

一、法治环境下创新能力的培养

（一）培养法律意识和责任感

在法治环境下，高校可以通过多元化的法律教育来培养学生的法律意识和责任感。这不仅有助于学生在创新过程中遵循法律规定，而且可以培养他们在面对法律问题时能够独立思考和解决问题的能力，从而为社会培养出具有高度责任感和法律意识的创新人才。法律意识的培养是一个渐进和多层次的过程。高校可以通过课程设置、实践活动和案例分析等多种方式来培养学生的法律意识。例如，可以通过开设相关的法律课程，让学生了解和掌握基本的法律知识和原则。还可以通过实践活动和案例分析，让学生了解和体验法律在实际操作中的应用和执行，从而培养他们的法律实践能力和判断力。

责任感的培养则是一个长期和全面的过程。高校可以通过加强德育教育和社会实践活动来培养学生的责任感。例如，可以通过开展各种社会实践活动，让学生亲身体验和参与社会的建设和发展，从而培养他们的社会责任感和使命感。同时，可以通过加强德育教育，让学生了解和

认识到自身的责任和义务，从而培养他们的个人责任感和职业责任感。通过这样的培养和教育，可以帮助学生形成一种积极和健康的责任心态，从而更好地服务于社会和国家的发展和进步。

（二）提供稳定和有序的创新环境

法治环境为高校提供了一个稳定和有序的创新环境。在这样的环境中，高校可以更好地规划和实施创新项目，因为它减少了不确定性和风险。这样的环境有助于集中资源和精力在创新研究和实践上推动科研和技术创新的深度和广度。在这样的环境下，高校可以更加有信心地投入长期和大规模的创新项目中。法律的稳定性和可预见性使得高校能够在一个清晰的法律框架内进行创新活动，这有助于避免法律纠纷和争议，从而保证创新项目的顺利进行。此外，法律还可以为高校提供一系列的保护和支持，包括知识产权保护、合同法保护和政府支持等，这有助于保护高校的创新成果和投资，从而激励更多的高校和学者参与到创新活动中来。一个有序的法治环境还可以促进高校之间的合作和交流。通过法律规定和合同约束，高校可以更加顺利和有效地进行合作和交流，从而实现资源的共享和优势的互补。这不仅可以提高创新的效率和效果，还可以促进高校之间的友好关系和互信。通过这样的合作和交流，高校可以更好地服务于社会和国家的发展和进步，从而实现创新的最大价值和效益。

（三）保障知识产权和激励创新

在法治环境下，高校可以依赖法律来保护其知识产权，从而为学者和研究人员提供更多的激励来进行创新活动。这种法律保护不仅确保了创新成果的独占性和利益保障，还可以促进知识的传播和交流，因为研究人员知道他们的努力和成果将得到法律的保护和认可。

这种保护机制进一步促使学者和研究人员深化研究，勇于探索未知领域，因为他们知道，每一项创新和突破都将得到法律的庇护，其智力劳动不会被侵犯。此外，这也有助于建立一个公平竞争的环境，其中每个研究团队都有机会展示其创新成果，而不必担心其努力会被不公平地利用或窃取。这样的环境不仅可以吸引更多的人才投身于创新研究，还可以促进高质量的学术交流和合作，从而推动整个社会的科技进步和经济发展。

法律还可以通过设定一系列的奖励机制来进一步激励创新。例如，可以通过法律规定来设立各种创新奖励基金和项目，以奖励那些在创新研究中做出突出贡献的学者和研究人员。这样的奖励机制不仅可以提高创新的积极性和动力，还可以提升整个社会对创新和研究的重视和支持。通过这样的法律保护和激励机制，可以更好地培养和发展高校的创新能力，从而为社会和国家的发展做出更大的贡献。

（四）促进合作和交流

法治环境还可以促进高校之间和企业之间的合作和交流。在法律的保护和规范下，各方可以更加放心地进行合作和交流，共同推动创新项目的实施和发展。这样的合作和交流不仅可以提高创新的效率和质量，还可以拓展创新的视野和范围，为社会带来更多的创新成果和价值。高校可以与企业或其他研究机构建立多层次、多形式的合作关系。法律为合作方提供了明确的权利和责任规定，确保合作过程中的公平和透明，减少了合作方之间的矛盾和冲突。这样的合作可以促进资源的共享和整合，使得创新项目能够得到更多的支持和资源，从而提高项目的成功率和影响力。

法律还可以通过设定一系列的政策和措施来促进创新合作和交流。例如，可以通过法律规定来鼓励高校和企业之间的技术转移和知识共享，以促进技术的商业化和产业化。这样的政策和措施可以为合作方提供更多的机会和平台，使得合作更加便利和高效。通过这样的合作和交流，可以更好地推动社会的科技进步和经济发展，为社会创造更多的价值和财富。

二、法治环境下创新能力的指导

（一）促进合规性研究与实践

在高校法治环境下，促进合规性研究与实践成了一项至关重要的任务。高校需要在教育和研究活动中深入融入法律意识，培养学生和研究人员的法律素养，使其在创新过程中能够自觉地遵守法律规定和行业标准。通过这样的方式，可以确保创新活动的合法性和合规性，避免因违法行为而导致的法律风险和纠纷。

高校可以通过多种方式来实现这一目标。例如，可以在课程设置中增加法律相关的课程，使学生能够从基本的法律知识开始，逐步建立起对法律的深刻理解和认识。高校可以通过举办各种法律研讨会和讲座，邀请法律专家和学者来分享他们的知识和经验，从而提高学者和研究人员的法律意识和法律素养。在实践层面，高校可以通过建立和完善相关的制度和机制来保障合规性研究的进行。例如，可以建立一个专门的法律顾问团队，为研究人员提供法律咨询和指导服务，帮助他们在研究和创新活动中遵守相关的法律和规定。同时，高校可以通过建立一个合规性审查机制，对研究项目进行定期的法律审查和监督，确保其合法性和合规性。通过这样的方式，可以有效地减少法律风险和纠纷，保障创新活动的顺利进行。

（二）推动跨学科与跨领域的合作

在高校法治环境下，推动跨学科与跨领域的合作显得尤为重要。法律不仅为各种合作提供了清晰的指导和保障，还能够通过明确的规定和制度来促进各学科和领域之间的交流和合作。这样的合作可以打破学科之间的壁垒，促进知识的交流和融合，从而产生更多的创新思想和解决方案。高校可以通过多种方式来推动跨学科和跨领域的合作。例如，可以通过建立跨学科研究中心或实验室，提供一个共享的研究平台和资源库，从而促进各学科和领域之间的交流和合作。高校可以通过举办各种学术会议和研讨会，提供一个交流和合作的平台，从而促进学者之间的交流和合作。法律还可以通过提供一系列的保障和激励机制来促进跨学科和跨领域的合作。例如，可以通过法律来保护合作成果的知识产权，从而激励更多的学者和研究人员参与到合作中来。同时，法律可以通过提供各种奖励和支持政策，来鼓励和支持跨学科和跨领域的合作。通过这样的方式，可以有效地推动高校的创新能力和水平，从而为社会和经济的发展做出更大的贡献。

（三）培养具有法律素养的创新人才

在高校法治环境下，培养具有法律素养的创新人才是一项至关重要的任务。通过深入的法律教育，学生可以更好地理解法律的重要性和必要性，从而在其后续的研究和创新活动中更加注重法律的遵循和应用。这样的教育可以帮助学生建立正确的法律观念，使他们在面对各种法律问题和挑战时能够做出合法和合理的决策。

法律素养不仅仅是对法律知识的掌握，更是一种能力和素质的体现。它可以帮助学生更好地分析和解决问题，从而在创新活动中避免不必要的法律风险和纠纷。这样的素养可以使学生在创新活动中更加自信和从容，因为他们知道如何在法律的框架内进行合法和合规的创新活动。

具有法律素养的创新人才还可以为社会和经济的发展做出更大的贡献。他们不仅可以推动法律的遵循和实施，还可以通过其创新活动来推动社会的进步和发展。这样的人才可以为社会带来更多的创新成果和价值，从而推动社会和经济的持续发展和进步。通过这样的方式，高校可以为社会培养出一批具有高度责任感和法律素养的创新人才，从而为社会和经济的发展做出更大的贡献。

（四）建立健全的创新纠纷解决机制

在高校法治环境下，建立健全的创新纠纷解决机制是确保创新活动顺利进行的关键环节。这种机制可以涵盖多方面的纠纷解决途径，包括调解、仲裁和司法途径。通过这样的机制，可以有效地解决因知识产权侵权、合作协议违约等问题引起的纠纷，确保创新活动的顺利进行。这不仅可以保护创新者的合法权益，还可以维护高校的声誉和稳定性。

此外，一个健全的创新纠纷解决机制还可以促进高校内外部的和谐与合作。它可以通过提供公正和透明的纠纷解决渠道，减少因纠纷而产生的时间和资源浪费。这样的机制可以帮助高校建立一个更加和谐和有序的创新环境，从而更好地推动创新活动的发展和进步。

在实施这样的机制时，高校还需要注重对学者和研究人员的教育和培训。通过教育和培训，可以提高他们的法律意识和责任感，使他们在创新活动中更加注重合法性和合规性。这样的教育和培训可以帮助他们更好地理解和遵守相关的法律和规定，从而避免法律风险和纠纷，保障创新活动的顺利进行。这样的机制不仅可以保障创新者的权益，还可以为社会和经济的发展做出更大的贡献。

第四节　法律对创新能力评估结果的认可与保障

一、法律保障的评估结果认可

（一）制度化的评估标准

在探讨法律对高校创新能力评估结果的认可与保障时，不可避免地要提及制度化的评估标准在这一过程中的核心作用。在法律的庇护下，高校创新能力的评估得以依托一套明确、统一和制度化的评估标准进行。这样的标准不仅可以确保评估的公正性和客观性，还可以为高校提供一个清晰和可靠的参考依据，从而有助于高校更好地规划和实施创新项目，推动创新能力的提升和发展。在此背景下，法律保障成为确保评估结果公正性和客观性的基石。通过明确的法律规定和指导，可以确保评估过程中的各个环节都受到严格的监管和控制，避免出现任何形式的偏见或不公平现象。这样的法律保障不仅可以提高评估的准确性和可靠性，还可以增强社会各界对评估结果的信任和认可。

制度化的评估标准在推动高校创新能力提升和发展方面也起到了至关重要的作用。通过这样的标准，高校可以更好地了解自身在创新方面的优势和劣势，从而有针对性地制定和实施创新项目和策略。这不仅可以提高高校创新项目的成功率，还可以促进高校之间的健康竞争和合作，推动整个社会的创新能力不断提升。明确和统一的评估标准也为高校提供了清晰和可靠的参考依据。通过这样的依据，高校可以更好地了解和把握创新项目的方向和目标，避免走弯路和重复劳动。这样的依据也可以为高校提供一个更为客观和公正的评价体系，从而有助于高校更好地规划和实施创新项目，提高创新项目的效率和效果。法律保障也为高校创新能力的提升和发展提供了有力的支持和保障。通过法律保障，可以确保高校创新项目得到足够的资金和资源支持，避免因为资金和资源的缺乏而导致创新项目的失败或延迟。同时，法律保障可以为高校提供一个稳定和有利的发展环境，避免因为外部环境的不稳定和不确定因素而影响高校创新项目的实施和发展。

（二）透明和公正的评估过程

在法律对创新能力评估结果的认可与保障的探讨中，透明和公正的评估过程占据了核心地位。法律保障在这一环节具有显著的作用，能够确保创新能力评估过程的透明和公正。通过构建一个公开透明的评估机制，可以有效地避免潜在的偏见和歧视，确保所有的高校都能够在公平的条件下进行创新活动，从而促进整个社会的创新活力和活跃度。法律保障的实施成为确保评估过程透明和公正的基础。这种保障不仅涉及评估标准的明确和统一，更包括评估过程的公开和透明。这样可以确保所有的高校都能够在一个公平和公正的环境中进行创新活动，避免因为信息不对称或者其他不公平因素而导致的潜在偏见和歧视。

在深化创新能力评估过程的透明和公正方面，法律保障可以通过多种方式实现。例如，可以通过制定明确的法律规定和指导原则来确保评估过程的公开和透明。这样的规定和原则可以为评估机构提供明确的指导和依据，从而确保评估过程的公正和透明。法律保障还可以通过建立公开透明的评估机制来实现。这样的机制可以确保所有的高校都能够在公平的条件下进行创新活动。这不仅可以避免潜在的偏见和歧视，还可以促进整个社会的创新活力和活跃度。这样的评估机制可以为高校提供一个公平和公正的竞争环境，从而促进高校之间的健康竞争和合作。通过提供一个公平和公正的评估环境来促进创新能力的提升和发展。这样的环境可以确保所有的高校都能够在公平的条件下进行创新活动，从而避免因为评估标准的不公平或者不准确而导致的潜在偏见和歧视。这样的评估环境不仅可以保障创新活动的多元性和多样性，还可以促进创新活动的健康和持续发展。

（三）对创新多元性的认可

在当今社会，创新已经成为推动社会进步和发展的重要动力。然而，创新是一个多元化和多层次的过程，涉及多种多样的领域和层次。因此，一个公正和有效的评估体系应该能够充分认识到这一点，并能够提供一个能够全面和准确地评估创新活动的多元性和多样性的框架。

通过法律的指导和规范，可以确保评估体系能够充分考虑到不同领域和层次的创新活动。这样可以避免一刀切的评估标准，保障创新的多元性和多样性。这样的评估体系不仅可以更加准确和全面地评估创新活动的效果和影响，还可以促进创新活动的多元化和多样化，从而更好地推动社会的进步和发展。法律保障可以通过多种方式来促进对创新多元性的认可。例如，可以通过制定和实施一系列的法律和政策来促进不同领域和层次的创新活动。这样可以确保评估体系能够全面和准确地评估创新活动的多元性和多样性，从而更好地推动社会的进步和发展。法律保障还可以通过提供一个公平和公正的评估环境来促进对创新多元性的认可。这样可以避免因为评估标准的不公平或者不准确而导致的创新活动的限制或者歧视。这样的评估环境不仅可以保障创新活动的多元性和多样性，还可以促进创新活动的健康和持续发展。

法律保障评估体系可以避免一刀切的评估标准，保障创新的多元性和多样性。这样的评估体系不仅可以更加准确和全面地评估创新活动的效果和影响，还可以促进创新活动的多元化和多样化，从而更好地推动社会的进步和发展。

（四）提供法律救济和申诉机制

在法律对创新能力评估结果的认可与保障的探讨中，提供法律救济和申诉机制显得尤为重要。在法律保障的框架下，高校可以依赖于法律救济和申诉机制来保护其合法权益。这样的机制可以为高校提供一个有效的途径来解决评估过程中可能出现的争议和纠纷，从而保障高校的合法权益和创新活动的顺利进行。法律救济和申诉机制可以被视为一个多维度和多层次的保障体系，它不仅可以解决评估过程中可能出现的争议和纠纷，还可以为高校提供一个公正和公平的评估环境。这样的环境可以确保高校的合法权益得到充分的保护，从而促进创新活动的健康和持续发展。

法律救济和申诉机制的存在，可以确保高校在面临评估过程中的争议和纠纷时，有一个有效的途径来保护其合法权益。这样的机制可以为高校提供一个公正和公平的评估环境，从而避免因为评估标准的不公平或者不准确而导致的潜在偏见和歧视。这样的环境不仅可以保障高校的合法权益，还可以促进创新活动的健康和持续发展。例如，可以通过建立一个公正和公平的评估体系来保护高校的合法权益。这样的体系可以为高校提供一个公正和公平的评估环境，从而避免因为评估标准的不公平或者不准确而导致的潜在偏见和歧视。这样的体系不仅可以保障高校的合法权益，还可以促进创新活动的健康和持续发展。

通过提供一个公正和公平的申诉渠道来实现其目标。这样的渠道可以为高校提供一个有效的途径来解决评估过程中可能出现的争议和纠纷。这样的渠道不仅可以保障高校的合法权益，还可以促进创新活动的健康和持续发展。法律救济和申诉机制还可以通过提供一个公正和公平的审查机制来实现其目标。这样的机制可以为高校提供一个有效的途径来解决评估过程中可能出现的争议和纠纷。这样的机制不仅可以保障高校的合法权益，还可以促进创新活动的健康和持续发展。

二、法律对创新成果的保护

（一）知识产权的保护

在高校环境中，法律对创新成果的保护显得尤为重要，这主要体现在知识产权的保护上。通过明确的法律规定和保护措施，可以确保高校的创新成果不会被非法侵犯或盗用，从而为高校提供一个安全和有保障的创新环境。

知识产权的保护不仅是法律对创新成果保护的基石，更是推动高校创新活动的重要动力。明确的法律规定可以为高校提供一个清晰的指导，使其能够更好地了解和掌握知识产权的相关规定和保护措施。这样可以避免高校在创新过程中因为对知识产权规定的不了解而导致的潜在风险和损失。明确的法律规定还可以为高校提供一个有保障的创新环境，使其能够在一个安全和有保障的环境中进行创新活动，从而更好地推动创新成果的产生和发展。

知识产权的保护还可以通过多种方式来实现。例如，可以通过制定和实施一系列的法律和政策来保护高校的创新成果。这样的法律和政策不仅可以为高校提供一个安全和有保障的创新环境，还可以为高校提供一个有效的法律救济和申诉机制，使其能够在面临知识产权侵犯或盗用时，有一个有效的途径来保护其合法权益。这样的法律和政策还可以为高校提供一个有力的支持和保障，使其能够更好地推动创新成果的产生和发展。

（二）促进技术转让和商业化

在高校创新生态中，法律对技术转让和商业化的促进和保障显得尤为关键。通过明确的法律规定和保护措施，可以为高校创新成果的技术转让和商业化提供坚实的基础和保障。这样的法律保护不仅可以为高校提供一个有利于技术转让和商业化的环境，还可以为社会带来更多的经济效益和社会效益。

在这一过程中，法律的介入和保障成为确保技术转让和商业化顺利进行的重要因素。通过明确的法律规定和保护措施，可以为高校和企业提供一个清晰的指导和依据，使其能够更好地进行技术转让和商业化的活动。这样的法律环境不仅可以保障高校和企业的合法权益，还可以为社会带来更多的经济效益和社会效益。例如，可以通过提供一系列的税收优惠和政策支持来促进技术转让和商业化的活动，从而为社会带来更多的经济效益和社会效益。

法律还可以通过提供一个公平和公正的市场环境来促进技术转让和商业化的活动。这样的市场环境可以为高校和企业提供一个公平和公正的竞争环境，使其能够在一个公平和公正的市场环境中进行技术转让和商业化的活动。这样的市场环境不仅可以保障高校和企业的合法权益，还可以为社会带来更多的经济效益和社会效益。

（三）建立健全的创新成果奖励机制

在高校创新生态中，法律通过建立健全的创新成果奖励机制，成为激励高校进行更多创新活动的重要手段。这样的奖励机制可以为高校提供更多的资源和支持，从而促进高校创新能力的提升和发展。法律的介入和规定成为确保奖励机制公正、公平实施的基石。通过明确的法律规定和实施细则，可以为高校创新活动提供一个清晰、明确的奖励框架。这样的框架不仅可以激励高校投入更多的资源和精力进行创新活动，还可以为高校提供一个公平和有保障的环境，使其能够在一个稳定和有保障的环境中进行创新活动。这样的环境可以为高校提供更多的资源和支持，从而促进高校创新能力的提升和发展。

法律通过建立健全的创新成果奖励机制来促进高校创新活动的多元化和多样化。这样的机制可以为高校提供一个多元化和多样化的奖励环境，使其能够根据自身的特点和需求来选择和实施创新活动。这样的环境不仅可以为高校提供更多的资源和支持，还可以为社会带来更多的经济效益和社会效益。

（四）确保研究和创新的自由和独立性

在高校创新体系中，法律通过保障研究和创新的自由和独立性，起到了至关重要的作用，这样的保障可以为高校提供一个有利于研究和创新的环境，从而促进高校创新能力的提升和发展。法律的介入和规定成为确保研究和创新自由和独立性的基石。通过明确的法律规定和实施细则，可以为高校创新活动提供一个清晰、明确的保障框架。这样的框架不仅可以保障高校在进行研究和创新时的自由和独立性，还可以为高校提供一个公平和有保障的环境，使其能够在一个稳定和有保障的环境中进行研究和创新活动。这样的环境可以为高校提供更多的资源和支持，从而促进高校创新能力的提升和发展。

法律还可以通过建立健全的研究和创新保障机制来促进高校创新活动的多元化和多样化。这样的机制可以为高校提供一个多元化和多样化的研究和创新环境，使其能够根据自身的特点和需求来选择和实施研究和创新活动。这样的环境不仅可以为高校提供更多的资源和支持，还可以为社会带来更多的经济效益和社会效益。

第六章　法律、伦理与创新能力培养

第一节　法律、伦理在创新能力培养中的角色

一、法律与伦理的双重引导

（一）法律规范的确立

法律规范的确立在高校环境里具有至高无上的价值。它以其正式和有约束力的特性，明确指示学生和教职工在创新行为中应遵循的准则。这不仅有助于指导学生和教职工识别和遵循合法和正当的创新途径，而且防止了在创新过程中可能发生的违法和不道德行为。法律的明确条文和规定成为一个有力的工具，其确保了创新活动的合法性和正当性，这样不仅可以确保社会的和谐稳定，还可以促使创新活动顺利进行。

法律规范通过设定相应的法律责任和制裁措施，来维护创新活动的公正性和公平性。这种监管机制确保了所有参与者都在公平的环境下运作，避免了权力滥用和不公正竞争，这对于保障学生和教职工的创新积极性具有重大意义。进一步来看，这种法律保护也为高校创造了一个有利于全面和健康发展的创新环境，能鼓励更多的人参与到创新活动中来。法律规范还有助于形成一种正向的创新文化。在法律的指导和监管下，高校能够建立起一个尊重知识产权，倡导诚信和道德行为的创新环境。这样的环境能够培养学生的道德意识和社会责任感，从而形成一种鼓励合法、健康和有益的创新氛围。

（二）伦理价值的引导

在高校环境中，伦理价值的引导主要依靠道德规范和价值观来塑造学生的行为和思想，使他们能够进行有责任和有道德底线的创新活动。伦理的作用明显表现在它如何帮助学生塑造正确的价值观和道德观上。这不仅能够在思想层面上建立一个健康的创新生态，也能为学生提供明晰的道德指南，用于指导他们的行为和决策。这种伦理价值的引导，有助于确保学生在创新的过程中不仅能遵循法律规定，还能够保持高尚的道德品质，避免掉入可能出现的道德陷阱。伦理也能促进学生的全面发展。它通过强化学生的道德意识和责任感，来提升他们的综合素质。具有高道德意识和责任感的学生更可能成为未来社会的有价值的成员，因为他们不仅具有专业技能，还拥有良好的道德品质和社会责任感。

伦理的引导也能提升学生的创新能力。一个具有正确的道德观和价值观的学生能够更好地理解和尊重他人的创新努力，这能够创造一个更为和谐的创新环境。而在一个和谐的创新环境中，学生能够更好地学习和借鉴他人的经验和知识，这有助于他们更好地实现自身的创新目标。

（三）法律与伦理的互动

在高校创新能力培养的环境中，法律与伦理的双重引导展现出一种相辅相成的力量，其中法律与伦理的互动构成了这个过程的核心。法律通过明确的条文和制度确保了创新活动的合法性和正当性，而伦理则通过道德规范和价值观来塑造学生的品行和责任感。这两者的相互作用形成了一个综合的体系，能够为高校创造一个有利于创新和发展的环境和条件。

1. 影响教育环境

在高校环境中，法律与伦理共同构建了一种秩序和规范，这种秩序和规范不仅仅是外在的，还有内在的深层次影响。法律为高校创新提供了一个稳定的外部环境，它通过具体的规定和制度来规范学生和教职工的行为，确保他们在遵循法律的同时能够保持道德底线。而伦理则深化了这种影响，它通过内化于学生的价值观和道德观来影响他们的行为和决策，使他们在创新活动中能够自觉地遵循道德规范，避免走向违法和失道的道路。

2. 促进学生个体发展

法律与伦理的互动还体现在其对学生个体发展的促进作用上。法律通过其规定和制度来保障学生的权利和利益，为他们提供了一个安全和公平的学习环境。而伦理则通过道德教育和价值引导来促进学生的品行和素质的提升，使他们能够在法律的框架内追求更高的道德境界。这种法律与伦理的双重引导，为学生的全面发展提供了有力的保障。

3. 对社会整体进步的贡献

从更广阔的视角来看，法律与伦理的互动还体现在其对社会整体进步的贡献上。高校作为社会的一部分，其创新能力的提升将直接影响社会的进步和发展。法律通过保障创新活动的合法性和正当性，为社会提供了一个有利于创新和发展的环境，而伦理则通过促进学生的道德成长和责任感的培养，为社会提供了一批有责任心和道德底线的新生代。这种法律与伦理的互动，有助于推动社会向更加文明和进步的方向发展。

为了更好地实现这种法律与伦理的互动效应，高校可以采取一系列的措施。例如，通过开设相关的课程和讲座来提高学生的法律意识和道德觉悟，通过建立和完善相关的制度和机制来保障创新活动的合法性和正当性，通过加强道德教育和价值引导来促进学生的品行和素质的提升。

（四）构建和谐的创新环境

1.促进正当竞争

法律在高校创新能力培养中确立了明确的行为边界，保障了创新活动的公平性和正当性。这在一定程度上避免了非正当竞争和不正当行为的出现，促使每个学生在追求创新的过程中能够遵循公平竞争的原则。伦理则进一步强化了这种公平性，它通过倡导诚实、公正等价值观，使学生在追求创新的同时能够遵循道德底线，形成正当竞争的氛围。

2.保障学生权益

构建和谐的创新环境还体现在对学生权益的保障上。法律通过明确的规定来保障学生的知识产权和其他相关权益，使学生在创新过程中能够得到应有的保护和激励。而伦理则通过强化学生的责任感和道德意识，来引导学生自觉尊重和保护他人的权益，形成一个互相尊重、互利共赢的创新环境。

3.引导责任创新

法律与伦理还共同作用于引导学生进行责任创新。法律通过设立相应的法律责任和制裁来保障创新活动的合法性和正当性，避免创新过程中出现违法行为和不道德行为。而伦理则通过培养学生的道德意识和责任感，引导他们在创新活动中充分考虑其行为的社会影响和责任，形成一种责任创新的文化。

4.培育和谐社群关系

高校是一个多元化的社群，学生、教职工、管理者等多方共同参与和影响着创新环境的构建。法律通过明确各方的权利和责任来保障社群关系的和谐和稳定，使各方能够在明确的规范下共同参与创新活动。而伦理则通过倡导友善、合作、共赢等价值观，来促进社群内部的和谐关系，形成一个有利于共同创新和发展的社群环境。

为了实现这一目标，高校可以通过多种方式来促进法律与伦理的双重引导。例如，可以通过加强法律教育和道德教育来提高学生的法律意识和道德觉悟，可以通过加强实践教学和案例分析来培养学生的实践能力和判断能力，可以通过加强交流和合作来促进学生的沟通能力和协作能力。

二、促进全面和谐的创新文化

（一）推动多元价值的融合

在现代高校的学术和创新环境中，法律主要扮演稳固的基石角色。它通过确立清晰的规则和约束，使得高校创新活动能够在一套既定的规范体系内进行，这为多元价值的融合奠定了基本框架。比如，法律可以通过对知识产权的保护，使创新者安心地进行研究和创新，同时保障了他们的合法权益。此外，法律还能够对高校的创新环境进行监管和指导，确保其健康、有序地运行，进而使得各种多元价值能够在合法和正当的基础上实现融合和共生。与法律相辅相成的是伦理的引导。伦理在这个过程中更像是一种灵魂，它能给予创新行为更深层次的价值导向和精神支撑。伦理不仅能够引导学生在法律允许的范围内寻找更有价值和意义的创新方向，还能够引导他们在创新过程中坚持道德底线和价值取向，避免走向极端或失去方向。伦理的存在，使得学生在追求科技创新的同时，能够关注创新对社会和人类的影响，实现更为全面和和谐的发展。这样的环境不仅能够滋养出更为多样和丰富的创新成果，还能够培养出具有全面素质和视野的创新人才。学生在这样的环境中能够接触到不同的文化和价值观，学会从多方面和多角度来思考问题和寻找解决方案。这不仅能够丰富他们的知识和经验，还能够培养他们的创新思维和协调能力，使得他们在未来的工作和生活中能够更好地适应多元化的社会环境。

多元价值的融合还可以促进学生的全面和个性发展。在这样的环境中，学生可以根据自己的兴趣和特长来选择适合自己的创新方向和路径。他们可以尝试不同的研究方法和创新手段，探索更为个性化和多元化的创新方案。这不仅能够提高学生的创新能力和适应能力，还能够培养他们的个性和独立思考能力，使得他们能够在未来的社会中找到更适合自己的位置和角色。

（二）建立公正公平的创新机制

在高校这个充满活力和可能性的场域，构筑公正公平的创新机制显得尤为重要。这样的机制旨在确保每一个学生都能够在一个公平的环境中展现他们的创新能力，同时能够保障创新活动的合理性和公正性。如此便形成了一个循环，公正公平的机制激励可以学生更加积极地参与创新活动，而积极地参与又进一步推动了高校创新能力的全面和健康发展。

在构建这样公正公平的创新机制时，法律和伦理发挥着不可或缺的作用。法律通过建立明确的规则和标准，可以确保每一个学生都能够在一个平等和公正的环境中参与创新活动。它为学生提供了清晰的游戏规则，使得每一个参与者都清楚地知道自己的权利和责任，避免了可能出现的偏见和歧视。例如，通过确立知识产权保护制度，可以保障学生的创新成果不会被侵犯，从而激励他们更加努力和积极地参与创新活动。伦理在这个过程中是一种内在的驱动力，它通过引导学生树立正确的价值观和道德观，使得他们在追求创新的过程中能够坚持公正和公平的原则。伦理能够帮助学生认识到，创新不仅仅是技术的进步或者知识的积累，更是一种对社会责任和公共利益的追求和实现。它使得学生在创新的过程中能够关注创新活动对社会和个人的影响，从而实现更为全面和平衡的发展。高校学生能够在一个公平和公正的环境中展示他们的创新才华，还能够在这个过程中培养他们的道德品质和社会责任感。他们能够学会如何在追求个人利益的同时，考虑社会的利益和需求，实现个人价值和社会价值的和谐统一。公正公平的创新机制还能够帮助高校培养出更为全面和多元的创新人才。在这样的环境中，学生可以根据自己的兴趣和特长来选择和发展自己的创新方向和路径。他们可以尝试不同的创新方法和手段，探索更为多元和全面的创新方案。这不仅能够丰富学生的知识和经验，还能够培养他们的创新思维和协调能力，使得他们在未来的社会和职场中能够更好地适应和应对多元化的挑战和需求。

（三）培养具有社会责任感的创新人才

现代社会面临诸多复杂而多元的挑战与问题，高校有责任培养一批不仅具备深厚学识和创新能力，更具有高度社会责任感的人才。

法律是社会运行的基石，它确立了社会秩序和公民责任的基本框架。在高校创新能力的培养中，法律教育能够帮助学生树立正确的法律意识，使他们明白自己的行为是受到法律的约束和规范的。这样的教育不仅能够使学生在追求创新的过程中遵守法律规定，避免走入法律的禁区，更能够使他们在创新的过程中关注社会的需求和责任，从而使他们的创新行为更加有益于社会和国家的发展。伦理则是社会文明的灯塔，它通过传递和弘扬核心价值和道德规范，可以引导学生树立正确的道德观和价值观。它使得学生在追求技术和知识创新的同时，能够关注创新行为对社会和环境的影响，从而避免走向极端或忽视社会责任。伦理教育能够使学生明白，创新不仅仅是个体的追求和展示，更是一种对社会和公共利益的贡献和回馈。

学生可以在法律伦理教育的影响下发展成为具有社会责任感的创新人才。他们不仅能够在自己的专业领域取得卓越的成就，更能够在全社会范围内发挥积极和正向的影响。他们可以通过他们的创新成果和技术创新，帮助社会解决现存的问题和挑战，从而推动社会的进步和发展。这样的创新人才是现代社会发展的重要支柱。他们不仅能够为社会带来更多的创新成果和社会价值，更能够成为社会进步的积极推动者和参与者。他们可以通过他们的行动和成果，展示出一种新的社会发展路径和可能性，使得整个社会在迎接和应对新的挑战时更加有力和有准备。高校有责任和义务为学生提供一个开放和多元的学习和研究环境。这样的环境不仅能够滋养学生的创新思维和能力，还能够培养他们的社会责任感和公民意识。高校可以通过各种方式和手段，如开设相关课程和实践活动，引导学生关注社会的需求和责任，使他们在追求个人价值和成功的同时能够为社会和国家的发展做出积极和有益的贡献。

（四）促进创新活动的可持续发展

在目前这个快速变化和发展的时代，高校创新能力的培养已经不仅仅是教育的需求，更是社会和国家长远发展的需求。法律和伦理成为高校创新活动可持续发展的重要保障。它们可以通过多种方式和手段促进高校创新活动的长期稳定和健康发展，为社会和国家提供更多的创新资源和创新动力。

法律是社会的基础和保障。在高校创新活动中，它可以提供一套清晰和明确的规则和指引，使得创新活动能够在一个公正和有序的环境中进行。法律可以通过明确知识产权的保护和利用规则，确保创新成果的合理利用和保护，从而为创新活动提供一个稳定和可靠的保障。同时，法律可以通过明确创新活动的责任和义务，使得创新者在追求创新的过程中，能够注意到社会和环境的需求和责任，从而使创新活动更加有益于社会和国家的长远发展。

伦理则是创新活动的灵魂和指南。它可以通过弘扬和传递一系列的核心价值和道德规范，来指导和影响创新者的行为和选择。在高校环境中，伦理教育可以帮助学生树立正确的价值观和道德观，使他们在追求创新的过程中，能够注意到创新行为的社会影响和责任，从而避免走向极端或忽视社会和环境的需求。通过伦理教育，可以使学生明白创新不仅仅是技术和知识的追求，更是一种对社会和公共利益的服务和贡献。

在法律和伦理的共同作用下，高校可以培养出一批不仅具备高度创新能力，更具有高度社会责任感的人才。这样的人才可以成为社会和国家长远发展的重要支柱和力量。他们可以通过他们的创新行为和成果，为社会和国家带来更多的福祉和价值。高校需要创建一个有利于创新和学术自由的环境。这样的环境可以使学生在追求创新的过程中，能够充分发挥他们的想象力和创造力，从而产生更多的创新成果和技术突破。高校还需要加强与社会和产业的合作和交流，使学生能够更好地了解和掌握社会的需求和发展方向，从而使他们的创新行为更加有针对性和实效性。加强法律和伦理教育的深化和实施。这样可以使学生在追求创新的过程中，能够更好地理解和遵循法律和伦理的要求和规范，从而使他们的创新行为更加有益于社会和国家的长远发展。通过深化法律和伦理教育，可以使学生明白，创新不仅仅是个体的追求和展示，更是一种对社会和公共利益的贡献和回馈。

第二节 法律对创新能力培养的伦理要求

一、确保创新活动的合法性和道德性

（一）强化法律教育和道德教育

高校作为人才的摇篮和知识的殿堂，有责任推动学生走向合法和道德的创新路径。强化法律教育是保障创新活动合法性的关键一步。法律教育应该向学生明确传达，任何创新活动都应遵循法律的规定和界定。这涉及知识产权的保护、合法合规的商业实践，以及对于公共安全和公共利益的尊重。在这个过程中，学生应该学会识别和遵循相关的法律规定，避免因为无知或疏忽而导致的违法行为。更为重要的是，法律教育可以帮助学生形成一种敬畏法律的心态，使他们在追求创新的道路上，始终保持一种合法合理的行为方式。道德教育则是一种对人的全面教育和引导。它涉及人的心灵和情感，指导人们如何在创新的过程中，坚守人的尊严和价值。这种教育应该弘扬和倡导一系列的核心价值观和道德准则，使学生在追求创新的过程中，能够坚持道德底线和人文关怀。通过这种教育，学生可以形成一种深刻的道德责任感和社会责任感，使他们在创新的过程中，始终保持对社会和环境的尊敬和关怀。

法律教育和道德教育共同构成了高校创新能力培养的基础和核心。它们共同塑造和引导学生走向一条合法和道德的创新道路。在这条道路上，学生不仅可以追求个体的发展和实现，更可以为社会和国家做出有益的贡献和服务。教育机构还需牢记，培养创新人才不是一蹴而就的过程，而是一个长期、系统和综合的过程。这个过程不仅涉及知识和技能的传授，更涉及人的全面发展和个性塑造。在这个过程中，高校应该提供一个开放和包容的环境，使学生能够在实践中学习和成长。通过各种方式和渠道，如案例分析、模拟演练和实际操作等，学生能够真正理解和掌握法律和道德的内涵和要求。高校还应加强与社会的联系和交流，使学生能够更好地了解和把握社会的需求和发展方向。通过这种联系和交流，可以使学生的创新活动更加有针对性和实效性，从而为社会和国家做出更有价值和意义的贡献。

（二）建立健全的伦理审查机制

高校承担着培养新一代创新人才的重任。为了确保这一代人能够在遵循法律和道德准则的基础上进行创新活动，构建和完善伦理审查机制显得至关重要。这一机制不仅能够保障社会和谐稳定，而且能够为学生营造一个更为有利于学习和成长的环境，进而推动他们的全面发展，提升他们的创新能力。

伦理审查机制的建立应囊括多方面的内容。首先，需要制定一套完备的伦理审查规则和标准，以指导和规范创新活动的实施。这套规则和标准应该明确界定哪些行为是允许的，哪些行为是禁止的，以及哪些行为需要进行特殊的审查和审批。通过这种方式，可以确保创新活动的合法性和道德性，避免可能出现的法律纠纷和道德争议。其次，应鼓励学生在创新活动中积极参与伦理审查的实施。让学生参与到这一过程中，可以增强他们的法律意识和道德责任感，使他们在实际操作中能够更加明确和遵守相关的规定和要求。这种参与还可以帮助学生更好地理解和掌握伦理审查的内涵和重要性，从而为他们今后的学术研究和职业生涯打下坚实的基础。再次，伦理审查机制应该具有一定的灵活性和可适应性。由于创新活动本身具有很强的不确定性和变化性，因此，伦理审查机制也应该能够根据实际情况进行相应的调整和改变。这样可以避免机制本身成为阻碍创新活动的"僵化框架"，而是成为指导和促进创新活动健康发展的"活性工具"。最后，高校应该建立一个跨学科的伦理审查委员会，由具有多方面专业背景和经验的教师和专家组成。这个委员会应该负责对创新活动进行全面和深入的伦理审查，确保每一个环节都能够符合法律和道德的要求。同时，委员会应该提供相关的咨询和指导服务，帮助学生和教师更好地理解和遵循相关的规定和要求。

通过这样的伦理审查机制，可以大大减少因为无知或不慎而产生的法律和道德风险，从而保障创新活动的顺利进行和社会的和谐稳定。而对学生来说，这样的机制可以提供一个更加安全和有保障的环境，使他们能够在探索和创新的道路上走得更远和更稳。

（三）促进学术诚信和研究道德

伴随着科技和知识的快速发展，高校作为知识和创新的重要源泉，肩负着培养下一代人才的重任。强化学术诚信和研究道德成了保障高校教育质量和创新活动健康发展的关键因素。

在高校环境中，学术诚信不仅是学术研究的基石，更是每个学者和研究人员必须遵守的基本原则。学术诚信包括但不限于严格的数据真实性、论证的客观性和研究结果的可靠性。这也意味着，学生在从事学术研究和创新活动时，应严格遵守学术规范和道德标准，防止出现剽窃、造假和篡改等学术不端行为。同样，学术诚信要求学生在参与研究活动时，应保持对学术和科学的敬畏和尊重，避免出现为了追求名誉和利益而损害学术公正和公信力的行为。研究道德是指导学者和研究人员在从事学术研究和创新活动时应遵循的道德准则和标准。这包括保护受研究对象的权益、确保研究的公正性和公信力、遵守法律和伦理规定等。在高校环境中，研究道德应该被视为一种价值观和行为规范，而非一种可有可无的附加品。这意味着，高校应该将研究道德纳入到教育和培养体系中，让学生从入学之初就开始接受相关的教育和培训，以培养他们的道德意识和责任感。

高校可以通过制定和完善相关的规章制度来明确学术诚信和研究道德的要求和标准。这包括明确学术不端行为的定义和处罚措施，制订和完善学术诚信教育和培训计划，建立和完善学术诚信监督和管理机制，等等。高校还应该加强教育和培训工作，以提高学生的道德意识和责任感。这可以通过开设相关的课程和讲座，组织学术诚信和研究道德的宣传和教育活动，提供相关的教育和培训资源等方式来实现。同时，高校应该加强对学生的个体教育和引导，帮助他们树立正确的价值观和行为规范。

（四）强化对创新成果的法律保护

高校孕育着大量的新思想和新技术，是社会进步的重要源泉。加强对创新成果的法律保护，不仅是维护创新者合法权益的需要，更是推动社会进步和保障国家安全的重要手段。加强对创新成果的法律保护的首要任务是完善法律法规，为创新成果提供有力的法律支撑。这包括构建一套完整的知识产权保护体系，确保所有的创新成果都可以得到合理和有效的保护。同时，需要设立相关的执法机构和司法机构，以确保法律法规得到严格执行，对侵权和盗用行为予以追责。其次，应强化高校内部的法律保护意识和机制。这方面的工作包括加强法律教育和培训，提升学生和教职员工对知识产权保护的认识和理解。同时，需要构建一套有效的内部管理机制，以便更好地对高校内部的创新成果进行保护和管理。更进一步，高校应当建立与企业和社会的多元化合作机制，充分利用社会资源和力量来加强对创新成果的法律保护。这包括与相关的行业协会、企业和研究机构建立合作关系，共同推动知识产权的保护工作。同时，可以通过国际合作和交流，借鉴和引进国外的先进经验和技术，进一步加强对创新成果的法律保护。

在这个过程中，还需要加强对法律保护工作的监督和评估。这需要建立一套完善的监督机制，确保法律保护工作的实施效果得到有效监督和评估。同时，需要加强对法律保护工作的研究和评估，不断完善和调整相关的法律政策和措施，以提高法律保护工作的实效性。法律保护还需要与时俱进，灵活应对新情况和新问题。随着科技的快速发展，新的创新成果和新的侵权方式层出不穷。因此，法律保护工作也需要不断地更新和完善，以适应新的发展和变化。

二、培养具有社会责任感的创新人才

（一）整合社会责任教育于课程体系

在高校环境中，整合社会责任教育于课程体系显得尤为关键。这一教育形式可以通过多方面的实施来提升学生的社会责任感和公民意识，使他们成为未来社会和国家发展的有益推手。

糅合社会责任教育于课程体系要求高校在教学内容和方法上做出深思熟虑的安排和调整。这样的课程不仅仅是为了传授知识，更是为了培养能够理解和担负社会责任的创新人才。它强调了个体在追求知识和技能的同时，需要充分认识自身对社会和环境的责任和义务。教育过程应当引导学生深刻洞察社会的现状和未来的走向，培养他们具备全面考虑问题的能力，以及采取实际行动去改善社会状况的勇气和决心。在课程设置方面，可以通过开设与社会责任相关的课程，使学生有机会接触和学习社会责任的相关理论和实践。例如，可以在课程中纳入关于社会公益、环境保护、企业社会责任等方面的内容，使学生能够从多方面和多角度去理解和探讨社会责任的内涵和实施路径。除了课程内容的丰富和多元，教学方法也应当做出相应的调整和创新。应尽量采用情景模拟、案例分析、实地考察等多元化的教学方法，让学生能够在实际的情境中去体验和理解社会责任的重要性和实施的具体方式。通过这样的教学方法，可以使学生更加直观和深刻地理解社会责任的内涵和价值。

高校还应该加强与社会的连接和交流，尽量为学生提供多元化的实践平台和机会。可以通过组织各种社会实践活动，让学生有机会亲身参与到社会责任的实施中去，从而更好地理解和掌握社会责任的意义和价值。例如，可以组织学生参与到社区服务、公益项目、环保活动等多方面的社会实践中去，让他们在实践中去体验和理解社会责任的重要性和实现的方式。要加强对学生社会责任感的培养和引导。这不仅仅要通过课程教育和实践活动来实现，更需要通过校园文化的培育和示范引导来实现。可以通过加强校园文化建设，塑造一种强调社会责任和公民意识的校园氛围，从而激励和引导学生自觉地担负起社会责任。例如，可以通过举办各种与社会责任相关的讲座、研讨会、展览等活动，来增强学生的社会责任感和公民意识。

（二）实施社会实践和服务学习

在现代教育体系中，社会实践和服务学习已经成为培养学生全面素质的重要手段。实施社会实践和服务学习不仅可以提升学生的社会责任感，还能够有力地促进学生创新能力的培养。社会实践为学生提供了一个直接接触社会、理解社会运行机制的平台。它强化了理论学习与现实生活之间的联系，使学生能够在实际的社会环境中检验和运用所学知识，更好地理解社会责任的内涵和要求。在这一过程中，学生可以深刻体验到社会的复杂性和多元性，培养其严谨的思维方式和问题解决能力，这也是创新能力培养的基本要素。

服务学习则是一种以学生为中心的教育方法，它将学生的学术学习与社区服务相结合，目的是通过服务社区来丰富和加深学生的学术学习经验。服务学习能够使学生在实践中加深对社会责任的认识和理解，同时能够提升学生的公民意识和道德品质。

实施社会实践和服务学习时，高校应注意将这两种形式有机地结合在一起，创造一个有利于学生学习和成长的环境。例如，可以通过社区服务项目，让学生在服务社区的过程中不仅能够加深对学术知识的理解，同时能够培养其服务社会的能力和责任感。高校应该引导学生在社会实践和服务学习中发掘和创新问题的解决方案，鼓励学生尝试新的方法和手段，培养其创新思维和能力。这样，学生不仅能够在实践中更好地理解和把握社会责任的要求，还能够通过实践来培养和提升其创新能力。

通过实施社会实践和服务学习，高校可以将学生培养成为具有社会责任感和创新能力的人才。这样的人才不仅能够更好地理解和把握社会责任的内涵和要求，还能够在实际的创新活动中更好地履行社会责任，为社会和国家带来更多的创新成果和社会价值。社会实践和服务学习，不仅是培养学生社会责任感的重要手段，更是高校培养创新人才的有力工具。通过这种方式，可以使学生在实际的社会环境中，更好地理解和掌握社会责任的要求和内涵，从而在创新活动中更好地履行社会责任，为社会和国家的发展做出更多的贡献。

高校在实施社会实践和服务学习时，还可以结合其独特的资源和优势，发挥其在社会责任教育和创新能力培养方面的积极作用。例如，可以通过与社区、企业和其他社会组织的合作，为学生提供更多的实践机会和平台，使学生能够在实践中更好地理解和把握社会责任的内涵和要求。

（三）强化团队合作和交流

在法治环境下，高校正面临着前所未有的机遇，高校可将团队合作和交流融入创新能力的培养中，从而塑造一批具有社会责任感的创新人才。团队合作不仅仅是学生之间的互助与协作，更是一个多元化思维和多技能结合的过程，它能够充分激发学生的创新潜力，塑造更具协同创新能力的高素质人才。在现代社会中，单兵作战已经无法满足日益增长的创新需求，多方合作和交流成了推动创新的重要力量。团队合作是创新活动中不可或缺的一个环节，它可以提升项目的完成质量和效率，通过不同背景、专业和技能的结合，使得创新项目更加全面和深入。

法治环境下的高校更应注重培养学生的法律意识和责任感。团队合作与交流正是一个极佳的途径，其可以让学生在实践中感受和学习到团队的力量和法律的约束。在这样的环境下，学生可以在实际的团队合作中，学会尊重法律、遵守法律，形成良好的法律习惯。交流是知识传递和经验分享的重要方式，它能够扩大学生的视野，提升学生的理论认知和实践能力。高校应当鼓励学生广泛参与各种学术交流和讨论，促进学生之间的相互学习和共同进步。而在法治环境下，这样的交流应当以法律为底线，应注重培养学生的法律意识，使他们在交流中能够遵循法律规定，形成良好的法治习惯。

团队合作和交流不仅仅是为了项目的完成，更是一个促进学生全面发展的过程。在合作和交流中，学生可以锻炼自己的沟通能力和团队协作能力，提高自身的社会责任感。而在团队合作中，每一个成员都是不可或缺的，他们需要学会如何更好地协作和创新，如何在团队中发挥自己的长处，使团队能够更好地完成项目。在法治环境下，这样的合作和交流更能够培养学生的法治意识。学生在合作和交流中，不仅可以学到知识和技能，更可以学会如何在法律的框架内进行合作和交流，如何用法律来保障自己的权益和责任，从而形成良好的法治习惯。

为了实现这个目标，高校可以通过举办各种团队合作和交流活动来促进学生的全面发展和个性发展。通过这样的活动，可以使学生在实践中感受到团队合作的力量和法律的约束，从而更好地培养其社会责任感和创新能力。与企业和社会组织的合作可以为学生提供更多的实践机会和平台。这样不仅可以拓展学生的视野和知识体系，还可以使他们在实际的合作和交流中，更好地理解和把握社会责任的内涵和要求。

（四）建立健全的激励和奖励机制

在一个不断发展和变革的社会里，创新成了推动社会进步的重要动力。高校作为培养社会精英和未来领袖的摇篮，其在培养具有社会责任感的创新人才方面的责任更为重大。在这样的背景下，建立健全的激励和奖励机制显得尤为重要。在法治环境下，这样的机制更应细化和规范，以确保每一个有才华、有创意的青年都能够得到合理的认可和激励。在实施激励和奖励机制时，一方面需要将其纳入高校的整体规划和发展中，形成一个健全、完善且具有长期效应的制度。通过明确的奖励政策和具体的实施措施，可以更好地调动学生的积极性和创造性，促使他们更加努力地追求创新和进步。激励和奖励机制不仅仅是经济层面的奖励，更包括对学生个人能力和成就的认可。这样的认可可以通过各种方式来体现，如通过表彰优秀项目，提供更多的实践机会，为学生提供更加广阔的平台等。这样不仅能够提升学生的创新能力，还能够培养他们的社会责任感和法律意识。

在法治环境下，激励和奖励机制应当更加明确和规范。高校应当制定出一套公平、公正、透明的激励和奖励政策，确保每一个努力和创新的学生都能够得到应有的奖励。同时，高校应当加强对激励和奖励机制的监督和管理，确保其实施能够真正地发挥出预期的效果。而在这样的机制下，学生可以更好地感受到创新的乐趣和价值，更愿意投身于创新的实践中。他们不仅能够得到物质层面的奖励，更能够得到精神层面的满足和认可。这样的奖励机制可以更好地培养出一批具有社会责任感和法律意识的创新人才，为社会和国家的发展做出更大的贡献。高校还可以通过与社会企业和组织的合作，为学生提供更多的实践机会和资源。这样不仅能够拓宽学生的视野，还能够为他们提供更多的实践机会和资源。通过这样的合作，可以将理论知识和实践经验更好地结合起来，形成一个更为全面和深刻的学习体验。

在法治环境下，这样的培养模式更能够为学生提供一个健康和有序的学习环境。他们可以在法律的框架下进行创新和实践，更好地理解和遵守法律规定。这样不仅能够培养出一批具有社会责任感和法律意识的创新人才，还能够为社会和国家的发展做出更大的贡献。

第三节　法治环境下的伦理教育与创新能力培养

一、伦理教育在法治环境下的重要性

（一）培养法律意识和道德责任

法治环境是推动社会持续、健康发展的重要基石。通过伦理教育，可以让学生深刻认识到法律和道德的重要性，从而培养其法律意识和道德责任感，这对于创新人才的培养至关重要。伦理教育是一种长期、系统的教育过程，它可以帮助学生建立正确的价值观和道德观，从而在创新活动中遵循法律和道德规范。在这个过程中，教育者需要深入探讨与法律和道德相关的各种问题，帮助学生建立正确的世界观、人生观和价值观。这样可以使学生在面对各种问题和挑战时能够做出符合法律和道德规范的决定，避免走向极端和偏见。而在实际的教育过程中，教育者可以通过各种方式来实现这一目标。例如，可以通过课程设置、实际案例分析等方式来让学生更好地理解和掌握法律和道德的相关知识。可以通过实践活动来提高学生的实践能力和创新能力，从而更好地培养其法律意识和道德责任感。

伦理教育不仅能够帮助学生更好地适应社会，还能够提高其创新能力和竞争力。通过伦理教育，可以使学生更好地认识到创新的重要性，从而更加积极地投身于创新实践中。这样不仅能够提高学生的个人能力，还能够为社会和国家培养出一批具有高度责任感和道德底线的创新人才，伦理教育还可以为社会和国家的发展提供有力的支持。它可以帮助学生更好地认识自身的社会责任和道德责任，从而更加积极地投身于社会和国家的建设和发展中。通过伦理教育，可以使学生更好地认识法律和道德的重要性，从而更加积极地投身于社会和国家的建设中。

（二）促进和谐社会的建设

一个社会的和谐稳定与每个人的道德品质和法律意识有着密切的关系。而高校作为培养社会精英和未来领袖的重要场所，其在促进和谐社会建设中扮演了不可忽视的角色。在法治环境下，伦理教育是这一任务中的关键环节，它通过向学生传授正确的价值观和道德观，能够辅助和促进社会和谐的建设。

首先，要指出的是伦理教育对于避免冲突和纠纷的作用。通过系统的教育，学生能够深刻理解法律和道德的重要性和必要性，这不仅能够避免在实践创新过程中出现违法或违规行为，更能使他们在日常生活中始终坚持道德和法律的底线，从而为构建和谐社会做出贡献。在此基础上，学生能够在创新过程中更好地识别和解决可能出现的问题和挑战，避免产生冲突和纠纷。其次，伦理教育还能够帮助学生建立正确的人际关系和社会关系。学会了如何与他人和谐相处，如何尊重和理解他人的观点和立场。在这个过程中，他们不仅能够提高自身的沟通和协调能力，还能够更好地服务于社会和国家的发展。能够理解和尊重多元化的价值观和观点，能够更好地适应社会的发展和变化。最后，伦理教育还能够为社会和国家的发展提供有力的支持。它能够帮助学生更好地认识自身的社会责任和道德责任，从而更加积极地投身于社会和国家的建设和发展中。能够更好地认识法律和道德的重要性，从而更加积极地投身于社会和国家的发展中。这样不仅能够为社会和国家培养出一批具有高度责任感和道德底线的创新人才，还能够为社会的和谐和进步做出贡献。

（三）提升创新活动的质量和效率

在一个高度法治化和规范化的社会环境中，伦理教育显得尤为重要和必要。它成为塑造学生正确价值观的基石，能为他们在未来的创新活动中提供指引和支持。这种教育方式不仅能够协助学生在遵循法律和道德规范的前提下，更好地进行创新实践，还能显著提升创新活动的质量和效率，为社会和国家带来更多的创新成果和社会价值。在这种环境中，学生可以学会如何将伦理和道德原则融入创新活动中。这样的教育方式可以引导他们在探索新的知识和技术时，始终坚持以人为本，注重社会效益和公共利益。在这个过程中，学生可以学会如何充分考虑创新活动对社会和环境的影响，如何避免可能出现的负面效应，如何保证创新活动的公正和公平。这样的教育方式可以帮助学生更好地理解和掌握创新活动的内在逻辑和规律，从而使他们能够更加有目的和有针对性地进行创新实践。

伦理教育还可以帮助学生建立正确的合作和交流机制。在这样的教育过程中，学生可以学会如何在创新活动中建立和维护良好的人际关系和社会关系，如何更好地与他人进行合作和交流，如何更好地服务于社会和国家的发展。这样的教育方式不仅可以提升创新活动的质量和效率，还可以为社会和国家培养出一批具有高度责任感和道德底线的创新人才。学生可以学会如何运用伦理和道德原则来分析和解决复杂的问题，如何在面对困难和挑战时始终坚持以人为本，注重社会效益和公共利益。这样的教育方式可以帮助学生更好地理解和掌握创新活动的内在逻辑和规律，从而使他们能够更加有目的和有针对性地进行创新实践。

（四）防止创新活动中的不道德行为

在法治社会环境中，伦理教育无疑是教育体系中的一个关键环节，特别是在高校这个培养未来社会精英的摇篮里。其中，一个突出的作用便是能够有力防止创新活动中的不道德行为。一方面，它可以为学生提供明确的道德指南和标准，指导他们如何在追求创新和实现个人价值的过程中，始终坚持法律和道德的底线；另一方面，它还可以通过培养学生的责任感和道德觉悟，帮助他们在面对各种诱惑和压力时能够做出正确和有益于社会的选择。

在高校这样一个追求学术和科技创新的环境中，学生往往需要进行各种各样的创新实践活动。在这些活动中，学生可能会遇到各种各样的问题和困难。但是，在法治和道德的指导下，学生可以学会如何在这些困难和问题面前做出正确的选择和决策。这样，他们就能够避免陷入不道德的行为和陷阱，从而保障创新活动的合法性和道德性。伦理教育还可以通过培养学生的自律和自我约束能力，使他们能够更好地控制自己的行为和决策。在这个过程中，学生可以学会如何在面对各种诱惑和压力时，始终坚持法律和道德的底线。这样，他们就能够更好地防止和避免创新活动中的不道德行为和负面影响。

而在高校的教育过程中，对于学生而言，学习如何将法律知识和道德准则融入自身的学术研究和创新活动中是一种重要的素质和能力。而高校则需要在教学和实践活动中加强对学生的法律和道德教育，帮助他们建立正确的价值观和道德观，培养他们的社会责任感和公民意识。伦理教育还可以帮助学生建立一种正确的人生观和价值观，使他们能够更好地认识和理解社会的多元性和复杂性。这样，他们就能够更好地适应和应对社会的各种变化和挑战，从而更好地服务于社会和国家的发展和进步。

二、法治环境下的伦理教育方法和途径

（一）课程教育的深化和拓展

法治作为社会治理的基石，对于高校伦理教育而言具有根本的意义。而课程教育作为传授知识、塑造人格的主要方式之一，在深化和拓展高校法治创新教育方面扮演着不可或缺的角色。课程教育是一种包罗万象、多层次的教育方式。其深化和拓展不仅仅是知识体系的丰富和完善，更是教育方法和路径的不断创新和实践。在法治环境下，高校课程教育应更加强调法律意识和道德责任的培养。这样不仅可以提高学生的法律认知和道德素养，更能促进他们的创新能力和责任感的提升。

通过深化和拓展课程教育，可以构建一个系统性和全面性更强的学习平台。例如，融合法律学、哲学、社会学等多学科知识，形成一套综合性的课程体系。这样的课程体系可以帮助学生更好地理解和把握法律和道德的深层内涵和细节要求，使他们能够在实际的社会生活和工作中，更加自觉地遵守法律和道德规范。案例分析和实践教学是课程教育中重要的教学方法。通过案例分析，学生可以深入剖析和理解实际案例中的法律和道德问题，从而提高他们的法律分析和道德判断能力。而实践教学则可以为学生提供直接参与和体验的机会，使他们能够在实践中感知和理解法律和道德的重要性和价值。

课程教育的深化和拓展还可以体现在教学方法和手段的创新上。例如，可以通过模拟法庭、角色扮演等方式，让学生更加直观和生动地感受到法律和道德的实施和执行过程。这样不仅可以提高学生的学习兴趣和参与度，还能够增强他们的实践操作能力和社会责任感。研究性学习和项目合作也是课程教育深化和拓展的重要方式。通过这样的学习和合作方式，学生可以在解决实际问题的过程中，更好地理解和掌握法律和道德的知识和技能。同时，可以培养他们的团队协作能力和创新思维能

力，使他们能够在未来的工作和社会生活中，更好地实现法律和道德的价值和意义。

（二）实践教育的推广和实施

在高校环境下，实践教育可以表现为多样化和多层次的实践活动。透过这样的活动，学生得以直观体验法律和道德规范在实际应用中的细节和复杂性，形成更为丰富和立体的法律和道德认知。例如，可以组织学生参与法律援助或社区服务活动，使他们在服务中加深对社会公平正义的认识和追求，同时锤炼其道德品质和社会责任感。为了实现这一目标，高校可以积极推行实践教育项目，与社会、企业等多方合作，为学生提供丰富的实践机会。例如，可以策划一系列基于实际案例的研讨会和研究项目，使学生有机会深入研究和探讨法律和道德问题的实际应用和解决方案，从而培养其分析问题和解决问题的能力。高校也可以考虑将实践教育融入日常课程中，以案例教学、模拟法庭、法律诊所等形式，使学生在学习过程中不断体验法律和道德理论与实际应用之间的紧密联系和相互影响。这不仅可以增强学生的学习兴趣和参与度，还能够提高其法律分析和道德判断的能力。

在实施实践教育的过程中，评价和反馈机制也不容忽视。高校应建立一套有效的评价体系，对学生的实践表现进行全面和客观的评价，从而促使他们不断完善和提升自身的法律和道德素养。同时，高校可以通过反馈和调整来优化实践教育的内容和形式，使其更加贴合学生的学习需求和社会的发展趋势。实践教育应贯穿学生的整个学习过程，形成一个长期、系统和持续的实践教育体系。这样的体系可以为学生提供一个稳定和长效的学习平台，使他们在不断地实践中形成和巩固法律和道德的认识和素养，从而更好地服务于社会和国家的发展。

（三）案例教学和讨论式教学

案例教学是一种以实际案例为教学内容的教学方法，能够将法律和道德知识的传授与现实生活紧密结合。通过剖析一则则鲜活的案例，学生可以更为直观和深刻地理解法律和道德的规定和要求，同时有助于培养其严谨的法律思维和高尚的道德情操。这种教学方式可以使学生在接触法律和道德的实际应用时，形成更为准确和全面的认知。讨论式教学则是一种以讨论和交流为主要形式的教学方式。它强调学生的主体性和互动性，鼓励学生积极参与到教学过程中来，通过与他人的讨论和交流，促使他们不断丰富和拓展自身的知识结构和思维方式。它可以帮助学生构建多元化的观点和理论体系，进而培养他们多方位思考和分析问题的能力。

通过案例教学和讨论式教学，可以为学生打造一个充满动态和互动的学习环境。在这样的环境中，学生不仅可以从教师和教材中获取知识，还可以通过与他人的交流和互动来加深对法律和道德知识的理解和掌握。这种教学方式可以促使学生在学习过程中不断提升自身的法律意识和道德意识，从而培养其具有创新精神和责任感的高素质人才。在实施案例教学和讨论式教学时，教师应充分考虑学生的学习需求和特点，合理设计教学内容和教学方式。例如，可以通过设计一系列有关法律和道德的研讨会和研究项目，引导学生深入探讨和研究法律和道德问题的实际应用和解决方案，从而培养其独立思考和创新解决问题的能力。

教师还可以通过组织一系列实际案例分析和讨论活动，帮助学生形成更为深刻和全面的法律和道德认识。这样的活动不仅可以提升学生的学术水平和综合素质，还可以将其培养成具有高度责任感和道德品质的人才。

（四）利用现代技术手段进行教育

现代技术手段是推进伦理教育的强有力工具，可以为高校营造一个前沿、高效和多元的学习环境。现代技术可以使教学内容更加丰富和多元。通过利用大数据和人工智能技术，教育者可以为学生提供更为广泛和深入的学习资源和材料，使他们能够从更多角度和层面去理解和掌握法律和道德知识。比如，虚拟现实（VR）和增强现实（AR）技术可以用来模拟各种法律案例和道德困境，使学生能够在一个更为真实和生动的环境中进行学习和体验。同时，现代技术可以为学生提供更为个性化和灵活的学习方式。例如，通过线上教育平台和远程教育系统，学生可以根据自身的学习需求和节奏来安排学习计划和路径，使他们能够在一个更为适合自身的环境中进行学习和发展。此外，网络论坛和社交媒体平台也可以为学生提供一个开放和多元的交流和讨论空间，使他们能够更加广泛和深入地交流和讨论法律和道德问题。

现代技术手段也可以使教学方式更为灵活。比如，通过在线讨论和协作工具，教育者可以为学生组织各种线上研讨会和讨论会，使学生能够在一个更为活跃和互动的环境中进行学习和交流。同时，现代技术手段可以为教育者提供更为高效和精准的教学评估和反馈机制，使他们能够更加精准和及时地了解和指导学生的学习进程和状态。现代技术手段也能够提升法律和道德教育的实践性和针对性。例如，通过利用大数据和人工智能技术，教育者可以更加精准和及时地了解社会的法律和道德问题和需求，从而为学生提供更为贴近实际和有针对性的学习内容和教学方式。此外，现代技术还可以为学生提供更为广泛和深入的实践和体验机会，使他们能够更加直观和深刻地理解和体验法律和道德知识的实际应用和价值。

在实施现代技术手段辅助的伦理教育时，高校需充分认识技术的双刃剑性质。一方面，技术可以提升教育的效率和效果；但另一方面，其也可能带来一系列新的问题和挑战，如技术依赖性、信息过载和安全隐患等。因此，高校在利用技术进行教育时，应当注重技术的合理和有节制使用，避免技术滥用和依赖，确保技术服务于教育的目的和价值。

第四节　法律在处理创新活动中的伦理问题的作用

一、提供明确的伦理指导和规范

（一）确立清晰的法律框架

在高等教育机构中，创新活动日益成为一个关键领域。然而，随着这些活动的壮大和深化，相应地也带来了一系列的伦理挑战。在这样的背景下，法律发挥着至关重要的角色，通过提供明确的伦理指导和规范来协助管理和指导这些创新活动。在创新过程中，法律提供了一种清晰明确的路径，明确了行为的边界和预期标准。通过设定清晰的规则和界定，法律有助于创造一个公正和有序的环境，这样学者和研究人员可以在明确和安全的指导下进行探索和实验。法律具有确立透明度和责任机制的能力。它可以明确研究者在进行创新活动时应遵守的伦理标准和规范，以及在面临可能的侵权行为时应承担的责任和义务。通过这样的方式，法律有助于建立一个公正而有责任的研究社群。对知识产权的保护也是法律在处理创新活动中的伦理问题中所发挥的重要作用之一。它可以通过确立明确的知识产权规则和协议，来保护创作者的权益，同时为使用和引用他人作品提供了明确的指南。这种保护不仅有助于激励更多的创新活动，还可以避免因知识产权纠纷而引起的潜在冲突。

法律还拥有调解和解决纠纷的能力。在创新活动中，往往会涉及多方利益和权利的碰撞和冲突。在这种情况下，法律可以通过提供一个公正和公平的解决机制，来帮助各方找到和平和公正的解决方案。法律还有助于确立数据保护和隐私权的基本原则。在创新活动中，往往涉及大量数据的收集和使用。在这种情况下，法律可以通过明确数据保护和隐私权的规定，来保护个体的基本权利，同时避免了因不当数据处理而引起的潜在风险。通过制定和实施相关的规定和标准，来确保研究者在进行创新活动时，能够遵循基本的道德原则和伦理标准，从而保障创新活动的健康和可持续发展。

（二）促进创新活动的公正和透明

创新是推动社会进步和发展的关键动力。然而，随着科技的飞速进步和知识经济的不断壮大，创新活动也越来越多地涉及多方面和多层次的利益关系和价值判断。法律作为一种有力的工具和保障，可以确保创新活动的公正性和透明性，避免不公正和不透明的行为，从而为社会和国家带来更多的创新成果和社会价值。法律可以通过多种方式来实现这一目标。首先，法律可以通过明确的规定和指导来提供一个明确和可预见的环境，使创新活动可以在公平和透明的条件下进行。例如，通过确立知识产权的保护机制，可以保证创新者的劳动成果得到适当的保护和奖励，从而鼓励更多的人参与到创新活动中来。其次，法律还可以通过确立适当的监管机制来确保创新活动的公正和透明。例如，通过设立透明的审查和批准程序，可以确保创新项目得到公正和透明的评估和监管，从而避免可能出现的利益冲突和不公正的行为。最后，法律还可以通过设立有效的纠纷解决机制来保障创新活动的公正和透明。在创新活动中，往往存在多种利益关系和价值判断。在这种情况下，法律可以提供一个公正和透明的纠纷解决平台，通过这样的平台，可以及时和有效地解决可能出现的纠纷和争议，从而保障创新活动的顺利进行。法律还可以通过确立公正和透明的标准和规范来促进创新活动的健康发展。例如，通过明确的伦理指导和规范，可以确保创新活动在符合社会道德和伦理标准的基础上进行，从而避免可能出现的不公正和不透明的行为。

从全局角度来看，法律在处理创新活动中的伦理问题时，旨在创造一个公平、透明和有序的环境，使所有参与者都能够在公平和透明的条件下进行创新活动。这样的环境不仅可以保障创新者的权益，还可以为社会和国家带来更多的创新成果和社会价值。在实现这一目标时，法律还需要与其他社会机制和资源相结合，以实现更加全面和有效的公正和透明。例如，可以通过教育和培训来提高创新者的法律意识和责任意识，从而更好地保障创新活动的公正和透明。

（三）提供有效的解决方案和方法

在探讨法律在处理创新活动中的伦理问题时，其能够提供有效的解决方案和方法这一维度不可忽视。此方面的功能表现在它为学者和研究者奠定了一套完整、可行的伦理方针和纠纷解决框架，从而确保了社会的和谐稳定和创新活动的顺畅进行。具体来说，法律可以通过以下几个方面来实现这一目标：

1. 确立明确的责任和义务

法律可以通过确立清晰的责任和义务来为创新活动提供有效的解决方案和方法。在这一过程中，法律不仅为创新者明确了其在创新活动中的权利和义务，还为其他相关方提供了明确的指导和约束。通过这种方式，法律可以为创新活动的各方参与者提供一个公平、公正和透明的竞技场，从而避免可能出现的法律纠纷和道德争议。

2. 创造有利于研究和创新的环境

法律可以通过创造一个有利于研究和创新的环境来为创新活动提供有效的解决方案和方法。在这一方面，法律可以通过提供一系列的保护和激励措施来促进研究和创新活动的健康发展。这些措施包括但不限于知识产权保护、研究资金的投入和税收优惠等。通过这种方式，法律可以为创新活动提供一个有利的外部环境，从而促进研究和创新的持续进行。

3. 促进伦理审查和监管

在创新活动中，法律可以通过促进伦理审查和监管来为其提供有效的解决方案和方法。在这一方面，法律可以通过设立专门的机构和程序来进行伦理审查和监管。这样的机构和程序可以确保创新活动在遵守伦理和法律规定的同时，能够实现其既定的目标和价值。通过这种方式，法律可以为创新活动提供一个有力的保障和支持，从而避免可能出现的伦理和法律问题。

4.为纠纷解决提供可行的途径

法律在处理创新活动中的伦理问题时，可以通过为纠纷解决提供可行的途径来实现其目标。在这一方面，法律可以通过设立专门的纠纷解决机构和程序来解决创新活动中可能出现的纠纷和争议。这样的机构和程序可以为创新活动的各方提供一个公正、公平和透明的纠纷解决平台，从而避免可能出现的法律纠纷和道德争议。

5.强化研究者的伦理教育和培训

法律还可以通过强化研究者的伦理教育和培训来为创新活动提供有效的解决方案和方法。在这一方面，法律可以通过推动相关教育和培训项目来提高研究者的伦理意识和责任感。通过这种方式，法律可以确保研究者在进行创新活动时能够遵守法律和伦理规定，从而避免可能出现的法律纠纷和道德争议。

（四）培养具有法律意识和道德责任感的创新人才

在对创新领域进行深度探讨时，必须高度重视法律在培养具有法律意识和道德责任感的创新人才中的核心作用。这个方向不仅涉及法律制度的构建，更是与创新文化、教育体系和社会进步紧密相连。

1.增强创新人才的法律意识

在创新活动中，法律意识是每一位参与者必须具备的基本品质。强有力的法律框架能够确保创新者在追求创新的同时，能够明确其行为的法律边界，避免触犯法律红线。同时，通过法律教育和培训，可以让创新人才更加了解法律规定和道德约束，从而在实施创新活动时能够做到合法、合规和合道德。

2.形塑责任感强烈的创新文化

通过法律的引导和规范，可以在社会中形塑一种责任感强烈的创新文化。这种文化鼓励创新人才在追求技术突破和创新成果的同时，能够充分认识到其行为对社会和环境的影响，从而在创新过程中充分体现其道德责任感。此种文化也鼓励公平竞争和合作，形成有益于长期发展的社会环境。

3. 通过法律手段保护创新成果

法律不仅能够提供清晰的行为指导，还能够通过法律手段来保护创新成果，避免创新成果被非法剽窃或侵权。通过法律保护，可以为创新者提供一个安全、稳定的环境，使其能够更加放心地进行创新活动，从而有利于创新人才的培养和成长。

4. 促进创新教育的深化和拓展

法律也可以通过对创新教育的深化和拓展来促进创新人才的培养。这包括构建与时俱进的创新教育体系，提供多元化的创新教育资源，以及建立全面的创新人才培养机制。通过这些方式，法律可以促进更多有潜力的创新人才的涌现和成长，从而为社会和国家提供更多的创新动力和资源。

5. 提升社会公正和透明度

在促进创新人才培养的过程中，法律也可以通过提升社会公正和透明度来实现其目标。这包括确保创新活动的公平性和透明性，避免潜在的不公正和不透明的行为，以及促进各方公平参与和共享创新成果。通过这些方式，法律可以为社会和国家培养出更多的高素质和有责任感的创新人才。

二、建立和完善伦理审查机制

（一）确保创新活动的合法性和道德性

伦理审查机制是对高校创新活动的一种科学而有力的监管和指导，旨在确保创新活动的合法性和道德性。法律层面的介入，不仅可以为高校提供一个结构化、系统化的方案来审视和把控创新活动，还能够为创新活动建立一个健康、和谐的发展环境。

在现代社会，创新已成为推动社会进步的主要动力之一。然而，随着科技的飞速发展，相应地产生了一系列新的伦理问题和法律挑战。在这个背景下，高校作为创新活动的重要基地，更应该在确保创新活动的合法性和道德性方面发挥主导作用。而在这个过程中，建立和完善伦理审查机制显得尤为重要。通过明确的法律指导和规范，高校可以将法律理念和道德准则整合到创新活动的每一个环节，使之成为创新人才的必备素质和创新活动的基本要求。这不仅有助于预防可能出现的伦理问题和纠纷，而且可以提升整个社会对创新活动的信任和尊重，从而为创新活动提供一个更为稳定和有序的环境。

高校可以通过建立专门的伦理审查委员会来进行伦理审查。这样的委员会可以由法律、道德和相关领域的专家组成，其任务是对创新活动进行全面、细致的审查，以确保其合法性和道德性。通过这样的审查机制，可以有效避免创新活动中可能出现的法律纠纷和道德争议，同时可以提升创新活动的社会信誉和公众接受度。伦理审查机制还应该包括对创新活动的全程监督和管理。这不仅包括对创新活动的前期审查，还包括对创新活动的实施过程和结果的监督和管理。这样可以确保创新活动在整个过程中都能够遵循法律和道德的规定，从而避免可能出现的问题和纠纷。高校还可以通过开展相关的教育和培训来提升创新人才的法律意识和道德责任感。这可以通过组织系列讲座、研讨会和培训班来实现。通过这样的教育和培训，可以使创新人才更加明确法律和道德的要求，从而在创新活动中更好地遵循法律和道德的规定。

（二）提供一个公正和公平的审查平台

现代社会中的法律框架已经明确指出了伦理审查机制的重要性。这样的机制不仅需要保证创新活动的合法性和道德性，还要确保评价的公平和公正。一个公正和公平的审查平台，不仅仅是一个确保创新活动合规的审查体系，它还应当是一个综合性的系统，涵盖创新活动的多方面，从其实施阶段到其最终结果，所有方面都应该受到严格而全面的审查。这样的平台应该设立明确而严格的标准和准则，用以指导创新活动的实施和评价。这样的标准和准则不仅可以为创新活动提供明确的方向和指导，还可以避免可能出现的偏见和歧视，从而确保创新活动的公正性和公平性。法律在构建这样一个审查平台时，需确保所有创新活动都能够得到公平和公正的审查。这样的审查机制应当基于一套清晰明确的标准和准则，这样可以确保所有涉及的创新活动都能够在同等的标准下进行审查。同时，法律应当提供一套健全的申诉和复审机制，以确保创新活动的公平性和公正性。

一个公正和公平的审查平台，还需具备透明和可靠的特点。这意味着所有的审查过程和结果应当是公开和透明的，同时应该提供可靠的证据和理由来支持审查结果。这样可以增强公众对审查机制的信任和认可，从而为创新活动提供一个更加稳定和有利的发展环境。一个公正和公平的审查平台还应该具备全面和细致的特点。这意味着审查机制应当涵盖创新活动的所有方面，从其初步设计到其实施和最终结果，所有方面都应该受到全面和细致的审查。这样可以确保创新活动的全面性和细致性，从而为社会和国家的稳定和发展提供有力的支持。

通过创建公正和公平的审查平台，法律不仅可以确保创新活动的合法性和道德性，还可以为社会和国家提供更多的创新成果和社会价值。而高校作为创新活动的主要基地，有责任和义务确保所有的创新活动都能够得到公正和公平的审查。这样可以为高校提供一个稳定和有利的环境，从而为社会和国家的稳定和发展做出积极的贡献。

（三）促进学术诚信和研究道德

在构筑知识社会的过程中，学术诚信和研究道德占据着中心位置，充当知识和真理的坚固护城河。在这方面，法律体系具有关键性的作用，通过设立一系列明确的规范和标准，有助于高校在这场努力中取得成功，遏止学术不端和研究不道德的行为，同时保障学术的公正性和公信力。

学术诚信是研究和学术活动的基石，涵盖一系列原则，包括但不限于真实性、可靠性和透明性。它要求研究人员在其工作中遵循一系列严格的道德和专业标准，以确保其研究的质量和信誉。而研究道德则进一步深化了这一理念，要求研究人员在其工作中展现尊重、责任和公正的态度，以保证研究的公正性和公信力。法律在促进学术诚信和研究道德方面有着多方面的作用。首先，法律可以为高校提供一套明确的指导原则和标准，以帮助它们在其工作中遵循学术诚信和研究道德。通过明确的法律规定，高校可以更好地预防和解决学术不端和研究不道德的行为，从而保障学术的公正性和公信力。

法律可以通过建立和完善伦理审查机制来促进学术诚信和研究道德。这样的机制可以为高校提供一个有效的工具，以帮助研究人员在其工作中遵循学术诚信和研究道德。通过这样的机制，高校可以更好地监督和指导其研究人员，从而确保他们在其工作中遵循学术诚信和研究道德。法律可以提供明确的处罚措施来促进学术诚信和研究道德。这样的措施可以为高校提供一个有力的工具，以预防和解决学术不端和研究不道德的行为。通过这样的措施，高校可以更好地确保其研究人员在其工作中遵循学术诚信和研究道德。推动公开和透明的研究环境来促进学术诚信和研究道德。一个公开和透明的研究环境可以为高校提供一个有利的环境，以帮助它们在其工作中更好地遵循学术诚信和研究道德。通过这样的环境，高校可以更好地监督和指导其研究人员，从而确保他们在其工作中遵循学术诚信和研究道德。

（四）提高创新活动的质量和效率

法律通过构建一个全面而具有针对性的伦理审查机制可以进一步提

高创新活动的质量和效率。这一机制不仅可以确保创新活动的合法性和道德性，而且还可以推动创新活动的质量和效率到一个更高的层次。

创新活动的质量可以通过多种方式得到提高。首先，伦理审查机制可以提供一个框架，以确保所有的创新活动都遵循相应的法律和道德准则。这种遵循可以防止研究中出现不道德或非法的行为，从而确保研究的质量不会受到损害。其次，伦理审查可以帮助确保研究的透明度和可靠性，通过鼓励研究人员公开他们的方法和结果，可以进一步提高研究的质量。伦理审查机制也可以提高创新活动的效率。通过提供一个清晰的道路图和指南，法律可以帮助研究人员避免在他们的工作中遇到不必要的障碍或延迟。此外，通过提供明确的审查流程和标准，法律可以帮助减少研究人员在进行创新活动时可能遇到的不确定性和风险。

然而，要实现这一目标还需要进行多方面的努力。法律必须与时俱进，适应快速发展的科技和社会环境。同时，需要确保伦理审查机制的实施和监督是有效和高效的。这可以通过建立专门的机构和组织来实现，这些机构和组织可以提供必要的资源和支持来确保伦理审查机制的成功实施。为了确保创新活动的质量和效率，还需要建立一个包容和多元化的伦理审查体系。这样的体系可以确保所有的研究人员都有机会参与到创新活动中，而不是被排除在外。这不仅可以提高研究的质量和效率，而且还可以促进更多的创新和多元化的研究。

第五节　法律对创新行为的伦理监管和约束

一、确立明确的伦理标准和规范

（一）制定具体的法律法规

法律对高校中创新行为的监管不仅仅是一种约束，更是一种引导。

通过细致的法律法规，能够使得学生在进行创新实践时有一个清晰的方向和红线，有利于培养他们的责任意识和道德规范。

高校环境是一个充满活力和创新精神的场所。在这样一个环境中，法律法规的存在能够帮助学生们明确他们的行动边界，防止他们在创新的过程中走向极端或偏离初衷。比如，保护知识产权的相关法律可以避免学生在创新过程中涉及抄袭或不正当竞争，从而确保他们能够在一个公正、公平的环境中进行创新活动。当学生在探索新的创意或方案时，合适的法律法规可以促使他们更加注重创新行为的社会影响和责任。例如，相关法律法规可以强调在创新过程中必须考虑环保和社会责任，确保创新行为不仅仅是技术上的突破，也是在道德和社会责任方面的提升。合适的法律法规还能够引导学生们更加注重团队合作和交流。在一个多元化的高校环境中，来自不同背景和专业的学生们可以通过合作和交流来实现更高层次的创新。而相关的法律法规可以提供一个公正和有序的平台，确保每个学生都能在一个健康和有益的环境中进行创新实践。

法律法规还可以作为一种教育工具来使用。通过学习和了解相关的法律法规，学生可以更好地认识社会的规则和原则，从而培养出更加成熟和全面的世界观。这不仅可以帮助他们在未来的社会生活中更好地遵守法律，也可以培养他们的道德意识和责任心。

（二）明确创新行为的道德底线

通过法律的监管和约束，可以清晰地标定创新行为应有的道德边界，阻止创新行为陷入不道德或非法的活动。这样的明确底线不仅为社会的稳定和和谐提供保障，而且有助于维护创新者及相关利益方的合法权益①。

---

① 吴放，姚远，刘向君．社会主义核心价值观融入大学生创新创业教育研究 [M]．成都：四川大学出版社，2021．

在高校环境下，学生往往充满了激情和创新精神。然而，这种情绪有时也可能让他们在探索未知的过程中失去方向，偏离道德的正轨。因此，法律应作为一种力量来设定明确的界限，以确保他们的创新行为不会越过某些不可逾越的边界。法律的介入和监管可以被视为一种社会责任的体现。它鼓励个体在追求创新和突破的同时，考虑社会的大局和长远的影响。这样，可以预防潜在的负面效应，如侵犯他人权利或产生社会不和谐的现象。明确的道德底线也可以促使创新者更加深思熟虑，避免盲目和冲动的行为。它提醒创新者，创新不是无底线的追求，而是需要在法律和道德的框架内进行。这样可以确保创新的健康和可持续发展，避免因短视和冲动造成的可能损害。在创新的过程中，可能会涉及多方的利益和权益。法律的存在可以确保所有方的合法权益得到保障，避免因利益冲突而导致的纠纷和冲突。

法律对创新行为的约束和监管还可以帮助塑造一个更为有序和公正的创新环境。在这样的环境中，创新者可以更加专注于他们的创新活动，而不是担心可能出现的法律纠纷和道德争议。这样不仅有利于创新者的个体发展，也有利于整个社会的和谐和进步。法律也是社会进步的重要推动力。通过合理的法律制度，可以引导社会向更加文明和进步的方向发展。在这个过程中，法律对创新行为的约束和监管起到了重要的作用，它可以引导人们在追求创新和突破的同时考虑社会的稳定和和谐。

（三）提供伦理指导和教育

在探讨创新行为的法律监管和约束中，提供伦理指导和教育不可或缺。法律不仅是一套规则和规定，更是一种价值取向和伦理教育工具。法律有时候超越了简单的"禁止"和"允许"，它深化为一种指导性的力量，促使人们在进行创新活动时，能够在内心深处根植对法律和道德规范的敬畏和遵循。在高校环境下，学生和研究人员是社会未来的重要组成部分。他们具有对新知识和技术的独到见解和深刻理解，因此他们在社会进步和发展中扮演着重要的角色。但是，在追求创新和突破的过程中，他们也可能会遇到各种各样的伦理困境和法律问题。这些问题不仅涉及个体的权利和责任，还可能影响社会的稳定和和谐。因此，法律应该作为一种有力的工具，可以通过提供伦理指导和教育来帮助他们更好地理解和把握创新行为的伦理要求和规范。

法律可以与教育机构合作，共同开展一系列的伦理教育和培训活动。这些活动可以通过各种形式进行，比如举办研讨会、讲座和培训班等，旨在提高学生和研究人员对创新行为的伦理认识和对法律责任的意识。同时，法律可以借助于现代技术，如网络和多媒体等手段，来拓展其影响力和效果。这样可以确保学生和研究人员在创新活动中更好地遵循法律和道德规范，而不是盲目地追求创新和进步。教育和指导可以成为一种软实力，它可以潜移默化地影响和改变人们的思想和行为。比如，通过教育和指导，可以使学生和研究人员更加深刻地理解创新行为的社会责任和道德义务。他们可以学会如何在追求创新和突破的同时兼顾到社会的稳定和和谐，避免造成不必要的纷争和冲突。

法律还可以通过制定明确的伦理标准和规范来进一步强化其在监管和约束创新行为中的作用。这些标准和规范可以作为一种指南，帮助学生和研究人员在创新活动中做出更加明智和合理的决定。它可以防止他们因为缺乏指导和教育而做出可能导致法律纠纷和道德争议的行为。同时，它可以为他们提供一个明确的方向和目标，使他们能够在追求创新和进步的过程中更好地遵循法律和道德规范。

二、实施有力的法律监管和执行

（一）加强法律监管和执法力度

加强法律监管的一方面表现为法律体系的完善和强化。在高校环境中，应当建立和完善相关的法律制度，明确创新行为的法律边界和责任。

这不仅包括科研活动的法律规范，还包括对知识产权的保护和对学术不端行为的惩处。通过法律手段，可以对创新行为进行合理的引导和约束，使其更加健康和有序地进行。而执法力度的加强，则意味着对法律规定的严格执行和监督。在高校环境中，应当加大对法律违规行为的查处力度，确保法律的严肃性和权威性。这包括加强对学术不端行为的监管，确保学术研究的公正和透明。同时，应当建立健全相关的执法机制，提高执法的效率和效果，使法律真正成为约束和引导创新行为的有力工具。

在加强法律监管和执法力度的过程中，还应注重法律的普及和宣传。通过各种方式，增强高校师生的法律意识，使其深刻认识到法律的重要性和必要性。这样可以在源头上避免一些违法和不道德行为的发生，提升高校创新行为的法律合规性。为了确保创新行为在法律和道德的框架内进行，还应加强对高校师生的道德教育和引导。通过加强道德教育，可以培养高校师生的道德责任感和公德心，使其在进行创新行为时能够自觉遵守法律和道德规范，避免走向违法和不道德的歧途。

（二）建立和完善法律责任制度

高校环境应深化对法律责任制度的研究与实施。一个完善的法律责任制度应涵盖多方面的内容，包括但不限于对学术不端行为的认定与处罚、对知识产权侵权行为的追责以及对科研活动中可能产生的法律争议的预防和解决。通过构建一个全面而细致的法律责任体系，可以使高校环境中的创新行为更加健康有序，同时能有力地保障社会的和谐稳定和公共利益。在建立和完善法律责任制度的过程中，高校也应采取一系列具体的措施。比如，可以设置相关的监管机构，负责对学术和科研活动进行监督和管理。同时，可以加强对高校师生的法律教育和培训，增强其法律意识和法律素养。这样，可以从根本上减少违法和不道德行为的发生，使法律责任制度能够更加有效地发挥其作用。

法律责任制度也应该明确各种行为的法律后果。这样可以形成一种有力的震慑效果，使高校师生在进行创新行为时能够更加谨慎和自律。通过明确规定各种行为的法律责任，可以使法律责任制度具有更强的实施力度和约束力，从而更好地保障社会的和谐稳定和公共利益。还应强化法律责任制度的执行力度，确保其能够真正发挥其应有的效果。这包括加强对法律责任制度的监督和评估，确保其能够真正起到预期的效果。通过加强监督和评估，可以不断完善法律责任制度，使其更加符合社会的实际需要和发展趋势。

（三）提供法律援助和咨询服务

法律援助和咨询服务可以具体分为几个方面。

一是通过开设法律咨询热线或线上咨询平台，让学生和研究人员能够在遇到法律问题时，得到及时和专业的法律帮助和指导。这不仅能够帮助他们解决具体的法律问题，还可以增强他们的法律意识和法律素养。

二是通过举办法律讲座和培训，增强学生和研究人员对法律和道德规范的认识和理解。这可以帮助他们在进行科研和创新活动时，更好地遵循法律和道德规范，避免走入法律和道德的误区。

三是通过提供法律文献和资料，帮助学生和研究人员更好地了解和掌握相关的法律知识。这可以为他们提供强有力的法律支撑，使他们在进行创新行为时，能够更加有底气和信心。同时，可以通过开展法律实务操作训练，使学生和研究人员能够更好地掌握法律的实际操作技能，提高其法律实务能力。

四是为学生和研究人员提供法律风险防控的重要手段。通过这样的服务，可以帮助他们及时发现和预防法律风险，避免因法律问题而导致的损失和纠纷。同时，可以为他们提供一个有效的法律纠纷解决渠道，使他们在遇到法律纠纷时，能够得到及时和有效的法律帮助和支持。

（四）加强与国际法律和伦理标准的对接

实现与国际法律和伦理标准的对接，意味着高校需要在多个层面进行深化合作和交流。一方面，应注重学术研究和技术开发方面的国际合作，借鉴和学习国际上先进的法律理论和实践经验，使高校能够在全球视野下进行科研创新。这样不仅可以拓宽高校的国际视野和提高高校的影响力，还可以促进高校与世界各国的交流和合作，为高校创新提供更加广阔的平台和更加丰富的资源。另一方面，高校还需加强对国际法律和伦理标准的学习和研究，确保高校的法律体系和伦理规范与国际标准保持一致。这包括加强对国际法律和伦理规范的学习和研究，培养具有国际视野的法律人才，以及加强与国际组织和机构的合作，共同推动法律和伦理标准的发展和完善。

在这一过程中，高校还需不断加强与国际社会的交流和合作。可以通过举办国际学术交流会议、研讨会等形式，增强与国际社会的交流和合作，共同探讨和研究法律和伦理问题。这样可以增强高校的国际影响力和竞争力，同时可以为高校提供更多的学习和交流机会，拓展高校的国际视野和影响力。加强与国际法律和伦理标准的对接，还可以为高校创新提供更加宽松和开放的环境。通过与国际标准的对接，可以使高校的法律体系和伦理规范更加完善和国际化，从而为高校创新提供更加有利的条件和环境。这样不仅可以促进高校创新的健康和有序发展，还可以为高校提供一个更加开放和国际化的平台，使高校能够更好地适应国际化的创新环境和要求。

第七章　创新能力培养与社会经济发展

第一节　创新能力与社会经济发展的关系

一、创新能力作为社会经济发展的驱动力

（一）理论基础与历史视角

1.历史视角

从历史的角度来看，创新能力一直是社会进步和经济繁荣的关键因素。无论是古代社会的农业革新，还是工业革命时期的技术突破，都可以看到创新能力在其中发挥的关键作用。在很多重大的历史时刻，创新思维和技术突破成为推动社会向前发展的重要力量。在这一过程中，高校往往扮演着知识创新和技术推广的角色，为社会经济的发展提供了强有力的支持。

2.理论基础

在理论层面上，高校作为知识的沃土和研究的中心，其在培养创新能力方面的作用不可忽视。多元化的学术研究和交叉学科的发展不仅丰富了人类的知识库，也为社会经济的全面发展提供了坚实的理论支撑和前瞻性的视野。更进一步来说，高校能够通过培养具有创新思维的人才，为社会注入新的活力和动力。

3. 高校创新能力的培养与社会经济发展

在现代社会，高校的创新能力培养已成为社会经济发展的重要支柱。高校不仅需要为学生提供学术知识，更应致力于培养学生的创新能力和实践能力。通过与产业界的合作，高校可以将理论知识与实际应用相结合，推动社会经济的快速发展。

（二）人才培养与技能发展

在社会经济的持续发展中，高校扮演着人才库和知识创新中心的重要角色。高校不仅是学术知识的传播者，更是创新思维和实践技能的培育者。通过系统的教育和培训程序，高校有能力培养出具备深厚学识和创新能力的人才，这些人才将成为推动社会经济发展的关键因素。在高校的教育环境中，学生不仅能够学到专业知识，更能学会如何运用这些知识来解决实际问题，培养出批判性思维和问题解决能力。高校也是实践和创新的平台。通过与产业界的紧密合作，高校能为学生提供丰富的实践和创新机会。这样的合作不仅能使学生更好地将所学知识应用于实际问题的解决中，更能为社会经济的发展提供源源不断的创新动力。在实践中，学生可以更好地理解和掌握理论知识，而在创新中，学生有机会挑战现有的知识体系，为社会经济的发展注入新的活力。

高校的人才培养和技能发展显得尤为重要。高校不仅要培养学生的专业技能，更要培养学生的创新能力和实践技能。这样的人才培养不仅可以为社会经济的发展提供有力的支撑，更能为社会的全面进步做出贡献。因此，可以说高校的人才培养和技能发展是推动社会经济发展的重要因素。高校不仅要传授知识，更要培养学生的创新能力和实践技能。

通过与产业界的紧密合作，高校能够更好地将理论知识和实践经验结合起来，为社会经济的发展提供更加全面和深刻的支持。同时，高校要加强对学生创新能力和实践技能的培养，使其成为社会经济发展的有力推动者。

（三）科研创新与产业升级

高校的科研创新不仅可以推动技术的突破和产业的创新，更可以推动社会经济的快速发展。科研创新不仅仅是研发新技术、新产品，更是关乎产业结构的升级和转型。通过高校的科研力量，可以将最新的科研成果快速转化为实际的产品和技术，这不仅可以推动企业的发展，更可以推动整个社会经济的发展。同时，高校可以通过与企业和产业界的深度合作，实现科研成果的快速转化和应用，从而为社会经济的发展做出实质性的贡献。

在这个过程中，高校可以充分发挥其在基础研究和应用研究中的优势，为产业升级提供强有力的支持。高校的科研团队可以深入研究前沿技术和理论，为产业升级提供有力的理论支持和技术保障。同时，高校可以通过其丰富的资源和平台，为企业提供技术咨询和服务，帮助企业解决实际问题，提升企业的核心竞争力。此外，高校还可以通过培养高素质的人才，为企业提供有力的人才支持，从而推动企业的快速发展和壮大。

在现代社会，高校的科研创新能力已成为社会经济发展的重要驱动力。高校不仅是新知识和新技术的创造中心，更是产业升级和社会进步的关键力量。通过高校的科研创新，可以推动技术的突破和产业的创新，从而推动社会经济的快速发展。同时，高校可以通过与企业和产业界的紧密合作，将科研成果快速转化为实际的产品和技术，为社会经济的发展做出实质性的贡献。

（四）社会责任与和谐发展

在社会结构中，高校无疑是一个具有重大影响力和责任的组成部分。其社会责任不仅体现在培养具有专业知识和技能的人才，更体现在其对社会和谐和可持续发展的贡献。高校拥有丰富的知识资源和研究能力，这使得它们能够在多方面为社会做出贡献。通过深入的教育和研究，高校有能力推动社会的公平和公正，为构建和谐社会提供理论支持和实践案例。

教育和研究是高校的两大核心职责，也是其社会责任的重要体现。通过教育，高校可以培养出具有良好道德品质和社会责任感的人才，这些人才将成为未来社会的栋梁，为社会的和谐和可持续发展做出贡献。同时，高校的研究工作可以为社会的和谐发展提供有力的支持。例如，高校可以通过科研和创新活动来推动环境的保护和社会的和谐发展。通过研究和推广绿色技术和可持续发展理念，高校可以为社会的和谐和可持续发展做出实质性的贡献。

高校在推动社会和谐和可持续发展方面的责任和角色是多方面和多层次的。在教育方面，高校需要培养出具有全面知识结构和高度社会责任感的人才，这些人才将成为社会发展的重要力量。在研究方面，高校需要深入研究社会的各种问题，为解决这些问题提供有力的理论支持和实践案例。此外，高校还可以通过其科研和创新活动来推动社会的和谐和可持续发展。例如，高校可以通过研究和推广绿色技术和可持续发展理念，为社会的和谐和可持续发展做出贡献。

在这样的背景下，高校的社会责任和和谐发展成为其创新能力培养的重要方面，也成为推动社会经济发展的重要力量。高校不仅需要培养出具有专业知识和技能的人才，还需要培养出具有高度社会责任感和全面发展视野的人才。这样的人才将成为推动社会和谐和可持续发展的重要力量。同时，高校的科研和创新活动可以为社会的和谐和可持续发展提供有力的支持。通过深入的研究和创新，高校可以为社会的和谐和可持续发展做出实质性的贡献。

二、创新能力对社会结构的影响

（一）社会结构的调整和优化

高校的创新能力不仅仅是一个理论或学术概念，还是一种可以实际影响和改变社会结构的力量。通过培养具有创新思维和技能的人才，高校可以为社会注入新的活力和动力，推动社会结构的持续优化和进步。这样的变化是多元和多层次的，涉及产业结构的升级、就业结构的变化和社会阶层的流动性增强。这样的调整和优化可以为社会带来更多的机遇和可能性，为个体提供更多的发展空间和机会。

在产业结构升级方面，高校的创新能力可以为新技术和新产业的发展提供强有力的支持。通过科研创新和技术转移，高校可以推动产业结构的升级和转型，为社会创造更多的财富和价值。高校还可以通过培养高素质的人才，为企业提供有力的人才支持，推动企业的快速发展和壮大。在就业结构变化方面，高校的创新能力可以为社会提供更多的就业机会和可能性。通过培养具有创新思维和技能的人才，高校可以为社会提供更多的高技能和高价值的就业机会，这样不仅可以提高个体的就业质量和收入水平，还可以推动社会的经济发展和进步。在社会阶层流动性增强方面，高校的创新能力可以为社会提供更多的上升通道和机会。通过教育和培训，高校可以为个体提供更多的发展空间和可能性，这样可以增强社会阶层的流动性，促进社会的公平和公正。高校的创新能力还能够为社会结构的平衡和和谐做出贡献。透过促进科技进步，可以有效减少区域和群体间的发展差距，为构建一个更加公正、公平和和谐的社会结构提供强有力的支持。这样的社会结构可以为个体提供更多的发展机会和空间，促进社会的和谐和稳定。

（二）社会关系的升华和深化

高校的创新能力培养逐渐显露出其对社会关系升华和深化的重要影响。这种影响是多维度和多层次的，它涉及社群的形成、交叉学科的合作、学术和产业界的交流，以及更加开放和包容的社会关系的建立。高校通过其创新能力培养，能够促使基于共同兴趣和目标的社群的形成和壮大，进而推动社会关系网络的和谐和协调发展。

高校的创新能力不仅能够推动科学技术的进步，还能够促进社会关系的升华和深化。这种影响是渐进和持续的，它通过多种方式和途径来实现。例如，高校可以通过培养具有创新精神和技能的人才来推动社群的形成和壮大。这种社群不仅仅是基于地域或族群的社群，更是基于共同兴趣和目标的社群。这样的社群可以为社会提供更多交流和合作的机会，从而推动社会关系的升华和深化。通过交叉学科的合作，高校可以为社会提供更多的知识和技术资源，从而推动社会的进步和发展。这样的合作不仅仅是学术界的合作，更是产业界的合作。通过加强学术和产业界的交流和合作，高校可以为社会提供更多的技术和知识支持，从而推动社会的经济发展和进步。通过推动科学技术的进步和社会的发展，高校可以为社会提供更多的交流和合作的机会，从而推动更加开放和包容的社会关系的建立。这样的社会关系不仅仅是基于地域或族群的社会关系，更是基于共同的兴趣和目标的社会关系。这样的社会关系可以为社会提供更多的发展机会和空间，从而推动社会的和谐和协调发展。

（三）社会价值观的更新和升华

作为社会结构和社会关系的基石，社会价值观见证了时代的变迁和社会的进步。在这一进程中，高校的创新能力培养成为一个关键的力量，引领社会价值观的更新和升华。这样的引领不仅仅是通过教育和研究活动实现的，更是通过科研和创新活动来实现的。这样的活动可以为社会提供更多的知识和理念，从而推动社会价值观的更新和升华。

高校作为知识和创新的摇篮，有责任和使命推动社会价值观的更新和升华。通过其教育和研究活动，高校可以推动社会价值观的更新。这样的更新是多元和多层次的，涉及更加开放和包容的价值观的推广和实践。通过推广这样的价值观，高校可以为社会的进步和和谐提供有力的支持。例如，通过教育和研究活动，高校可以推动个体的全面发展和社会的和谐进步。这样的活动不仅可以提高个体的知识和技能水平，还可以推动社会的和谐和进步。而在科研和创新活动方面，高校可以通过研究和推广新的社会管理模式和社会治理理念来推动社会价值观的升华。这样的升华是系统和全面的，涉及多方面的知识和技术的研究和应用。通过这样的研究和应用，高校可以为社会提供更多的管理和治理的知识和技术，从而推动社会的公正和和谐。例如，高校可以通过研究新的社会管理模式和社会治理理念，为社会提供更多的管理和治理的方法和途径。

在这一过程中，高校可以充分发挥其在知识创新和技术推广方面的优势，为社会提供更多的支持和帮助。高校可以通过其教育和研究活动来推动社会价值观的更新，从而为社会的进步和和谐提供有力的支持。同时，高校可以通过其科研和创新活动来推动社会价值观的升华，从而为构建更加公正和和谐的社会提供有力的支持。

（四）文化繁荣和社会和谐

在当今社会，文化繁荣和社会和谐成了社会发展的重要指标。高校，作为文化创新和传播的重要场所，其创新能力培养扮演了不可或缺的角色。通过培养具有创新精神和全面素质的人才，高校能够促进文化的繁荣和社会的和谐。其中，高校可以通过其教育和研究活动来推动文化的繁荣，同时能通过其科研和创新活动来推动社会的和谐。

高校是知识的殿堂和文化的摇篮，其教育和研究活动无疑是推动文化繁荣的重要渠道。在高校里，一代又一代的学子接受全面的教育，学习先进的知识和理念。这样的教育和研究不仅仅是对知识的传授，更是对文化的传承和创新。通过研究和推广新的文化理念和文化产品，高校可以为社会提供更多的文化资源和支持，从而推动文化的繁荣。例如，高校可以通过开展各种文化研究和活动，来推广新的文化理念和文化产品。这样的研究和活动不仅可以丰富社会的文化生活，还可以推动社会的文化进步和发展。通过其科研和创新活动来推动社会的和谐。这样的活动可以为社会提供更多的知识和技术支持，从而推动社会的和谐发展。高校可以通过研究和推广新的社会和谐理念和方法，为社会提供更多的支持和帮助。例如，高校可以通过研究社会和谐的理念和方法，来推动社会的和谐发展。这样的研究可以为社会提供更多的知识和理念，从而推动社会的和谐和进步。

高校的创新能力培养可以为社会提供有力的支持和帮助。通过培养具有创新精神和全面素质的人才，高校可以为社会提供更多的知识和技术支持，从而推动社会的和谐和进步。同时，高校可以通过其教育和研究活动来推动文化的繁荣，从而为社会提供更多的文化资源和支持。

第二节　法治环境下的创新能力培养与社会经济发展

一、法律框架对创新能力培养的支持与指导

（一）明确的法律规定与创新保障

明确的法律规定可以为高校的创新能力培养提供坚实的基础和保障。在这样的法律环境下，高校可以更有信心和决心投身于创新活动。法律不仅可以明确创新的权利和责任，还可以界定创新活动的边界，从而为高校创新提供清晰的方向和保障。例如，知识产权法律可以保护创新成

果，从而激励更多的研究和开发活动。这样的法律环境可以促使高校更加积极地参与创新活动，从而推动社会经济的发展。

法律规定不仅可以保护创新成果，还可以为创新失败提供保护，从而降低创新的风险和成本。这样的保护机制可以鼓励高校更加大胆地尝试新的研究和开发项目，而不是担心可能的失败和损失。这样的法律环境可以为高校创新提供一个安全的空间，让他们可以更加自由地探索和实验，从而推动社会经济的健康发展。高校可以更好地培养学生的创新能力。通过明确的法律规定，高校可以为学生提供清晰的创新方向和目标。学生可以更加清楚地了解创新的重要性和价值，从而更加积极地参与到创新活动中来。这样的教育环境可以培养出更多的创新人才，从而为社会经济的发展提供更多的动力和支持。

法律还可以通过明确的规定和保障，促进高校和企业之间的合作和交流。这样的合作可以为高校提供更多的资源和机会，从而更好地培养学生的创新能力。同时，企业可以从高校中获得更多的创新思想和技术，从而推动社会经济的发展。

（二）政策指导与创新方向引领

政府可以通过多种方式来支持和引导高校的创新活动。例如，通过提供创新基金，政府可以为高校提供必要的资金支持，以推动其在科研和技术开发方面的创新活动。这样的资金支持可以帮助高校更好地开展研究和开发项目，从而推动社会经济的发展。

税收优惠是另一种政府可以采取支持高校创新的措施。通过提供税收优惠，政府可以减轻高校的财务负担，从而使高校有更多的资源来投入创新活动中。这样的政策可以激励高校更加积极地参与到创新活动中，从而推动社会经济的发展。

政府还可以通过政策指导来引导高校的创新方向。通过明确的政策指导，政府可以帮助高校确定更加明确和有针对性的创新方向，从而使其更好地服务于社会经济的发展。这样的政策指导可以帮助高校更好地将其研究和开发活动与社会经济的需求相结合，从而实现更加有针对性和有效的创新活动。政府还可以通过其他激励措施来支持高校的创新活动。例如，政府可以提供技术转移和商业化的支持，以帮助高校将其研究成果转化为实际的产品和服务。这样的支持可以帮助高校更好地将其创新成果应用于社会经济的发展，从而实现更加繁荣和稳定的社会经济发展。

（三）创新能力培养的合法性保障

法律框架为高校的创新活动提供了明确的指南，确保这些活动能够在一个规范和有序的环境中进行。这样的环境有助于避免违法和违规问题，确保高校的创新活动能够得到合法性的保障和支持。这不仅可以减少高校在创新过程中可能遇到的法律风险和障碍，还可以促进高校的创新能力培养和社会经济的协同发展。法律还为高校提供了一套完善的纠纷解决和权益保护机制。这样的机制可以确保高校的创新活动得到公正和公平的对待，避免因为法律纠纷和权益侵犯而妨碍创新活动的进行。这不仅可以保护高校的合法权益，还可以为社会经济的发展提供更多的支持和保障。法律环境可以促进高校和企业、政府之间的合作和交流。通过明确的法律规定和保障，可以为这些合作提供一个稳定和有序的环境，从而更好地服务于社会经济的发展。这样的合作可以促进知识和技术的交流和传播，从而推动社会经济的发展。高校可以更加自信和有力地开展创新活动。法律的保障和支持可以为高校提供一个安全和有利的环境，从而更好地培养学生的创新能力。这样的环境可以激发学生的创新精神和潜力，从而为社会经济的发展提供更多的动力和支持。

（四）促进社会经济健康发展的法律保障机制

建立健全的法律保障机制可以确保高校的创新活动得到法律的保障和支持。这样的机制可以为高校创新提供一个稳定和有序的环境，使高校能够更加专注于研究和开发新的技术和方法，而不是担心可能出现的法律纠纷和风险。这样的环境可以激发高校的创新活力，从而推动社会经济的健康发展。法律保障机制还可以为社会经济提供一个稳定和可预期的环境。在这样的环境下，企业和高校可以更加有信心地进行合作和交流，从而更好地推动社会经济的发展。这样的环境可以为企业和高校提供一个更加公平和公正的竞争环境，从而促进社会经济的健康发展。通过明确的法律规定和保障，高校可以更好地培养学生的创新能力，从而为社会经济的发展提供更多的支持和动力。这样的法律保障机制可以为高校提供一个更加有利的环境，从而更好地培养学生的创新能力。法律通过提供一系列的激励措施来支持高校的创新活动。进而为高校提供更多的资源和机会，从而更好地培养学生的创新能力。这样的法律保障机制可以为社会经济的健康发展提供更多的支持和保障。

二、法治环境对创新活动的监管与保障

（一）避免不正当竞争和维护市场秩序

法律法规的明确性和严格性可以为市场参与者提供清晰的行为准则和规范，使其在竞争中遵循公平和公正的原则。这样的环境可以防止企业通过不正当的手段来获取市场优势，从而确保市场的健康和稳定发展。这也有助于防止技术垄断和滥用市场优势的行为，从而保护消费者的利益和权益。这样的法律环境可以为企业和研究机构提供一个公平竞争的市场环境，从而促进创新和技术的快速发展。

法律环境也有助于维护市场秩序和保证资源的合理分配和使用。通过明确的法律法规，可以有效地防止资源的滥用和浪费，从而为社会经济的健康发展奠定基础。这样的环境可以确保资源能够被合理和有效地分配和使用，从而促进社会经济的持续和稳定发展。这也有助于保护环境和资源，从而实现社会经济的可持续发展。

（二）监管机制和风险管理

监管机制在维护创新活动的健康和有序进行方面发挥着至关重要的作用。通过对创新活动进行有效的监管，可以确保这些活动能够在一个公平和有序的环境中进行，从而避免可能出现的市场失衡和资源浪费。此外，监管机制还可以通过及时发现和纠正违法行为，来保护消费者和企业的合法权益，从而为社会经济的稳定和繁荣提供保障。

风险管理则是另一个重要的方面，它可以帮助企业和研究机构更好地应对创新活动中可能出现的各种风险和挑战。通过有效的风险管理，企业和研究机构可以更好地预测和应对可能出现的风险和不确定性，从而避免可能出现的损失和失败。这样的风险管理可以为企业和研究机构提供一个更加稳定和可预测的环境，从而更好地推动创新活动的进行。

（三）促进社会公正和公平

法治环境通过公正公平的法律制度和监管机制，确保社会的公正和公平得以实现。这样的环境确保所有创新主体能够在一个公平的竞争环境中展示他们的才华和能力，同时避免了因不公平的竞争和不正当的市场行为造成的社会资源浪费和社会不公。在法治环境下，每一个创新主体都能够享有平等的机会和条件。这不仅意味着每一个创新主体都能够在一个公平的环境中展示他们的才华和能力，还意味着他们能够得到公平的奖励和认可。这样的环境可以激励更多的人参与到创新活动中来，从而推动社会经济的健康和和谐发展。这样的环境还可以避免因不公平的竞争和不正当的市场行为造成的社会资源浪费和社会不公，从而为社会经济的健康和和谐发展提供有力的保障。

公正和公平的法律制度是社会公正和公平的基石。它可以为社会经济的健康和和谐发展提供有力的保障。通过公正公平的法律制度和监管机制，可以确保所有创新主体都能够在一个公平的环境中展示他们的才华和能力。这样的环境不仅可以激励更多的人参与到创新活动中来，还可以避免因不公平的竞争和不正当的市场行为造成的社会资源浪费和社会不公。社会的公正和公平可以为社会经济的健康和和谐发展提供有力的保障。它可以确保所有创新主体都能够在一个公平的环境中展示他们的才华和能力，同时避免了因不公平的竞争和不正当的市场行为造成的社会资源浪费和社会不公。

第三节 法治对创新与经济发展关系的规定

一、法律对创新项目的保护及其对经济发展的推动

（一）高校创新项目版权保护

在深入探讨法律如何保护高校创新项目方面，必须首先强调版权保护的重要性。版权保护不仅仅是为了保障创作者的合法权益，更是为了激励更多的研究和创新活动。在高校环境中，法律对创新项目的保护显得尤为重要，因为它能够确保学术研究的原创性和独特性得到尊重和保护。高校是知识和创新的重要源泉。在高校进行的研究和创新项目往往涉及大量的知识产权，包括版权、商标和专利等。法律通过对这些知识产权的保护，为高校提供了一个安全和稳定的研究环境，使其能够专注于研究和创新活动。

在高校创新项目的研发阶段，法律可以通过提供一系列的保护措施来保障研究成果的安全。这包括确保研究数据的保密性，防止未经授权的使用或抄袭，以及保护研究成果的原创性和独特性。通过法律保护，可以有效避免知识产权侵权和不正当竞争，保障高校的研究和创新活动能够顺利进行。版权保护是法律对高校创新项目保护的一个重要方面。版权法可以保护研究人员创作的文学、艺术和科学作品，防止这些作品

被未经授权的第三方使用或复制。此外，版权法还可以保护高校研究人员的名誉和声誉，防止他们的研究成果被篡改或歪曲。通过版权保护，高校可以通过授权和许可的方式来商业化其研究成果，从而获得经济利益。这不仅可以为高校提供资金支持，还可以提高研究人员的积极性和创新意识。

法律还可以通过提供一系列的救济措施来保护高校的创新项目。如果高校的创新项目受到侵权或不正当竞争的影响，法律可以为其提供法律救济，包括索赔和赔偿等。这样可以确保高校的创新项目得到妥善保护，避免其因侵权或不正当竞争而遭受损失。

（二）促进技术转让和商业化

法律对高校创新项目的保护不仅仅体现在知识产权的保障方面，更深层次地，它有助于促进技术的转让和商业化。高校作为科研和技术创新的重要基地，扮演着连接学术界和产业界的桥梁角色。通过一套完善的法律体系，可以确保高校的研究成果得到合理的利用和商业化推广，从而为社会经济的持续发展做出贡献。技术转让是科技成果从理论到实践的重要环节，其核心在于将研究成果从实验室转移到市场。法律通过建立一套清晰、公正和可执行的规则来促进这一过程的顺利进行。其中，知识产权法律不仅确保了原始研究者的权益不受侵犯，也为潜在的商业利用者提供了合法和清晰的取得和使用技术的途径。合同法规定了技术转让和商业化过程中的各种合同关系，包括但不限于技术许可合同、技术转让合同和研发合作合同等。通过合同法，可以确保技术转让和商业化过程中的权利和义务得到明确，避免纠纷和争议，保障交易的公平和顺利。

随着技术转让和商业化进程的深入，可能会涉及一系列的法律问题，如《商标法》《反不正当竞争法》和《反垄断法》等。这些法律可以确保市场环境的公平和有序，防止滥用知识产权和不正当竞争行为，从而创建一个有利于技术创新和商业化的市场环境。税法和财政法也可以为高校的技术转让和商业化提供支持。通过提供一系列的税收优惠和财政支持政策，可以降低高校技术转让和商业化的成本和风险，从而提高其效率和成功率。法律的作用不仅仅限于保护和维护高校的创新项目，更包括促进其技术转让和商业化，从而推动社会经济的发展。通过构建一个健全和高效的法律体系，可以为高校的技术转让和商业化提供有力的支持和保障，确保其能够顺利进行，并为社会经济的持续发展做出贡献。

（三）创新环境的营造

高校作为知识的创新和传播中心，拥有着培养和涌现创新人才的重责。法律的支持和保护在这方面扮演着至关重要的角色，可以为学生和研究者构建一个更加自由和开放的学术环境，进而催生更多的创新人才。在这个过程中，法律通过确立和保护学术交流和合作的权利，能够推动高校间或高校与企业间的交流与合作，加速创新的步伐。

在创新环境中，学术自由是不可忽视的一环。法律应保障学者和学生有权自由探索和研究各种学术问题，而不受到不合理的限制或干涉。这种保护可以激励更多的人才投身于研究和创新活动，从而促进知识的积累和技术的进步。知识产权法律可以为学术成果提供保护，保障创新者的合法权益不受侵犯。这种保护不仅可以鼓励研究人员继续深入研究，也可以为高校和企业之间的技术转让和合作提供法律基础和保障。通过这样的法律保护，可以确保知识和技术的有序流动和传播，从而推动社会经济的发展。

合作和交流也是创新环境的重要组成部分。法律可以通过设立一系列的规定和政策来促进高校之间或高校与企业之间的合作和交流。例如，法律可以规定合作和交流的基本原则和规则，为合作和交流提供清晰的指导和保障。同时，法律可以通过提供各种优惠政策和支持措施来鼓励和促进合作和交流。在此基础上，教育法律也可以为创新环境的营造做出贡献。通过规定和保障学生和教师的权利和义务，可以为高校创造一个公正和有序的学术环境。此外，教育法律还可以通过设立各种教育和研究机构来促进学术研究和技术创新。

（四）经济效益的推动

高校在区域经济发展中扮演着关键角色。法律通过保护和推动创新项目，可以助力高校更有效地服务于地区经济的发展，其中包括推动产业升级和创造就业机会等。将学术研究和技术创新转化为实际的经济效益，是实现社会经济和技术进步的必要路径。

在产业升级方面，高校可以通过与企业和政府的合作，将最新的研究成果和技术应用于实际的产业发展中。法律在这方面提供了稳固的基础，确保了知识产权的保护和合作方的权益保障，从而创造了有利于技术转移和产业创新的环境。同时，法律可以通过设定一系列的规则和标准来促进产业的健康发展和技术的合理应用，从而推动产业的升级和优化。

在创造就业机会方面，高校可以通过技术转移和商业化来推动新产业和新企业的发展。新的产业和企业不仅可以吸纳大量的就业人员，还可以为社会创造更多的财富和价值。法律在这方面可以提供有力的支持和保障，通过合理的税收政策和财政支持来鼓励技术创新和企业发展，从而创造更多的就业机会和经济效益。高校还可以通过培养高素质的人才来服务于地区经济的发展。高素质的人才是推动社会经济发展的重要因素，可以为企业和社会提供更多的创新和价值。法律在这方面可以通过设定一系列的教育和培训政策来支持人才的培养和发展，从而为社会提供更多的高素质人才。

二、法律对创新与经济发展关系的规范化建设

（一）创新法律框架和政策指导

在探索高校创新能力培养中法律与政策对创新与经济发展关系的规范化建设时，创新法律框架和政策指导成为两大核心要素。

在法律框架方面，一种创新法律框架需要明确的知识产权保护机制。这涉及构建一个可以保护创作者和研究人员免受非法侵权的系统，以确保他们可以安心地进行研究和新技术开发。明确的知识产权法律可以鼓励更多的创新活动，因为它可以保证创新者从其努力中获得适当的回报。此外，这也可以避免资源的重复利用和浪费，因为企业和研究机构可以通过合法途径共享和转让技术。政府可以通过提供研究和开发资金、税收优惠或其他形式的支持来鼓励企业和研究机构投资新技术的研发。这样的激励机制可以刺激更多的研究和创新活动，从而推动社会经济的快速发展。一个健全的创新法律框架还应包含支持创新企业和创业家的法律和制度环境。这意味着构建一个可以支持新企业成长和发展的环境，提供必要的法律保护和支持，以帮助他们更好地适应市场环境和竞争。这样的环境可以吸引更多的投资，促进技术转移和商业化，从而推动社会经济的稳定和快速发展。

转向政策指导方面，它是为了激励更多的创新活动而设计的。政策指导不仅仅是一种宏观的指导和推动，它还应该包括一系列的实施细则和措施，以确保政策的有效实施和预期目标的达成。政策指导应当具备前瞻性和灵活性，以适应不断变化的市场环境和技术进步。政策指导还应该着重于推动产业升级和创造就业机会。这包括提供研究和开发的财政激励，以鼓励企业和研究机构进行更多的创新活动。此外，政府还可以通过政策指导来促进高校和企业之间的合作和交流，如通过建立合作研究中心或共享研究设施等方式。政策指导还应当强调对人才的培养和

发展。这可以通过提供各种教育和培训项目来实现，以确保有足够的人才储备来支持创新活动。同时，政府可以通过政策指导来提供各种支持和激励，以吸引更多的高技能人才投身于创新活动。

（二）保护和激励创新

为了鼓励更多的个人和组织投身于创新活动，法律应当配备一系列的激励措施。这可以包括财政补贴、税收优惠和资金支持等，这样可以有效地促使更多的人投入创新研究中。这样的激励措施也可以吸引更多的投资进入创新领域，从而进一步推动技术的研发和商业化。

在一个有利于创新的环境中，创造者的权益得到了保护，而新的创意和技术可以得到充分的开发和利用。这不仅可以提高创新的效率和效果，还可以推动社会经济的快速发展。这样的环境还可以吸引更多的人才进入创新领域，为社会提供更多的创新资源和机会。在法治的视野下，高校创新能力的培养应该基于一个公平和透明的法律环境。法律应当为创新提供清晰的规则和指导，以避免可能出现的纠纷和争议。法律还应当为创新提供一系列的保护和支持，以确保创新者的权益得到充分的保护。强调教育和培训的重要性。通过提供各种教育和培训项目，法律可以确保有足够的人才储备来支持创新活动。这可以通过建立各种教育和培训机构来实现，以提供必要的知识和技能，为创新提供有力的支持。

（三）促进产学研合作

产学研合作已经成为当前创新驱动发展的核心策略，其中法律是确保这种合作顺利进行的基石。在法律的指导和保障下，高校、研究机构和企业可以更加有序和高效地进行合作，从而共同推动社会经济的快速发展。

在促进产学研合作方面，法律需要为合作方提供明确的指导和保障。这意味着法律需要设定合适的合作模式，以便于各方能够在明确和公平的基础上进行合作。合适的合作模式可以确保各方能够根据自身的能力和资源进行合作，从而实现共赢的局面。此外，明确各方的责任和权利也是法律在这方面的一个重要职责。通过明确各方的责任和权利，法律可以保证合作过程的公平和透明，避免可能出现的纠纷和争议。

另外，法律可以为技术转移和成果转化提供保障。技术转移和成果转化是产学研合作的重要组成部分，也是实现社会经济快速发展的一个重要途径。法律应当提供明确的规定和保障，以确保技术转移和成果转化能够顺利进行。这包括提供明确的技术转移和成果转化的合作模式，以及为技术转移和成果转化提供必要的法律保障和支持。

加强对合作协议的监督和管理也是法律在促进产学研合作方面的一个重要职责。通过加强对合作协议的监督和管理，法律可以确保合作过程中的公平和透明，避免可能出现的纠纷和争议。这包括设定明确的合作协议的监督和管理机制，以及提供必要的法律保障和支持。

（四）培养和保护创新人才

在当代社会，一个国家或社会的创新力量大量依赖其能够培养和保护的创新人才。法律机构在这方面扮演着重要的角色，需构建一套健全的人才培养和保护机制，以确保高校能够在法治环境下有效地培养学生的创新能力。

首要的任务在于制定明确的人才培养政策和标准。法律需要明确规定人才培养的要求和标准，以确保人才培养能够满足社会经济发展的需要。这包括制定有关教育和培训的政策和标准，以及确保这些政策和标准能够适应不断变化的市场和技术环境。法律应当提供明确的规定和保障，以保证人才能够在公平和有保障的环境中进行工作和生活。这包括保障人才的合法权益，例如工资和福利保障，以及保障人才能够在安全和健康的环境中工作和生活。法律还应当鼓励和支持高校和企业培养更多的创新人才。这可以通过提供各种教育和培训机会来实现，以确保有足够的人才储备来支持社会经济的快速发展。法律还可以通过设立各种人才激励和保护机制来鼓励和支持人才的培养和发展。

第四节 法治环境下创新能力对社会经济的贡献

一、促进科技进步和产业升级

（一）科技研发和创新

在法治体系的庇护下，高校成为科研和技术创新的重要基地是有其深远意义的。首先，法治环境确保了知识产权的有力保护。这不仅鼓励了学者和研究人员毫无保留地投入科研工作中，而且也大大减少了因知识产权侵权带来的经济和时间损失。此外，法治环境还为高校提供了一个公平、公正和透明的研究环境，使得研究人员能够在公正竞争的环境下进行科研工作，从而更有可能做出突破性的创新。

然而，法治环境对高校的科研和技术创新的贡献不仅仅体现在知识产权保护方面。它还通过规范研究行为、保障研究资金的合理使用和提供合法合规的研究合作平台，进一步推动了高校的科技研发和创新。这样的环境使得高校能够更好地集中精力和资源来进行科研工作，从而更有可能取得更高的研究成就和社会认可。这不仅将推动我国在全球科技领域的地位不断提升，还将为全社会带来更多的技术创新和发展机遇。

（二）产业升级和转型

高校与企业和产业界的合作是推动产业升级和转型的重要手段。在法治环境下，这种合作可以更加顺畅和高效。首先，法治环境为高校和企业提供了一个稳定和公平的合作平台。这样的平台不仅可以保障各方的权益，还可以减少因合作纠纷带来的损失和风险。通过合法合规的合作方式，高校和企业可以更好地共享资源和优势，从而更有可能实现产业的升级和转型。

法治环境还可以帮助高校和企业更好地实现技术转移和商业化。通过法律手段，可以更好地保护高校的研究成果和知识产权，从而更有可能将其转化为实际的技术和产品。这不仅可以为企业带来新的技术和产品，还可以为整个社会带来更多的经济增长和就业机会。同时，这样的合作还可以进一步促进高校和企业之间的交流和合作，从而形成一个良性循环，推动整个产业的不断升级和发展。通过这种合作，可以实现技术和知识的有效流动和共享，从而更好地推动产业的升级和转型。在这个过程中，高校不仅可以为企业提供先进的技术和知识支持，还可以为社会提供更多的就业和发展机会。而企业则可以通过与高校的合作，更好地把握市场需求和发展趋势，从而更有可能实现商业成功和社会贡献。这样的合作将为整个社会带来更多的经济增长和社会进步，从而更好地服务于全社会的发展和繁荣。

二、培养高素质的人才和推动社会进步

（一）人才培养

法治环境是保障学术自由和学术创新的基石。在这样的环境中，高校可以有效地避免学术不端行为的发生，保证学术研究的公正性和客观性。它能够为学者和学生提供一个可以自由探索、思考和创新的空间，使他们能够毫无顾虑地投身于研究和学术探讨之中。更为重要的是，法治环境可以保护学者和学生的知识产权，使他们的创新成果得到应有的保护和认可，从而激发他们更高的创新热情和动力。法治环境还可以为高校提供一个稳定和有序的运行环境。在这样的环境中，高校可以更好地规划和实施其教育和研究任务，更有效地保障教育质量和教育公平。它能够确保高校的资源得到合理的分配和利用，从而为学者和学生提供

更多的学术机会和资源。同时，法治环境可以为高校提供一个更加公正和透明的评价和激励机制，使得高校能够更好地激励和培养人才，从而提高其创新能力和社会服务水平。

法治环境下的高校创新能力培养远不止于此。高校可以更加有效地与社会和企业合作，共同推动社会经济的发展和进步。它们可以更好地将学术研究与社会实践相结合，为社会和企业提供更多的创新资源和支持。更为重要的是，法治环境可以为高校培养人才提供一个更加全面和多元的平台，使得高校能够更好地培养学生的综合素质和国际视野，从而为社会输送更多具有全球竞争力的高素质人才。在此基础上，高校可以通过多元化的教育和培训方式，培养学生的创新思维和实践能力。它们可以更好地将理论教学与实践教学相结合，为学生提供更多的实践机会和资源。同时，高校可以通过开展各种创新项目和竞赛，激发学生的创新热情和动力。在这样的教育和培养模式下，学生不仅可以学到更多的知识和技能，还可以更好地培养其创新思维和实践能力。

（二）社会进步和文明建设

高校具有庞大的知识和人才储备，拥有独特的视角和能力来揭示世界的运行规律和社会的发展方向。通过深入的研究和教育活动，高校可以探索新的科学理论，挖掘文化的深层价值，弘扬社会公正和道德美德。在法治的庇护下，高校可以更有力地推动科学的发展和技术的创新，为社会提供更为先进和完善的解决方案。

法治环境赋予高校更大的自由和保障，使其能够更加聚焦于研究和教育的核心职责。在这样的环境中，高校可以更好地履行其社会责任，通过其研究和教育活动来推动社会的全面进步。它可以为社会提供更多的创新资源和智力支持，为社会经济的发展做出更为重要的贡献。文明建设是一个多方面和多层次的过程，它涉及科学的进步、文化的繁荣和道德的提升。高校作为知识的创新和传播中心，可以为社会提供更多的文明元素和资源。它可以通过其教育和研究活动来传播先进的科学知识和文明理念，为社会的文明建设提供有力的支持。

高校通过国际交流和合作来引进和传播先进的文明成果，为社会的文明建设提供更为丰富和多元的资源。同时，高校可以通过公共服务和社会责任项目来推动社会的文明实践，为社会的文明建设提供更为实际和有效的支持。

三、推动区域经济发展和社会协调

（一）区域经济发展

在法治环境下，高校展现出强大的潜力和能力来推动区域经济的快速发展。高校不仅是科研和教育的重镇，也是区域经济发展的重要引擎。它们以独有的创新能力和资源优势来深度参与地方经济的构建和改造，并为社区带来繁荣和进步。高校与地方政府和企业的合作是区域经济快速发展的秘密武器。通过合作，高校可以将其丰富的知识资源和研究能力转化为实际的经济效益，为地方经济打造新的增长点和动力源。技术转移和研发合作成为这一过程中的两个关键环节。高校可以通过这些方式将最新的科研成果快速转化为实际的产品和服务，为企业提供有力的技术支持和创新动力。

高校也可以通过培养具有本地特色和需求的高素质人才来推动地方产业的升级和发展。通过教育和培训，高校可以为地方企业输送一批具有高技能和创新能力的人才，为企业提供有力的人才支持和保障。同时，高校可以通过提供技术咨询和服务来助力地方企业的技术升级和转型，为企业打造有竞争力的产品和服务。通过参与社会服务和公共项目，高校可以为社区提供更多的公共服务和福祉，为社区的和谐和稳定做出贡献。高校可以利用其丰富的知识资源和专业能力来帮助解决社区的各种问题和挑战，为社区提供有力的智力支持和帮助。

在这样的合作和互动中，高校可以充分发挥其创新能力和资源优势，为地方经济的快速发展提供有力的支持和保障。它可以为地方经济带来新的增长点和动力源，为社区带来繁荣和进步。同时，这样的合作和互动也可以为高校提供更多的研究和教育资源，为高校的发展和壮大提供有力的支持和保障。通过深化与本地政府和企业的合作，高校可以为区域经济的快速发展做出更为重要的贡献。它可以将其丰富的知识资源和研究能力转化为实际的经济效益，为地方经济打造新的增长点和动力源。同时，高校可以通过培养本地人才和提供技术咨询服务来助力地方产业的升级和发展，为社区带来更多的繁荣和机遇。在这样的合作和互动中，高校和地方社区可以实现共赢和共同发展，为社会经济的快速发展做出更为重要的贡献。

（二）社会协调与和谐

高校是知识的熔炉和创新的摇篮，兼具深刻的学术洞见和强大的实践能力，有能力为社会的和谐发展提供坚实的智力支撑。高校可以成为解决社会复杂问题的智库。在各种社会问题和挑战面前，高校可以运用其深厚的学术背景和研究能力来进行深入研究和分析，为社会提供有力的智力支持。高校能够运用其独到的视角和方法来分析和解决社会问题，为社会的和谐与稳定提供有力的支撑。例如，高校可以通过研究来揭示社会问题的根源和解决方案，为政府和社会提供有力的决策依据。它们可以通过其深厚的学术背景和实践能力，为社会的发展和进步提供有力的智力支撑。

高校也可以通过参与公共服务和社会责任项目来推动社会的和谐与协调。它们可以运用其丰富的知识和技能资源，为社区提供各种公共服务和福祉。例如，高校可以通过公共服务项目来改善社区环境，提升社区居民的生活质量和福祉。它们可以通过社会责任项目来帮助社区解决各种问题和挑战，为社区的和谐与繁荣做出贡献。通过教育来传播和弘扬社会和谐与协调的理念和价值，为社会的和谐与协调做出贡献。通过培养具有社会责任感和公共精神的高素质人才，高校可以为社会的和谐与协调提供有力的人才支持。高校可以通过其教育和培养活动，培养出一批具有全面素质和社会责任感的人才，为社会的和谐与协调提供有力的人才支撑。

可以通过国际交流和合作来引进和传播先进的社会管理和治理经验，为社会的和谐与协调提供有力的支持。可以通过国际交流和合作来推动社会的开放和包容，进而为社会的和谐与协调提供有力的支持。

四、促进国际交流与合作

（一）国际科研合作

法治环境下的高校能够以更加开放和包容的姿态深化国际科研合作。在这样的背景下，高校有能力搭建多方面的交流平台，与世界各地的研究机构和学者建立紧密的合作关系，共同推动科学技术的边界不断拓展。这种国际合作不仅可以极大地提升高校自身的研究水平和国际影响力，还能有效提升整个国家的科技实力和国际竞争力。

研究的多元化和全球化成了一种不可避免的趋势。高校可以与世界各地的研究机构和学者进行深度交流和合作，共同探索科学的未知领域和技术的新前沿。通过国际合作，高校可以更好地汲取国际上的先进经验和资源，为本土的科研活动提供更多的创新元素和可能性。这样的合作可以为高校带来更多的研究机会和资源，使其能够在科学研究和技术创新方面取得更多的突破和成就。

此外，高校也可以利用其丰富的知识资源和研究能力，为国际科研合作提供有力的支持和服务。它们可以通过多种方式和渠道来推动国际科研合作的深化和拓展，为全球的科学技术进步和创新做出贡献。例如，高校可以通过开展联合研究项目和学术交流活动，来加强与国际上的研究机构和学者的合作和交流。同时，高校可以通过建立国际研究中心和实验室，来促进国际科研合作的深化和拓展。

国际科研合作还可以为高校带来更多的国际视野和影响力。通过国际合作，高校可以更好地展示其研究实力和学术影响力，提升其在国际学术界的地位和声誉。这样的合作可以为高校带来更多的国际认可和声誉，使其能够更好地参与全球的科学研究和技术创新。同时，国际科研合作可以为高校培养更多具有国际视野和竞争力的高素质人才，为国家的科技发展和国际竞争力提升提供有力的人才支持。

（二）文化交流与传播

高校有责任和使命在保护和传承文化遗产方面发挥关键作用。这不仅是对历史和传统的尊重和继承，也是对未来和发展的贡献和推动。高校可以通过各种方式和渠道来进行文化遗产的保护和传承，如通过开展相关的研究和教育项目，通过建立和完善相关的法律和制度，等等。这样的保护和传承可以为社会提供更多的文化资源和价值，为社会的发展和进步提供更多的支持和保障。

高校可以充分利用其丰富的文化资源和学术优势，更加积极和主动地参与国际文化的交流和合作。它们可以通过多种方式和渠道来进行国际文化的交流和合作，如通过组织国际文化交流活动和项目，通过与国际组织和机构的合作和交流，等等。这样的交流和合作可以为国家的文化软实力提升提供更多的机会和空间，也可以为全球文明的交流和融合提供更多的可能和渠道。

在这样的交流和合作中，高校可以展示其独特的文化魅力和价值，也可以吸收和借鉴国际上的先进文化和理念。这样的交流和合作可以为社会提供更多的文化元素和资源，也可以为社会的文化发展和进步提供更多的支持和保障。同时，这样的交流和合作可以为高校提供更多的合作机会和资源，使其能够更好地服务于社会和国家。深化国际文化的交流和合作，可以更好地实现其文化传播和交流的功能和责任。它们可以通过多种方式和渠道来传播和推广国家的文化和价值，也可以通过多种方式和渠道来吸收和借鉴国际上的先进文化和理念。这样的交流和合作不仅可以提升国家的文化软实力，还可以促进全球文明的交流和融合，为构建一个更加和谐和包容的世界做出贡献。

第八章　法治视野下的高校创新能力培养前景

第一节　高校创新能力培养的现状和挑战

一、现状分析

（一）教育体制和课程设置

在探索现代教育的脉络中，依然可以观察到高校教育体制和课程设置呈现出一种相对传统和僵化的趋势。在大多数情况下，这种体制更多地侧重于理论知识的传授，却常常忽视了对实践和创新能力的培养。这样的情况无疑束缚了学生的思维，妨碍了他们向创新思维和实践能力的更高层次发展。这一教育模式显然已不能满足现代社会对于高等教育的期待和需求，而需要进行一次深刻的改革和调整。

在课程设置方面，可以观察到一种对于实践和创新能力培养的忽视和漠视。这种倾向不仅限制了学生的个人发展潜力，更可能造成他们在未来职场和社会的困境。与此同时，教育体制的不灵活也成了制约学生创新思维和实践能力发展的一个重要因素。通常，这种体制会限定学生在一个固定和有限的学习框架内进行学习和探索，而这显然是不利于培养学生的创新能力和实践精神的。为了让学生能够在未来的社会和职场中拥有更强的竞争力和创新力，高校应该尝试打破这种传统的教育模式，加强与社会和企业的合作，提供更多的实践机会和资源，以培养学生的创新思维和实践能力。更为重要的是，学校应该认识到，教育的本质不仅仅是知识的传授，更是一种能力和素质的培养。因此，课程设置应该更多地考虑如何将理论知识与实践相结合，如何通过各种方法和方式来激发学生的创新意识和实践精神。同时，教育体制应该更加灵活和开放，以适应现代社会的快速变化和发展。这样，学生就能够在一个更加开放和自由的环境中学习和成长，更好地发展自身的创新能力和实践精神。

（二）法律保障和政策支持

在当前的社会环境中，高校创新能力培养受到了来自法律和政策层面的多方面影响。虽然已经有相应的政策和法律旨在促进这一目标的实现，但现实情况却表明，在实施和执行方面仍然存在一系列不足和挑战。资源分配的不均衡是一个显而易见的问题，这不仅可能导致教育质量的差异，还可能影响学生的全面发展和未来的职业发展。与此同时，法律法规的执行力度也显得相对不足，这无疑增加了高校创新能力培养的困难和挑战。

在这样的背景下，为了更好地推动高校的创新能力培养，政府的角色变得尤为重要。政府不仅需要加强法律法规的制定和执行，还需要提供更多的政策支持和资源保障，以促进高校的创新教育的健康发展。同时，政府需要加强对高校的监管和指导，确保高校能够在一个公平和有序的环境中进行创新能力的培养。此外，政府还应该鼓励和支持高校与社会和企业的合作，以提供更多的实践机会和资源，促进学生的创新能力和实践精神的培养。

（三）教师队伍和科研环境

高校的教师队伍和科研环境成了影响其创新能力培养的重要因素。部分高校的教师队伍结构表现出一些不容忽视的问题，尤其是在教师年龄结构方面。较高的年龄结构往往意味着教师队伍可能缺乏新鲜活力和创新思维，这无疑会影响学生的学习和发展。年轻、有活力的教师队伍是推动高校教育改革和创新的重要力量，他们往往能够带来更多新的教育理念和方法，有助于激发学生的学习兴趣和创新精神。

科研环境的现状也是不容忽视的一个方面。在现阶段，尽管很多高校都在努力提升自身的科研环境和条件，但仍然存在一些不足和问题。科研资源和机会的有限，使得高校在进行创新教育时面临很多困难和挑战。更为严重的是，当前的科研环境还未能完全达到与国际前沿技术和研究同步的水平，这无疑增加了高校创新能力培养的难度。为了更好地推动高校的创新教育，需要对现有的科研环境进行一系列的改革和提升，包括加强科研资源的投入和配置，提高科研设施的现代化水平，以及加强与国际的交流和合作，引进更多的国际前沿技术和研究成果。

高校的教师队伍和科研环境是影响其创新能力培养的两个重要因素。教师队伍的结构问题和科研环境的不足，都在一定程度上限制了高校的创新能力培养。因此，高校应该加强对教师队伍的建设和管理，引进更多年轻有活力的教师，提升教师队伍的整体素质和水平。同时，需要加大对科研环境的投入和改革，提升科研设施和条件的现代化水平，加强与国际的交流和合作，以更好地满足创新教育的需求。通过这样的方式，可以更好地推动高校的创新能力培养，为社会的发展和进步做出更大的贡献。

（四）学生个体差异和需求响应

在现代社会，个性化教育已成为教育改革的一个重要方向。然而，目前许多高校在培养学生的创新能力时，仍然忽视了学生个体差异的重要性。这种情况导致许多教育方案不能够精准地满足不同学生的特点和需求，从而影响了教育的效果和质量。学生作为教育的主体，他们的个性差异和需求应当受到足够的重视和尊重。每一位学生都是独一无二的个体，他们有着不同的学习风格、兴趣和潜力。因此，高校在设计和实施教育方案时，应该更多地考虑学生的个体差异，提供更加个性化和多元化的教育方案。

另外，高校在响应学生的创新需求方面也存在一些问题。当前的教育环境往往不能够及时和有效地响应学生的多元化学习和创新需求。这不仅限制了学生的个人发展，也可能影响整个社会的进步和发展。学生是社会的未来，他们的需求和期望应当成为高校教育改革的重要参考。因此，高校应该加强与学生的交流和沟通，更加了解和关心学生的需求和期望。同时，高校应该加强对教育方案和资源的调整和优化，以更好地满足学生的多元化学习和创新需求。

二、挑战分析

（一）法律和政策的落实

在当前高校教育体系中，法律和政策的落实无疑是推动高校创新能力培养的一项至关重要的任务。一方面，资源分配的不均衡性常常导致一些高校在资金、人才和技术等方面的严重匮乏，从而影响高校创新教育的全面和深入发展。在这种情况下，法律和政策的落实就会变得异常困难和复杂，因为这需要政府和高校共同努力，要寻找和创造更多的资源和机会。另一方面，目前的教育体制也存在一定程度的僵化和保守，这无疑为法律和政策的落实带来了更多的障碍和困难。在这种体制下，高校往往更加注重传统的教育方式和方法，而忽视了创新和实践的重要性。这样的体制不仅限制了学生的创新思维和实践能力的发展，还可能导致高校在教育改革和创新的道路上越走越远。

面对这样的挑战和困难，政府应当扮演更为积极和主动的角色。政府不仅需要加强与高校的沟通和合作，还需要提供更多的资源和支持，以促进高校的创新教育的健康发展。在这个过程中，政府应当积极推动资源的合理分配和利用，确保每一所高校都能够得到足够的支持和帮助。同时，政府应当加强对高校的监管和指导，促使高校更加注重创新和实践，从而推动高校教育的全面和深入发展。

高校也应当认识到教育改革和创新的重要性，并积极参与到这一进程中来。高校应当努力打破现有教育体制的限制和束缚，积极探索和实施更加符合时代需求的教育方式和方法。通过这样的方式，高校可以更好地培养学生的创新能力和实践精神，从而为社会的发展和进步做出更大的贡献。

（二）创新文化的培养

在法治环境下高校创新能力培养的进程中，培育创新文化显得尤为重要。然而，这一任务并不简单，它涉及多层面的挑战和困难。其中，最为显著的问题是传统教育观念的根深蒂固。这些传统观念往往强调知识的灌输而非能力的培养，很容易导致学生缺乏创新意识和实践能力。在这样的教育观念影响下，学生很难培养出对创新和探索的热情和兴趣。

当前高校中也普遍存在着创新教育资源和平台的不足。尽管有一些高校已经开始尝试建立一些创新教育的平台和项目，但这样的尝试还远远不够。缺乏足够的创新教育资源和平台，很容易导致学生缺乏实践和探索的机会，从而影响创新文化的培养和发展。要想真正培养出一种鼓励创新和尊重知识产权的文化，单纯依赖教育资源和平台的建设是远远不够的。更为关键的是，高校需要从根本上改变其教育观念和方法，以培养学生的创新思维和实践能力为目标。这不仅需要高校加强与社会和企业的合作，提供更多的实践和探索的机会，还需要高校改革其教育体制和课程设置，以更好地适应社会的发展和变化。

政府也应该在法律和政策层面提供更多的支持和保障。政府应该加强对创新教育的投入和支持，提供更多的资源和平台，以促进创新文化的培养和发展。此外，政府还应该加强对知识产权的保护和支持，以创建一个有利于创新和发展的环境。

第二节　法治环境下高校创新能力培养的未来发展

一、法律框架和政策指导

（一）法律框架的完善

随着时代的进步和社会的发展，法律框架的完善将成为高校创新能力培养的基石。在未来的道路上，可以预见一个更为健全和完善的法律体系将会逐渐形成，以更好地支持和促进高校的创新教育。政府在这方面有着不可或缺的责任和角色。政府应该加强对法律法规的制定和完善，以保证法律的公正性和有效性。例如，可以通过制定更多与创新教育相关的法律和政策，来为高校的创新教育提供更为有力的支持和保障。同时，政府应该加大对教育资源和平台的投入，以确保高校能够获得足够的资源和支持，从而更好地培养学生的创新能力。高校也应该在内部进行一系列的改革和创新，以更好地适应和响应未来的发展需求。其中，法律教育和培训是不可忽视的一个环节。高校应该加强法律教育和培训，提高学生的法律意识和遵法守法的能力。例如，可以通过开设更多与法律相关的课程和活动，来提高学生的法律知识和意识。同时，高校应该加强与法律机构和专家的合作，以提供更为专业和实用的法律教育和培训。通过这样的方式，可以更好地培养学生的法律素养和责任意识，为他们未来的发展打下坚实的基础。

（二）政策指导和支持

在法治环境下，政府扮演着重要的角色，特别是在推动高校创新能力培养方面。为了促进高校的创新教育健康发展，政府需要积极制定并实施一系列有利于创新的政策。这包括但不限于提供更多的资金支持，这样可以确保高校有足够的资源来进行创新教育的研究和实施。同时，政府需要加强与企业和社会的合作，以提供更多的实践机会和资源。这样的合作不仅可以提供更多的实践机会和资源，还可以帮助高校更好地了解社会的需求和变化，从而更好地调整和优化教育方案和资源。

政府的政策指导和支持是推动高校创新教育健康发展的重要手段。通过合理而有力的政策指导和支持，可以有效地推动高校的创新教育的发展和进步。例如，政府可以通过制定特定的政策来鼓励和支持高校与企业和社会的合作，从而为学生提供更多的实践机会和资源。同时，政府可以通过提供更多的资金支持来帮助高校进行创新教育的研究和实施。这样的政策不仅可以帮助高校获得更多的资源和支持，还可以提升高校的研究和教育水平，从而更好地培养学生的创新能力和实践精神。通过这样的方式，可以更好地推动高校的创新教育的健康发展，为社会的发展和进步做出更大的贡献。

二、教育改革和创新文化的培养

（一）教育改革

在未来的教育景象中，教育改革将成为推动高校创新能力培养的关键环节。变革应更加注重于培养学生的创新能力和实践技能，这是因为当前社会正日益需要具备创新精神和实践能力的人才来推动社会的进步和发展。在这方面，改革课程设置显得尤为关键。高校应该努力打造与时俱进的课程体系，其中不仅包含丰富的理论知识，还应包括大量的实践应用，从而培养学生的创新思维和实践能力。高校还需要提供更多的实践机会和资源，让学生有机会将所学知识应用于实际情境中，这样有助于激发学生的创新热情和实践精神。与此同时，高校应加强与社会和企业的合作，以便为学生提供更多的实践机会和资源。这种合作不仅可以帮助学生更好地理解和掌握相关知识和技能，还可以为他们提供更多的实践机会和资源，从而更好地培养他们的创新能力和实践技能。此外，这样的合作还可以帮助高校更好地了解社会和企业的需求，从而更好地调整和优化教育方案和资源。通过教育改革，高校不仅可以更好地培养学生的创新思维和实践能力，还可以为社会和企业培养出更多的高素质人才，从而更好地推动社会的进步和发展。

（二）创新文化的培养

在当前社会，创新已成为推动社会进步的强大动力。为了培养未来能够适应社会发展需要的人才，高校应全力投身于创新文化的培养之中。这种文化不仅仅是鼓励学生去创新，更是尊重和保护知识产权，让每一个具有创意和创新的想法都能得到应有的尊重和保护。在这方面，高校可以通过加强创新教育的资源和平台建设来实现这一目标。例如，可以通过建立创新实验室、组织创新竞赛等方式，来提供更多的创新教育机会和资源。加强与社会和企业的合作也是促进创新文化培养的有效手段。这种合作不仅可以为学生提供更多的实践机会和资源，还可以帮助高校更好地了解社会和企业的需求，从而更好地调整和优化教育方案和资源。

更进一步，高校也应注意培养学生的创新思维和实践能力，让学生在实践中学会创新、在创新中实现个人价值和社会价值。这样的教育方式可以帮助学生更好地理解和掌握相关知识和技能，同时可以激发他们的创新热情和实践精神。为了实现这一目标，高校可以通过开设与创新相关的课程、组织创新研讨会和活动等方式，来提供更多的创新教育机会和资源。高校还可以通过加强与社会和企业的合作，来提供更多的实践机会和资源。通过这样的方式，高校不仅可以更好地培养学生的创新思维和实践能力，还可以为社会和企业培养出更多的高素质人才，从而更好地推动社会的进步和发展。

第三节　法治视角下对高校创新能力培养的建议和展望

一、建议

（一）法律教育和培训

高校在培养学生的创新能力时，法律教育和培训是不可忽视的环节。加强法律教育和培训不仅可以提高学生的法律意识，还可以塑造他们的法治思维和遵法守法的习惯。强化法律课程的设置和教学是基础，这不仅仅是教授法律知识，更是培养学生利用法律思维解决问题的能力。法律实践则是法律教育的延伸，它可以使学生在实践中深化对法律知识的理解和应用，同时可以培养他们的实践能力和创新思维。

与此同时，高校应该加强与社会和企业的合作，这样可以为学生提供更多的实践机会和资源。这种合作可以是多方面的，包括但不限于校企合作项目、实习实践基地的建立等。这种合作不仅可以提供更多的实践机会和资源，还可以促进学校与社会、企业之间的交流和合作，从而更好地培养学生的创新思维和实践能力。

（二）合作与交流

在快速变化的现代社会，高校作为知识的殿堂和新思想的摇篮，其使命不仅仅是传授知识，还包括激发学生的创新能力和实践精神。在这一背景下，合作与交流显得尤为重要。它是一个多方共赢的过程，可以为学生打开一个更宽广的学习和发展的平台，同时可以为企业和社会带来新的活力和创意。

高校与企业和社会的合作与交流可以从多个方面着手。可以通过建立校企合作基地，让学生有机会参与到企业的实际项目中去，这样不仅可以使学生得到真正的实践机会，还可以让他们在实践中培养创新思维和解决实际问题的能力。这样的合作可以是长期的，也可以是项目性的，但其核心目的都是培养学生的实践能力和创新思维。高校还可以与社会机构和企业共同开展各类研究项目和学术交流活动。这样的合作与交流可以为学生提供一个更宽阔的学术视野和更多的实践机会。它可以是多层次的，涵盖从基础研究到应用研究的各个方面。这样的合作与交流不仅可以促进学术的交流和合作，还可以为学生提供更多的实践机会和资源。

在此过程中，法律教育和法治视角是不可或缺的。法律不仅是规范社会行为的工具，还是保障社会公正和公平的重要手段。通过加强法律教育和培训，可以使学生更好地理解和掌握法律知识，从而更好地参与到社会和企业的合作与交流中去。这样不仅可以提高学生的法律意识和遵法守法的能力，还可以培养他们的法律思维和法律分析能力。在合作与交流的过程中，高校还应注重培养学生的沟通能力和团队合作精神。在现代社会，沟通和团队合作是非常重要的能力。通过加强合作与交流，可以使学生有更多的机会进行沟通和合作，从而更好地培养他们的沟通能力和团队合作精神。

（三）加强创新环境的营造

在当今社会，创新已成为推动社会进步的重要动力。在这个背景下，高校肩负着培养具有创新精神和实践能力的人才的重任。为实现这一目标，高校需要创造一个有利于学生创新和实践的环境。这样的环境应该是多元化的、包容的、开放的、充满活力和机遇的。在这方面，高校可以借鉴和引入多学科交叉和多元化技术的理念和做法。通过建立多学科交叉和多元化技术的创新实验平台，高校可以为学生提供一个更加丰富和多元化的学习和实践环境。在这样的环境中，学生可以接触到更多的新知识和新技术，可以有更多的机会尝试和实践，可以更好地培养他们的创新思维和实践能力。这样的实验平台应该是开放的和包容的，可以吸引和汇集多方的资源和力量，可以促进学生之间、学生与教师之间、学校与社会和企业之间的交流和合作。

而校园文化，则是塑造这样环境的灵魂。开放、包容和鼓励尝试的校园文化，可以为学生提供更加自由和宽松的学习和成长的空间。在这样的文化氛围下，学生可以更好地发挥他们的创意和潜力，可以更好地实现他们的个人价值和社会价值。为了营造这样的校园文化，高校需要从多方面着手。例如，可以通过加强师生间的沟通与合作、提供更多的学术交流和研讨会，以及鼓励学生参与各类创新项目和竞赛等方式，来激发和培养学生的创新精神和实践能力。在这个过程中，法治思维和法律保障是不可或缺的因素。法律不仅可以为创新提供保障，还可以为创新提供指导和规范。通过法律教育和培训，可以使学生更好地理解和掌握法律知识，从而更好地参与到创新和实践中去。在这个基础上，高校还应该加强法律保障和激励机制的建设，以促进创新的健康和有序发展。

（四）完善法律保障和激励机制

在追求学术卓越和技术创新的征途中，法律保障和激励机制成为高校不可或缺的支柱。在高校环境中，强化法律保障并非单纯是对知识产权的保护，更是对学术价值和创新精神的尊重和提升。而在这方面，知识产权保护政策成为核心力量。其作用不仅是保障学生和教师的研究成果得到应有的认可和利用，更是为学术研究和技术创新提供了一个安全、公正、有序的环境。这样的环境可以激发学生的创新积极性和动力，可以为他们提供一个更加有利于创新和成长的空间。通过明确的知识产权保护政策，高校可以为学生和教师提供一个清晰的权利和责任的框架。

在这样的框架下，他们可以更好地聚焦于研究和创新，而不是为了权利和利益的争夺而消耗时间和精力。明确的知识产权保护政策还可以为学校和企业之间的合作提供一个更加公平和透明的基础。这样可以更好地促进学校与企业之间的合作与交流，可以为学生提供更多的实践和创新机会。

在这样的环境中，激励机制则是一个重要的辅助力量。通过设立奖学金、研究资助和项目资助等方式，高校可以为学生提供更多的机会和资源，来支持他们的创新活动和成果。这样的激励机制可以激发学生的积极性和主动性，可以使他们更加愿意投身于创新和研究中。而且，这样的激励机制可以为学生提供一个更加公平和有序的竞争环境。在这样的环境中，学生可以更好地发挥他们的潜力和优势，可以更好地实现他们的个人价值和社会价值。高校还应加强与企业和社会的连接，为学生提供更多的实践和创新机会。这样可以使学生有更多的机会接触到实际的工作和项目，可以使他们有更多的机会尝试和实践，可以使他们有更多的机会学习和成长。这样的连接还可以为学校和企业之间的合作提供一个更加有利的基础。通过这样的合作与交流，学校和企业可以共同推动学术研究和技术创新的发展，可以共同为社会和国家的进步做出贡献。

二、展望

（一）教育体制的改革

未来，教育体制的改革可望成为适应社会发展和需求的重要环节。教育体制的改革应该着眼于多元化和个性化的学习路径，以激发学生的创新思维和实践能力。强调更多的实践机会和资源，加强与社会和企业的合作，将成为教育改革的核心任务。这样的改革可以为学生提供一个更加丰富和多元化的学习和实践环境，可以更好地培养他们的创新思维和实践能力。

　　在这样的体制下，学生将享有更多的自主权和选择权。他们可以根据自身的兴趣和需求来选择学科和研究方向，而不是被固定的课程和教学大纲所限制。这将有利于培养学生的独立思考能力和创新意识。学生将有更多的机会进行探索和实践，这将有助于他们更好地培养创新能力和实践能力。

　　而教育的多元化则意味着将更多的学科交叉和综合学习纳入到教育体系中来。这将有助于培养学生的综合素质和跨学科思维能力。学生将有更多的机会接触到不同的学科和领域，这将有助于他们开阔视野，丰富知识结构，培养多元化的学习路径和思维方式。教学方法的革新则是另一个关键点。教学不应该仅仅是知识的传授，更应该是知识的探索和创造。教师应该鼓励学生进行独立思考和研究，应该鼓励他们进行实践和探索，应该鼓励他们尝试新的方法和思路。这样的教学方法将有助于培养学生的创新精神和实践能力，将有助于他们更好地适应未来社会的需求和挑战。教育体制的改革还应该包括对学生评价机制的更新。评价机制应该更加注重学生的全面发展和实际能力，而不仅仅是知识的掌握程度。这样的评价机制将有助于激励学生更加积极地参与到学习和研究中来，进而帮助他们更好地培养自身的能力和素质。

（二）法律环境的优化

　　在现代社会，法律环境的优化显得尤为关键，它不仅仅是维护社会秩序的基石，还是推动创新和发展的重要因素。为了更好地支持和保护创新活动，必须深化法律法规的制定和完善，确保更多的政策支持和资源保障，并加强与社会和企业的合作。这样的法律环境可以为学术研究和技术创新提供一个有力的保障，从而更好地推动社会的进步和发展。加强法律法规的制定和完善是法律环境优化的一项核心任务。目前，随着科技的飞速发展和社会需求的多元化，传统的法律体系已经难以满足社会的发展需求。因此，需要对现有的法律体系进行深化改革和完善，以适应新的社会发展需求和挑战。这包括加强知识产权的保护，加强数据安全和网络安全的法律保障，加强环境保护和资源保护的法律规定等。通过加强法律法规的制定和完善，可以为学术研究和技术创新提供一个更加公平、公正和有序的环境。

（三）互联网技术与教育融合

在未来的高校教育体系中，互联网技术与教育的融合将打破传统的教育模式，促使教育步入一个全新的时代。大数据可以深度分析学生的学习行为和偏好，为教师提供更加精准和个性化的教学方案。人工智能则能够助力教育资源的智能分配和优化，使教育资源更加高效和合理地利用。虚拟现实技术则可以为学生提供更加真实和生动的学习体验，使学生能够更好地理解和掌握知识。

在线教育平台是互联网技术与教育融合的一个重要表现。通过在线教育平台，学生不仅可以接触到更多的学术资源和研究机会，还可以更好地与全球的学者和研究人员进行交流和合作。这样的平台还可以为学生提供更加个性化和智能化的学习体验，使学生能够更好地满足自身的学习需求和兴趣。例如，通过智能推荐系统，学生可以更加方便地找到适合自己的学习资源和研究项目。而通过在线研讨会和网络研讨会，学生则可以更加方便地与世界各地的学者和研究人员进行交流和合作。

互联网技术还可以助力教育的公平和均衡发展。通过互联网技术，可以使教育资源更加公平和合理地分配，可以使更多的学生享受到高质量的教育资源和服务。这将有助于减少教育的地区差异和资源差异，将有助于推动教育的公平和均衡发展。

（四）国际化视野的培养

随着全球化的步伐不断加速，国际化视野的培养已逐渐成为高校教育的核心任务之一。现今的学生不仅要具备深厚的专业知识，还需要拥有广阔的国际视野和全球化思维。高校作为培养未来社会精英的摇篮，有责任和义务促进学生的全球视野的形成和发展。通过加强国际交流和合作，高校既可以为学生提供更多的机会来了解和学习国际前沿的知识和技术，还可以让他们更加深刻地认识到世界的多元性和复杂性。

为了实现这一目标，高校应该积极与世界各地的高校和研究机构建立长期稳定的合作关系。这样的合作关系可以为学生提供更多的国际交流和学术交流的机会，可以使他们有机会与国际一流的学者和研究人员进行深度的交流和合作。同时，高校应该加强国际化课程的建设和推广，以便为学生提供更多的机会来了解和学习国际前沿的知识和技术。通过参与国际交流和合作，学生可以更好地开阔自己的视野，可以更好地培养自己的全球化思维和国际化视野。

高校还应该加强国际化人才的培养和引进。通过引进国际一流的教育资源和人才，可以为学生提供更多的学习和发展机会，可以为他们提供更多的机会来了解和学习国际前沿的知识和技术。这不仅可以提高学生的学术水平和研究能力，还可以为社会和国家的发展做出更大的贡献。通过国际化视野的培养，可以使学生更好地了解和适应全球化的发展趋势，可以使他们更好地为社会和国家的发展做出贡献。

第四节　法治环境对未来创新教育的预期影响

一、法律保障和知识产权保护

（一）法律保障

在未来的法治环境中，法律保障将发挥至关重要的作用，以确保高校创新教育的顺利进行和长足发展。完善的法律体系可以有效地为创新教育提供更多的机会和平台。加强法律法规的制定和完善是实现这一目标的基础步骤。明确、全面的法律体系不仅可以为高校提供明确的方向和指引，还可以为创新教育提供必要的保障和支持。这包括为创新项目提供资金支持，为学生和教师提供更多的资源和机会，以及为高校与社会和企业的合作提供更多的平台和机会。

　　加强与社会和企业的合作也是未来法律保障的重要组成部分。这种合作不仅可以提供更多的实践机会和资源，还可以帮助高校更好地了解和适应社会和企业的需求和变化。这样的合作可以为学生提供更多的实践机会，从而更好地培养他们的创新思维和实践能力。这样的合作也可以为高校提供更多的资源和支持，从而更好地推动创新教育的发展和进步。通过法律保障，可以更好地推动创新教育的健康发展，为社会的进步和发展做出更大的贡献。在这样的法治环境下，高校创新教育可以得到更为有力的保障和推动，从而更好地培养出具有创新精神和实践能力的高素质人才。

（二）知识产权保护

　　在迈向未来的道路上，知识产权保护将成为推动高校创新教育发展的重要因素。强化知识产权保护能够构建一个安全、公正的学术和创新环境，使得学生和教职工能够在一个保护其创意和劳动成果的环境中更加积极地参与创新活动。在此背景下，高校应加强知识产权的教育和培训，以培养学生的知识产权意识和能力。这种教育和培训可以通过课程教学、研讨会、工作坊等多种形式进行，从而使学生更好地理解和掌握知识产权的重要性和必要性。

　　高校还应提供更多的知识产权保护机会和资源，以支持和鼓励学生的创新活动。这包括为学生提供知识产权申请和保护的指导和支持，以及为学生提供与社会和企业的合作机会，从而使他们能够更好地将其创意和创新成果转化为实际的产品和服务。高校还可以通过加强与社会和企业的合作，来提供更多的知识产权保护机会和资源。这样的合作不仅可以为学生提供更多的实践机会和资源，还可以帮助他们更好地理解和掌握知识产权的保护和运用。通过知识产权保护，高校可以更好地鼓励学生参与创新活动，从而培养出更多具有创新精神和实践能力的高素质人才，为社会的发展和进步做出更大的贡献。

二、教育体制和课程设置

（一）教育体制的改革

在法治环境的推动下，教育体制的改革将成为一项重要的任务，以更好地适应社会的快速发展和多元化需求。教育体制的改革不仅涉及教育的结构和机制，还包括教育内容和方法的更新和升级。例如，高校可以尝试开发更多的跨学科课程，以培养学生的综合素质和能力。也可以加强教育的开放和国际化，以拓宽学生的视野和知识结构。更多的实践机会和资源也是教育体制改革的重要内容。高校可以通过建立更多的实验室和研究中心，以及与社会和企业的合作，来为学生提供更多的实践机会和资源。

教育体制的改革还应该注重培养学生的创新思维和实践能力。这需要高校在教育过程中，更加注重学生的个体差异和需求，提供更多的个性化教育和支持。例如，可以通过建立更为灵活和多元化的教育体制，来鼓励学生根据自身的兴趣和需求来选择和安排学习内容和路径。高校还应该加强教师队伍的培养和建设，以提供更为高质量和专业化的教育和指导。通过教育体制的改革，不仅可以为学生提供更多的学习和发展机会，还可以为社会和企业培养出更多具有创新精神和实践能力的高素质人才。

（二）课程设置的优化

在未来的高校教育格局中，课程设置的优化将成为一项关键措施，其目标是更好地培养学生的创新能力和实践技能。在这一进程中，高校应致力于开发一系列具有前瞻性和创新性的课程，这些课程不仅包括丰富的理论内容，还应包含大量的实践环节，使学生能够在实际操作中运用所学知识，从而培养其实践技能和创新思维。高校也应寻求与社会和企业的更多合作机会，为学生提供更多的实践场景和资源，使他们能够在更加真实和多元的环境中学习和成长。

课程设置的优化也应强调多学科的交叉和融合，以培养学生的综合素质和能力。通过将不同学科的知识和技能结合在一起，学生可以更好地理解和掌握复杂的问题和挑战，从而更好地适应和应对未来社会的需求和变化。此外，高校还应加强对学生创新思维和能力的培养，通过开设相关的课程和活动，使学生能够学会如何创新和解决问题。这样的课程设置不仅可以帮助学生更好地理解和掌握相关知识和技能，还可以激发他们的创新热情和实践精神，从而培养出更多具有创新精神和实践能力的高素质人才。通过课程设置的优化，高校可以更好地培养学生的创新能力和实践技能，为社会的发展和进步做出更大的贡献。

三、社会合作与产学研结合

（一）产学研结合的深化

在逐步走向未来的过程中，高校教育将更加强化产学研结合的模式，这是一个多方共赢的策略，能够促进学生、企业及研究机构共同成长和发展。加强与企业和研究机构的合作是实现这一目标的关键步骤。高校可以通过与企业和研究机构建立长期稳定的合作关系，为学生提供更多的实践机会和资源。这样的合作可以帮助学生更好地理解和掌握相关知识和技能，同时可以为企业和研究机构提供更多的人才和资源。此外，学生可以通过参与实际的研究和开发项目，获得宝贵的实践经验和技能，这对于培养其创新能力和实践技能具有非常重要的意义。

高校还应鼓励学生积极参与到实际的研究和开发项目中，使他们有机会在实际的项目中获得宝贵的实践经验和技能。这样的经历不仅可以帮助学生更好地理解和掌握创新的方法和技能，还可以为他们提供更多的实践机会和资源。例如，高校可以通过组织学生参与企业的实习和项目研发，或者参与研究机构的研究项目，来提供更多的实践机会和资源。通过这样的方式，学生可以在实际的项目中获得宝贵的实践经验和技能，从而更好地培养创新能力和实践技能。这样的产学研结合模式不仅可以帮助学生更好地适应未来的职业需求和挑战，还可以为社会和企业培养出更多具有创新精神和实践能力的高素质人才，从而更好地推动社会的进步和发展。

（二）社会合作网络的构建

在未来的教育蓝图中，社会合作网络的构建将占据核心地位，其可以作为一个桥梁将高校与社会各行各业的企业和机构紧密连接。这样的网络不仅能够为学生提供丰富多样的实践和创新机会，还能够丰富他们的学习经验。通过建立长期的合作关系，高校可以与企业和机构共同开展各种形式的交流和合作，如研讨会、工作坊、项目合作等，从而为学生提供更多的实践机会和资源。这样的合作关系可以帮助学生更好地理解和掌握相关知识和技能，同时可以为他们提供更多的实践机会和资源。

社会合作网络的构建还可以作为一个平台，为学生提供更多的创新和实践机会。这样的网络可以通过集合各方的资源和优势，为学生提供更多的实践和创新机会。例如，高校可以通过与企业和机构的合作，为学生提供实习和项目合作的机会，从而帮助他们更好地理解和掌握相关知识和技能。这样的网络还可以为学生提供更多的资源和支持，从而帮助他们更好地发展和成长。通过社会合作网络的构建，高校可以更好地培养学生的创新能力和实践技能，从而更好地满足社会的需求和期望，为社会的发展和进步做出更大的贡献。

四、法律教育与创新精神的培养

（一）法律教育的深化

在未来的高校教育景象中，法律教育的深化将成为一项重要的任务。加强法律课程的设置和教学不仅有助于提高学生的法律意识，还可以培养他们的遵法守法能力。这样的教育应涵盖多方面的内容，包括法律基础知识的教育和法律实践教育。强化法律基础知识的教育可以帮助学生更好地理解和掌握法律知识和技能，使他们能够更好地理解和应用法律知识，从而更好地保护自身的权益。

加强法律实践教育也是法律教育深化的重要组成部分。法律实践教育可以通过实习、模拟法庭、法律咨询等多种方式来实现，这样可以使学生在实际的法律环境中获得实践经验，更好地理解和掌握法律知识和技能。法律实践教育还可以帮助学生更好地理解法律的运作机制和实际应用，从而更好地培养他们的法律意识和遵法守法能力。通过法律教育的深化，高校可以更好地培养学生的法律意识和遵法守法能力，为他们未来的职业生涯和社会生活打下坚实的基础。

（二）创新精神的培养

在未来的高校教育中，培养学生的创新精神将成为一项核心任务。为了实现这一目标，高校应加强创新教育的资源和平台建设，从而提供更多的创新教育机会和资源。创新思维的培养可以从多方面进行，如通过开设创新研讨课程来鼓励学生参与科研项目，或者组织创新实践活动来激发学生的创新意识和能力。此外，高校还可以通过与社会和企业的合作，为学生提供更多的实践机会和资源，从而帮助他们更好地理解和掌握创新的方法和技能。

加强与社会和企业的合作也是培养学生创新精神的重要方式。这样的合作可以为学生提供更多的实践机会和资源，使他们能够在实际的项目中获得宝贵的实践经验和技能。例如，高校可以与企业合作开展实习项目，或者与社会组织合作开展公益项目，从而为学生提供更多的实践机会和资源。这样的合作不仅可以帮助学生更好地理解和掌握相关知识和技能，还可以激发他们的创新热情和实践精神，从而更好地培养他们的创新能力和实践技能。

参考文献

[1] 耿丽微，赵春辉，张子谦．高校大学生创新能力培养与创业教育研究 [M]. 成都：电子科技大学出版社，2017.

[2] 黄慧琳．高校大学生思想政治教育与创新能力培养探索 [M]. 成都：电子科技大学出版社，2017.

[3] 张忠．高校大学生创新能力培养的分析与策略 [M]. 沈阳：辽宁科学技术出版社，2017.

[4] 陈清文．高校传统民间舞蹈课堂创新能力培养的教学方法改革与实践研究 [M]. 北京：中国国际广播出版社，2020.

[5] 王淑霞．基于校企合作模式下地方普通高校学生创新创业能力培养研究 [M]. 北京：中国原子能出版社，2022.

[6] 薛誉．高校科技创新团队建设与学生能力培养研究 [M]. 长春：东北师范大学出版社，2020.

[7] 郭志超，邢传波，张宇．以培养创新能力为导向的地方高校实践教学体系建设研究 [M]. 长春：吉林出版集团股份有限公司，2022.

[8] 李加林．地方高校地理学研究生创新能力培养的理论与实践 [M]. 北京：科学出版社，2021.

[9] 边卫军．当代高校大学生创新能力培养研究 [M]. 西安：西北工业大学出版社，2016.

[10] 王力锋. 当代高校大学生创新能力培养研究 [M]. 咸阳：西北农林科技大学出版社，2016.

[11] 祁佳斌. 当代高校大学生创新能力培养研究 [M]. 咸阳：西北农林科技大学出版社，2016.

[12] 杨静. 高校青年教师创新能力培养模式研究 [M]. 北京：中国言实出版社，2015.

[13] 蒋湘莲. 高校期刊编辑与大学生科研创新能力培养 [M]. 北京：中国言实出版社，2014.

[14] 丁颜彬. 当代大学生科技创新能力培养与高校科技园区建设指导手册：第2册 [M]. 北京：中国知识出版社，2005.

[15] 丁颜彬. 当代大学生科技创新能力培养与高校科技园区建设指导手册：第4册 [M]. 北京：中国知识出版社，2005.

[16] 万超，周探伟，慈继豪. 高校大学生社会实践与创新能力培育 [M]. 长春：吉林人民出版社，2021.

[17] 颜廷丽."互联网+"背景下大学生创新创业能力培养研究 [M]. 北京：北京理工大学出版社，2020.

[18] 王克. 高校创新创业探究 [M]. 北京：北京时代华文书局有限公司，2021.

[19] 中华人民共和国教育部，中华人民共和国科学技术部. 中国普通高校创新能力监测报告 [M]. 北京：科学技术文献出版社，2018.

[20] 蔡明山. 地方高校应用型人才培养的研究与实践 [M]. 上海：复旦大学出版社，2020.

[21] 赵杨. 创新创业实践与应用型高校人才培养研究 [M]. 北京：中国纺织出版社，2022.

[22] 张明亲，王晓宇，刘璇. 组态视角下科技合作影响高校创新能力路径 [J]. 科技创业月刊，2022，35（10）：1–8.

[23] 鲍锦涛，谢冰. 高校创新能力强 科技才能自立自强 [J]. 科技传播，2022，14（15）：13–14.

[24] 郭惠，刘航. 政府研发资助对高校创新溢出的调节效应分析 [J]. 科研管理，2021，42（9）：184–192.

[25] 王纾.京津冀高校创新综合能力评价研究：区域比较视角的模型分析 [J].中国高校科技，2021（3）：29-34.

[26] 吴伟，孟申思，余晓，等.政府支持与学科群战略协同如何提升高校创新能力：基于两所地方高校的案例分析 [J].高教探索，2020（10）：23-27.

[27] 龙红明.高校创新能力教育教学改革研究 [J].大学，2020（18）：50-51.

[28] 高东燕，胡科，李世奇.区域产学合作强度和高校创新投入对高校创新能力的影响 [J].重庆高教研究，2021，9（3）：36-52.

[29] 覃晚萍，黄中显.新时代民族高校法治人才创新能力培养探析 [J].广西政法管理干部学院学报，2019，34（4）：122-125.

[30] 陈红艳.加快高校创新能力建设 [J].高教学刊，2019（6）：38-40.

[31] 邱峰.高校创新能力对工业全要素生产率的影响研究 [J].技术经济与管理研究，2019（2）：35-40.

[32] 李锐，刘鸿达.黑龙江省高校创新能力的测量与绩效影响研究 [J].哈尔滨学院学报，2018，39（12）：114-117.

[33] 黄文学，高馨，杨艳超，等.新媒体助推高校拓展新型创新模式研究 [J].创新科技，2017（7）：74-76.

[34] 吴燎原，岳峰，胡可，等.基于区间数证据分组合成的高校创新能力评价 [J].科研管理，2017，38（S1）：656-665.

[35] 冷雪强.基于委托代理的高校创新能力研究 [J].中共山西省直机关党校学报，2016（1）：51-52.

[36] 徐德利.高校创新能力建设中的经费保障研究 [J].管理观察，2016（3）：109-111.

[37] 张宁，曹福毅，徐桂秋，等.辽宁省高校科技创新能力评价研究 [J].现代商贸工业，2015，36（21）：12-13.

[38] 金树颖，孙晓欢.协同创新模式下高校创新能力动态评价方法研究 [J].沈阳工业大学学报（社会科学版），2015，8（5）：400-404.

[39] 李一然，谢富纪.协同创新金融环境研究：基于系统仿真的方法 [J].科技与经济，2015，28（4）：36-40.

[40] 刘文波，马精微.高校创新能力的现状和问题：基于湖北省高校的视角 [J]. 黑龙江高教研究，2015（8）：59-61.

[41] 冯海燕.高校科研团队创新环境与绩效的协调性水平研究 [J].科技管理研究，2015，35（5）：99-103；121.

[42] 冯海燕.高校科研团队创新能力绩效考核管理研究 [J].科研管理，2015，36（1）：54-62.

[43] 冯海燕.基于模糊综合法的高校科研团队创新能力分析 [J].北京交通大学学报，2014，38（6）：142-147.

[44] 罗忆，李建荣，艾维依.新疆高校创新能力培养的若干思考 [J].新疆职业大学学报，2014（1）：1-3.

[45] 许恩平，梁剑莹.从国内专利申请情况看广东高校创新能力的提升 [J]. 技术与创新管理，2014，35（1）：10-12；24.

[46] 黄俭.提升高校创新能力 服务湖北科学发展 [J].中国高校科技，2013（6）：18-19.

[47] 赵蓉英，陈必坤，邱均平.2012 年中国高校创新能力的分析与评价 [J].中国高校科技，2012（9）：70-73.

[48] 何强.提高高校创新能力的战略与对策研究 [J].西南农业大学学报（社会科学版），2010，8（6）：189-190.

[49] 廖文秋，石彪，吴强，等.高校创新能力研究述评 [J].中国科技论坛，2009（6）：26-31.

[50] 覃永毅.基于创新平台建设的地方高校创新能力转移 [J].经济与社会发展，2008（7）：184-186.

[51] 方慧琳.高等教育财政支出对全要素生产率的影响研究 [D].南京：南京财经大学，2023.

[52] 熊蕊.地方高校研发对区域创新发展的影响研究 [D].长沙：湖南师范大学，2021.

[53] 闫茹钰.中国高等教育财政支出、人才培养质量与创新能力关系的实证研究 [D].长春：吉林大学，2019.

[54] 姜瑞航.高校创新效率研究及在教育部直属高校中的应用 [D].沈阳：东北大学，2017.

[55] 汪卫平.高校研发支撑区域创新体系的效果评价 [D].南京：南京师范大学，2016.

[56] 李一然.协同创新的金融支持研究 [D].上海：上海交通大学，2015.

[57] 能丽.高校知识协同与创新能力提升机制研究 [D].杭州：浙江大学，2015.

[58] 曹河.高校智力资本对科技创新绩效：作用机理与实证研究 [D].镇江：江苏科技大学，2015.

[59] 黄琳.科研机构与高等学校在国家知识创新体系中的关系研究 [D].上海：华东师范大学，2013.

[60] 张茂林.创新背景下的高校科研团队建设研究 [D].武汉：华中师范大学，2011.

[61] 夏科.信息化水平对高校创新能力的影响研究 [D].成都：四川师范大学，2010.

[62] 孙海华.高校创新能力评价及提升方法研究 [D].南京：南京理工大学，2008.

[63] 张歆桐.东北三省高校科技创新能力对区域经济增长影响研究 [D].沈阳：辽宁大学，2023.

[64] 陈伟强.广西高校学术型硕士研究生科研创新能力提升研究 [D].南宁：广西大学，2022.

[65] 蒋东升.高校大学生网络法治教育研究 [D].重庆：四川外国语大学，2022.

[66] 张兵.大学生法治信仰养成研究 [D].南京：南京理工大学，2021.

[67] 司文超.大学生法治素养培育研究 [D].武汉：武汉大学，2020.

[68] 杨洪涛.法治思维融入高校思想政治教育的路径研究 [D].重庆：西南政法大学，2020.

[69] 张海翔.法治思维与高校思想政治教育工作创新研究 [D].延安：延安大学，2016.

[70] 李媛媛.社会管理创新视角下的高校思想政治教育研究 [D].马鞍山：安徽工业大学，2015.

[71] 王晓蓬．浙江省高校科技创新团队创新能力的绩效评价研究 [D]. 杭州：浙江大学，2011.

[72] 张利平．河南省高校科技创新能力研究 [D]. 郑州：郑州大学，2011.

[73] 李双力．高校创新平台培养研究生创新能力的路径研究 [D]. 重庆：重庆大学，2010.